高等院校立体化创新经管教材系列

商务礼仪
（第 3 版）

徐 辉 主 编
李长华 马 骏 宋婷婷 副主编

清华大学出版社
北京

内 容 简 介

随着我国经济实力和综合国力的提高,对外经贸活动日益频繁,商务礼仪越来越受到重视。本书系统地介绍礼仪和商务礼仪的含义、商务交往中的礼仪规范,内容主要包括商务人员形象礼仪、服饰礼仪、日常见面礼仪、拜访礼仪、接待礼仪、商务场合的办公礼仪、宴请礼仪、礼品馈赠礼仪、求职礼仪等。本书每章精心设计了相关引导案例,讲解了礼仪难题的处理方法,加深了对礼仪知识的理解,可以帮助商务人员在商务活动中灵活应用商务礼仪知识。

本书的特色在于适用性和实用性,既可作为高等院校经贸、金融、管理、市场营销、电子商务、法律等相关专业本、专科学生的选用教材。也可作为社会在职培训、企业内部培训用书以及对商务礼仪感兴趣的读者自学用书。

另外,本书配有教学视频、教学课件、教学大纲、习题与答案等,如有需要请和出版社联系。

本书封面贴有清华大学出版社防伪标签,无标签者不得销售。
版权所有,侵权必究。举报: 010-62782989, beiqinquan@tup.tsinghua.edu.cn。

图书在版编目(CIP)数据

商务礼仪 / 徐辉主编. -- 3 版. -- 北京: 清华大学出版社, 2025.1.
(高等院校立体化创新经管教材系列). -- ISBN 978-7-302-68127-4
Ⅰ.F718
中国国家版本馆 CIP 数据核字第 2025Y1J349 号

责任编辑:	陈冬梅
装帧设计:	刘孝琼
责任校对:	马宏华
责任印制:	杨 艳
出版发行:	清华大学出版社
网　　址:	https://www.tup.com.cn, https://www.wqxuetang.com
地　　址:	北京清华大学学研大厦 A 座　　邮　编: 100084
社 总 机:	010-83470000　　邮　购: 010-62786544
投稿与读者服务:	010-62776969, c-service@tup.tsinghua.edu.cn
质量反馈:	010-62772015, zhiliang@tup.tsinghua.edu.cn
课件下载:	https://www.tup.com.cn, 010-62791865
印 装 者:	天津鑫丰华印务有限公司
经　　销:	全国新华书店
开　　本:	185mm×260mm　　印　张: 16.25　　字　数: 395 千字
版　　次:	2016 年 1 月第 1 版　2025 年 2 月第 3 版　印　次: 2025 年 2 月第 1 次印刷
定　　价:	49.80 元

产品编号: 102621-01

前　言

我国拥有五千年的文明历史，有着光辉灿烂的文化，素有"礼仪之邦"的美誉。礼仪文化对整个中国社会的影响广泛而深远，是中国传统文化的重要组成部分。在现代社会里，随着市场经济的快速发展，社会交往和国际商务活动的日益频繁，企业和个人对礼仪的重视程度越来越高，有"礼"走遍天下，无"礼"寸步难行，"礼仪"的规范与修养已成为个人立身处世、企业谋生求存的重要基石。

商务礼仪是商务人员在从事商务活动过程中使用的礼仪规范或程序，用以表达对交往对象的友好与尊敬，是一般礼仪在商务活动中的运用和体现。

目前，商务礼仪已经成为世界各国商务活动中普遍遵循的行为规范和准则。从事商务活动的商务人员需要掌握通用的商务礼仪常识，熟悉各国所特有的风俗文化、民族习惯，才能达到有效沟通、合作双赢的目的。

学习商务礼仪，不仅是时代潮流，更是提升竞争力的现实需要。作为商务人员，是否懂得和运用现代商务活动中的基本礼仪，不仅反映出自身的素质，而且会折射出企业文化。所以，商务礼仪的准确使用，不仅能够约束自己，尊重他人，还能树立良好的企业形象。

本书旨在普及商务礼仪知识，通过学习本书内容，可以提高学生的礼仪修养和商务礼仪的运用能力。本书编者是根据高等院校的培养目标以及学生的认知特点、学习规律，进行编写大纲和课程设计的。本书是编者在参阅了大量文献资料的基础上，结合近年来研究探讨的成果，依据多年课堂教学与实践积累，编写此本商务礼仪教材。它具有深入浅出、形象生动、翔实具体、实用有效的特点，集理论性、实践性、知识性和可操作性于一体，通俗易懂，是一本实用性很强的商务礼仪指南，希望对相关专业高校教师和学生的商务礼仪学习有所帮助。同时，为了便于教学，编者还设计了学习目标、引导案例和拓展阅读等相关知识，以帮助教师使用，便于学生记忆，拓宽学生视野。此外，本书还配有教学视频、教学课件，方便教师教学。

本书由哈尔滨金融学院的徐辉老师任主编，负责拟定写作提纲和全书的总纂，并进行统一协调。哈尔滨金融学院的李长华、马骏、宋婷婷老师任副主编。本书各章节的具体分工如下：徐辉编写第一章、第二章、第三章、第四章；李长华编写第五章、第十章。马骏编写第六章的第三节、第七章、第九章；宋婷婷编写第六章的第一节、第二节、第四节，第八章。

本书在2014年10月首次出版，2019年8月第二次出版。本次修订增加了商务场合的办公礼仪内容，对相关章节进行了结构调整，使其更加合理；同时更换了新的案例，每章节引入了二维码阅读方式；修改了相应标题级次，删掉了部分赘言冗句，更正了第二版中的部分错误和疏忽之处，增强了阅读效果和实用性。希望通过本次修订，能给新老读者带来阅读和学习上的便利，也希望本书能引发学生兴趣、启发学生思考，更好地培养学生的思维能力,以获得更多的礼仪知识,使自己成为一个懂礼仪、有修养、有品位的商务人士。

本书在编写期间参阅了许多文献资料,并得到了系里领导及清华大学出版社的鼎力支持和指导,在此一并表示衷心感谢!编者将多年所积累的商务礼仪教学与实践经验尽数收纳于本书,为本书倾注了大量的心血,付出了艰辛的努力,但由于学识、能力有限,书中难免存在疏漏之处,敬请广大读者批评指正。我们诚挚地希望各位专家和读者提出宝贵的意见和建议!

编 者

目　　录

第一章　礼仪概述 1

　第一节　礼仪的起源与发展 1

　　一、礼仪的起源 2

　　二、礼仪的发展 4

　　三、西方礼仪的起源 9

　　四、东西方礼仪的差别 9

　第二节　礼仪的内涵与作用 11

　　一、礼仪的内涵 11

　　二、礼仪的作用 12

　　三、礼仪的分类 14

　第三节　礼仪的特征与原则 14

　　一、礼仪的特征 14

　　二、礼仪的原则 16

　本章小结 18

　复习思考题 18

第二章　商务礼仪概述 19

　第一节　商务礼仪的含义与理念 19

　　一、商务礼仪的含义 19

　　二、商务礼仪的理念 20

　第二节　商务礼仪的作用与特点 21

　　一、商务礼仪的作用 21

　　二、商务礼仪的特点 24

　第三节　商务礼仪的基本原则 26

　　一、真诚尊重的原则 26

　　二、平等适度的原则 27

　　三、以右为尊的原则 28

　　四、自信自律的原则 28

　　五、信守时约的原则 29

　　六、宽容的原则 29

　　七、入乡随俗的原则 30

　　八、谦虚和善的原则 30

　本章小结 30

　复习思考题 31

第三章　商务人员的形象礼仪 32

　第一节　商务人员个人形象的设计 32

　　一、个人形象设计要素 33

　　二、商务人员形象设计的重要性 33

　第二节　仪容礼仪 35

　　一、仪容形象基本常识与技巧 35

　　二、仪容修饰规范 36

　第三节　仪态礼仪 44

　　一、站姿 44

　　二、坐姿 46

　　三、行姿 50

　　四、蹲姿 52

　　五、微笑 53

　　六、眼神 55

　　七、手势 57

　　八、首语 59

　　九、社交空间 60

　　十、商务形象塑造的仪态要求 61

　本章小结 62

　复习思考题 62

第四章　商务人员的服饰礼仪 63

　第一节　服饰的功能与打扮原则 63

　　一、商务人员服饰的功能 63

　　二、商务人员服饰打扮的原则 64

　第二节　服装色彩搭配的原则与技巧 67

　　一、不同色彩的象征意义 67

　　二、服装色彩搭配的原则 68

　　三、服装色彩搭配的技巧 70

　第三节　男士的服饰礼仪 71

　　一、西服的选择 71

　　二、西服的搭配 73

　　三、男士着正装的原则 75

　　四、男士着正装的注意事项 75

五、男士着正装禁忌 76
第四节 女士的服饰礼仪 78
　一、遵循着装的 TPO 原则 78
　二、套裙的选择 78
　三、女士着正装应遵循的要点 80
　四、女性着正装注意事项 82
第五节 我国的民族服装 83
　一、旗袍 83
　二、中山装 84
第六节 配饰礼仪 85
　一、配饰佩戴的基本原则 85
　二、配饰的主要种类和佩戴要点 86
　三、配饰佩戴的注意事项 93
本章小结 94
复习思考题 95

第五章 商务日常见面礼仪 96

第一节 称呼礼仪 97
　一、称呼的功能 97
　二、日常称呼的用法 97
　三、正式场合使用的称呼 99
　四、国际交往中的称呼习惯 100
第二节 问候礼仪 102
　一、问候的次序 102
　二、问候的内容 102
　三、问候的态度 102
　四、问候的种类 103
　五、问候时常用的礼貌用语 103
第三节 介绍礼仪 103
　一、自我介绍 104
　二、介绍他人 105
　三、介绍集体 107
第四节 握手礼仪 107
　一、握手的伸手顺序 107
　二、握手的规范要求 108
　三、握手禁忌 109
第五节 名片的设计及使用礼仪 110
　一、商务名片的设计 110
　二、使用名片的礼仪 111
　三、使用名片的注意事项 114
第六节 其他形式的见面礼仪 114
　一、鞠躬礼 114
　二、拥抱 115
　三、亲吻礼 115
　四、拱手礼 116
　五、合十礼 116
　六、举手礼 116
　七、点头礼 117
　八、举手致意与挥手道别 117
　九、脱帽礼 118
　十、注目礼 118
本章小结 118
复习思考题 119

第六章 商务拜访与接待的礼仪 120

第一节 商务拜访礼仪 120
　一、拜访前的准备 120
　二、拜访过程中的礼仪 122
　三、拜访结束后的道别礼仪 122
第二节 商务接待礼仪 123
　一、商务接待礼仪概述 123
　二、商务接待礼仪的程序 125
第三节 位次礼仪 135
　一、行进中的位次礼仪 135
　二、会议中的位次礼仪 135
　三、宴会中的位次礼仪 137
　四、乘车中的位次礼仪 138
　五、谈判中的位次礼仪 138
　六、签字仪式时的位次礼仪 140
第四节 交谈礼仪 140
　一、交谈的特点 141
　二、与人交谈时应遵循的规范和
　　　惯例 141
　三、商务人员交谈的方法与技巧 144
　四、交谈的语言艺术 149
　五、身体语言 150
　六、商务语言形象 150
本章小结 151

目录

　　复习思考题 152

第七章　商务场合的办公礼仪 153

第一节　办公室礼仪 153
　　一、办公室的布置 153
　　二、办公室内及公共区域的礼仪 154
　　三、与同事相处的礼仪 158
　　四、现代办公的礼仪禁忌 159

第二节　电话礼仪 161
　　一、接听电话的礼仪 161
　　二、拨打电话的礼仪 164
　　三、使用手机的礼仪 166
　　四、公用电话的礼仪 169

第三节　商务书信礼仪 169
　　一、商务书信的构成及特点 170
　　二、几种常用商务书信的礼仪 173

第四节　电子商务礼仪 179
　　一、收发传真的礼仪 180
　　二、使用 E-mail 的礼仪 181
　　三、电子商务礼仪运用时
　　　　注意事项 183
　　本章小结 183
　　复习思考题 184

第八章　商务宴请礼仪 185

第一节　商务宴请礼仪概述 186
　　一、宴请的种类 186
　　二、宴请的原则 189
　　三、宴请准备的礼仪 190
　　四、商务赴宴的礼仪 193

第二节　中餐礼仪 193
　　一、中餐桌次和座位的排列礼仪 194
　　二、中餐餐具的使用礼仪 195
　　三、中餐的菜序 197
　　四、餐桌上的礼仪 197

第三节　西餐礼仪 198
　　一、西餐餐具 198
　　二、西餐的上菜顺序 200
　　三、西餐的食用方法 201

　　四、西餐用餐时的注意事项 204
　　五、不同国家的就餐习惯 205
　　本章小结 205
　　复习思考题 206

第九章　商务礼品馈赠的礼仪 207

第一节　礼品选择的原则与艺术 207
　　一、选择礼品时需考虑的事宜 208
　　二、礼品的选择原则 209

第二节　礼品赠送的相关礼仪 212
　　一、赠送礼品的场合 212
　　二、赠送礼品的方式 212
　　三、赠送礼品的时机 213
　　四、赠送礼品的礼仪 213
　　五、赠送礼物的注意事项 215

第三节　接受、拒收礼品的礼仪 215
　　一、接受礼品的礼仪 215
　　二、拒收礼品的礼仪 216

第四节　商务礼品馈赠的礼俗与禁忌 ... 217
　　一、中西方礼品馈赠的习俗 217
　　二、国际交往中礼品赠送的惯例和
　　　　礼俗 217
　　三、国际交往中礼品馈赠举例 219
　　本章小结 221
　　复习思考题 221

第十章　求职礼仪 222

第一节　求职前的准备 223
　　一、相关信息的搜集整理 223
　　二、求职前的心理准备 223
　　三、自我介绍的准备 224
　　四、个人资料的准备 224
　　五、求职途径 226

第二节　求职信、求职电话、网络
　　　　　　求职的礼仪 227
　　一、求职信的礼仪 227
　　二、求职电话的礼仪 230
　　三、网络求职的礼仪 231

第三节　面试礼仪 232

一、做好面试前的充分准备..............232
二、面试过程中的礼仪......................236
三、面试中常见的问题举例............240
四、面试后的礼仪..............................244
第四节　求职过程中的一些注意事项.......246
一、常见的就业陷阱.......................246
二、女性求职的注意事项................247
三、求职禁忌...................................247
本章小结...247
复习思考题...248

参考文献..249

第一章 礼仪概述

【学习目标】

通过对本章内容的学习使学生了解礼仪的起源与发展；熟悉礼仪的特征与作用；掌握礼仪的内涵与基本原则。

【重点与难点】

重点掌握礼仪的内涵及其基本原则，并在实践中运用。

【教学方法】

理论教学、案例分析。

【引导案例】

玉盘珍馐，美食美器

2017年5月14日，举世瞩目的"一带一路"国际合作高峰论坛欢迎晚宴在北京举行。席间，精美的中国佳肴赢得满堂彩，而宴会上的另一个"主角"——代表着中国陶瓷最高水平的陶瓷餐具，也获得了国内外领导人的由衷赞叹。

"一带一路"国际合作高峰论坛开创了中国主场外交的历史先河。因此这套以"共创繁荣"为名的国宴餐具不仅见证了这一历史时刻，更契合了峰会主旨，同时巧妙地展现出来丝绸之路上的历史元素，如张骞出使西域、玄奘取经、郑和下西洋、敦煌神女等。如盛汤的"丝路宝船汤盅"，其设计灵感来源于海上丝绸之路的古船造型，汤盅的盖揪设计为一艘扬帆远航的古船帆，寓意着海上丝绸之路的历史文明。

"共创繁荣"餐具在制作工艺上采用新创材料配方，经过高温烧制，胎体瓷质洁白细腻，呈现出"白如凝脂，声如鸣磬"的境界。高光浮雕珠光珐琅彩工艺，附之无色浮雕暗纹，折射出雅丽柔婉的人文气质。"共创繁荣"的亮相，与当天所盛美味佳肴相得益彰，与人民大会堂"海上鸥鹭飞""大漠沙如雪"的全场置景交相呼应，完美诠释了中华传统文化的博大精深。

当美食上升到较高层次时，餐具的精美便不可忽略。餐具虽不能吃，但它带来了美，呈现出情趣，荡漾起意韵，它是美食的嫁妆。因此李白说："金樽清酒斗十千，玉盘珍馐直万钱"，杜甫说："紫驼之峰出翠釜，水晶之盘行素鳞"，古人亦有言："美食不如美器"。

(资料来源：本书作者整理编写)

第一节 礼仪的起源与发展

礼仪的起源与发展

我国素有"礼仪之邦"的美誉，讲"礼"重"义"是中华民族的优良传统。礼仪文化对中国历史的影响广泛而深远，已积淀成中国传统文化重要组成部分。在现代社会里，随着社会交往、国际交流的日益频繁，社会组织和个人对礼仪的重视程度越来越高，可以说有"礼"走遍天下，无"礼"寸步难行，礼仪的规范与修养已成为个人立身处世、企业谋生存求发展的重要法宝。

一、礼仪的起源

"礼"是一个历史范畴，礼仪随着社会的产生而产生，适应社会的发展而发展，在悠久的历史演变过程中，礼仪的内涵也在逐步发生着变化。概括起来，礼仪起源于人类最原始的两大信仰：一是天地信仰，二是祖先信仰。礼仪是原始人为祭祀天地神明、保佑风调雨顺、祈祷祖先显灵、拜求降福免灾而举行的一项敬神拜祖的仪式。关于礼仪的起源，古往今来一直是人们颇感兴趣的话题，主要有以下几种观点。

(一)祭天说

祭天为古代的重大祭祀，起源于上古时期，是人与天的"交流"形式。不同民族有各不相同的祭天仪式。祭天仪式通常由"天子"主持。通过祭天来表达人们对于天滋润、哺育万物的感恩之情，并祈求上天保佑。祭天礼复杂而完整，主要过程包括迎神、行礼、进俎、初献、亚献、终献等。这是因为在原始社会，生产力水平低，人类处于原始、蒙昧的状态，对日月星辰、风雨雷电、山崩海啸等自然现象无法解释，从而对自然界产生敬畏感，形成了对大自然的崇拜，并按人的形象想象出各种神灵作为崇拜的偶像。

周代祭天的正祭，是每年冬至之日在国都南郊圜丘举行。"圜丘祀天"与"方丘祭地"，都在郊外，所以也称为"郊祀"。圜丘是一座圆形的祭坛，古人认为天圆地方，圆形正是天的形象，圜同圆。周朝之后，特别是汉代起儒家思想占据统治地位后，历代王朝皆尊崇周礼，因此祭天仪式也基本按照周代的方式进行。冬至祭天盛于唐宋，明清间更为隆重尊崇，并且逐渐流传至民间，演变为冬至祭祖的传统习俗，称为"祭冬"或"拜冬"。无论是官方祭天还是民间祭祖，都表达了向上天祈求风调雨顺、丰衣足食的朴素愿望。

(二)祭地说

夏至是祭地之日，礼仪与祭天大致相同。周代祭地的正祭，是每年夏至之日在国都北郊水泽之中的方丘上举行。水泽，即以水环绕；方丘，指方形祭坛，古人认为地属阴而静，本为方形。水泽、方丘，象征四海环绕大地。汉代称地神为地母，说她是赐福人类的女神，也叫社神。最早祭地是以血祭祀。汉代以后，不宜动土的风水信仰盛行，祭地礼仪还有祭山川、社稷，祭土神、谷神等。

(三)祭祖说

祭祖说认为礼仪源于祭祖，是原始人祭祀祖先的一种仪式规则，后来才慢慢发展为调整相互关系的风俗习惯。由于原始人对自身的梦境现象无法解释，产生了"灵魂不死"的观念，进而产生了对民族祖先的崇拜。自然力量和民族祖先一直是原始社会最主要的两类崇拜对象。人类通过祭祀活动，表达对神和祖先的信仰、崇拜，期望人类的虔诚能感化、影响神灵和祖先，从而得到力量和保护。在他们祭祀天地神明以求风调雨顺、祭祀祖先以

第一章 礼仪概述

求多赐福少降灾的过程中,原始的"礼仪"便随之产生了。

(四)需求说

需求说认为礼仪是在人类交往中逐渐形成和发展的,源于协调人类相互关系的需要。为了生存和发展,在与大自然抗争的同时,人类的内部关系,如人与人、部落与部落、国家与国家之间的关系也是人类必须解决好的问题。在群体生活中,男女有别、老少各异、扶老携幼既是一种天然的人伦秩序,又是一种需要保证和维护的秩序。可以说,维持群体生活的自然人伦秩序是礼仪产生的最原始动力。在此基础上,礼仪扩大到人际关系的其他方面。

(五)风俗说

风俗说认为礼仪是由原始社会的风俗习惯演变而来的,进入文明社会由所谓的"圣人"加以改造,后来变成了系统的礼。

(六)父权制说

父权制说认为礼仪是为了划分尊卑贵贱的需要而形成的,类似于家长制。

总的说来,礼的产生与人类对天地神灵、先祖的崇敬祭拜有直接关系。

【知识小链接1-1】

中国古代礼仪的含义

"礼仪"一词,最早是分开使用的,但相互之间有着密切的联系。

古代的"礼"主要有以下四种含义。

第一,"礼"指尊敬和礼貌。《说文解字》解释说:"礼,履也,所以事神致福也。"可见"礼"的本义是敬神,即祭祀神灵,祈求降福。随着人们认识能力的提高,逐步由敬神延伸到敬人。《礼记·月令》云:"勉诸侯,聘名士,礼贤者。"《孟子·告子下》云:"迎之致敬以有礼,则就之;礼貌衰,则去之。"这里的"礼"就是尊敬和礼貌的意思。"礼"的这一含义一直传承至今,成为现代礼仪的基本内容。

第二,"礼"指典章制度及与之相适应的礼节。"礼"在奴隶社会、封建社会特指等级森严的社会规范和道德规范,同时也指符合双方关系、身份和地位的礼节形式。《礼记·礼器》云:"三代之礼一也,民共由之。""三代之礼"指的是夏礼、殷礼和周礼。《左传·隐公十五年》云:"礼,经国家,定社稷,序民人,利后嗣者也。"《论语·先进》云:"为国以礼。"三段引文中的"礼",已不仅仅指人们的行为规范,还包括国家政治、经济、军事等各个方面的典章制度。

第三,"礼"指礼物。《礼记·表记》云:"子曰:'无辞不相接也,无礼不相见也,欲民之毋相亵也。'"《晋书·陆纳传》云:"及受礼,唯酒一斗,鹿肉一样。"这里的"礼"指的都是礼物。现代汉语中的"礼"仍然保留这一含义。

第四,"礼"指仪典、仪式。"礼"起源于祭祀,最初就是一套祭祀的仪式,后引申为表示敬意而隆重举行的具有一定规模、规格和程序的仪式行为规范。如西周时朝廷举行的吉礼、凶礼、军礼、宾礼、嘉礼等五礼，民间约定俗成、相沿成习的婚礼、寿礼、丧礼等仪式，都属于这个范围。"礼"的这一意义与"仪"相同。

古代"仪"的含义主要有以下五种。

第一，"仪"指准则、法度。《墨子·天志》云："置此以为法，立此以为仪，将以量度天下王公大人，卿大夫之仁与不仁，譬之犹分黑白也。"《史记·秦始皇本纪》云："普施明法，经纬天下，永为仪则。"其中"仪"的意思与"礼"的第二个含义相近，是指国家政治生活中的制度、法律、规则。

第二，"仪"指典范、表率。《荀子·正论》云："上者，天下之仪也。"古人常以"母仪天下"赞颂皇后的言行风范，其中的"仪"都是典范、表率的意思。

第三，"仪"指仪式、仪典、仪礼。《荀子·正论》云："住诸夏之国，同服同仪。"《晋书·谢安传》中有"诏府中备凶仪，其中的"仪"都为仪式、仪典的意思。

第四，"仪"指容貌、举止。《诗经·大雅·蒸民》云："令仪令色，小心翼翼。"《晋书·祖逖传》云："逖性放荡，不修仪检。"《晋书·温峤传》云："风仪秀整，美于谈论。"这里的"仪"都是指容貌或举止行为。

第五，"仪"指礼物。通常所说的谢仪、贺仪、奠仪，就是指在不同的仪式上赠送的礼物。古代典籍中"礼仪"合用最早见于《诗经》。《诗经·小雅·楚茨》云："为宾为客，献酬交错。礼仪卒度，笑语卒获。"此外，《周礼》也有关于"礼仪"的说法。《周礼·春官·肆师》云："凡国之大事，治其礼仪，以佐宗伯。"其中"礼仪"的内涵都是指典章制度和道德教化。

由"礼"和"仪"的丰富含义可知，中国古代的礼仪博大而精深，覆盖了社会生活的各个方面，因而礼仪的内涵也就具有多种意义。依据不同的意义又使礼仪有了不同的称呼：就伦理制度、伦理秩序而言，礼是"国之基""政之本""君之大柄"，因此被称为"礼制""礼治"；作为待人接物的形式和惯例而言，被称为"礼节""礼俗"；作为个体自身修养而言，被称为"礼貌"；用于处理与他人的关系时，被称为"礼让"；用于理性活动或思想观念时，又被称为"礼义"等。从不同的称呼可知古代礼仪丰富而宽泛的含义，但从本质上讲，中国古代礼仪更偏重于政治体制上的道德教化，是统治者统治术的重要构成部分。

二、礼仪的发展

我国历史文化悠久，礼仪作为中华民族文化的基础，也有着悠久的历史。我国礼仪的发展经历了由无到有、由低级到高级，不断变革演化的漫长历史时期。

(一)原始社会时期的礼仪

1. 礼仪的起源和萌芽时期(公元前5万年—公元前1万年)

原始社会，人类处于蒙昧状态，生产力水平低下，人际关系十分简单，礼仪也非常简朴和虔诚。内容包括：制定了明确血缘关系的婚嫁礼仪；区别部族内部尊卑等级的礼制；为祭天敬神而确定的一些祭典仪式；制定一些在人们相互交往中表示礼节和恭敬的动作。同时，由于原始社会没有阶级，社会成员之间是平等的、民主的，这个时期的礼仪也反映

第一章 礼仪概述

了平等、民主的观念。原始社会的礼仪对于教育社会成员、维护社会秩序、规范生产和生活起到了等同于法律的作用。

2. 礼仪的草创时期(公元前1万年—公元前22世纪)

公元前1万年左右，人类进入新石器时期，不仅能制作精细的磨光石器，并且形成了农业和畜牧业。在此后的数千年岁月里，原始礼仪渐具雏形。例如，仰韶文化时期的遗址及有关资料表明，当时人们已经注意尊卑有序、男女有别。而长辈坐上席，晚辈坐下席；男子坐左边，女子坐右边等礼仪日趋明确。

(二)奴隶社会时期的礼仪

随着社会生产力的发展，原始社会逐步解体，人类进入了奴隶社会，礼仪也被打上阶级的烙印。奴隶主为了维护其统治，将原始的祭祀仪式发展成为符合奴隶制社会需要的伦理道德规范，礼仪成为维护奴隶主尊严和权威、调整统治阶级内部关系、统治人民的工具。例如，《周礼》就全面系统地反映了周代的礼仪制度，标志着周礼已经达到系统、完备的阶段，并由原先祭祀天地祖先的形式跨入了全面制约人的行为的领域。

奴隶和奴隶主之间没有平等可言，奴隶社会的尊君成为礼仪的核心。奴隶主通过礼仪制度不断地强化人们的尊卑意识，以维护统治阶级的利益，巩固其统治地位。在这个时期我国出现了孔子、孟子等一大批礼学家，首次形成了一套完整的礼仪制度，提出了许多重要的礼仪概念和规范，确定了我国崇古重礼的文化传统。"周礼"等珍贵的典籍和文献，是我国礼仪的经典之作，对我国后世的礼仪建设起到了不可估量的作用。

1. 礼仪的形成时期(夏、商、西周时期)

公元前21世纪以前，原始人进入新石器时代并得到进一步的发展，精致打磨的石器(后来又发现了金属)取代了旧石器时代的笨重石器和木棍，使农业、畜牧业、手工业生产跃上一个新台阶。随着生活水平和生产力的提高，使劳动者拥有了更多的剩余消费品，进而产生了剥削，最终不可避免地诞生了阶级，人类开始迈向奴隶制社会。

到了夏代(公元前21世纪—公元前17世纪)，中国开始从原始社会末期向早期奴隶社会过渡。在此期间，尊神活动升温。在原始社会，由于缺乏科学知识，人们不理解一些自然现象。他们猜想，照耀大地的太阳是神，风有风神，河有河神……因此，他们敬畏"天神"，祭祀"天神"。从某种意义上说，早期礼仪包含原始社会人类生活的若干准则，又是原始社会宗教信仰的产物。因此，汉代学者许慎说："礼，履也，所以事神致福也。"

以殷墟为中心展开活动的殷人，在公元前14世纪至公元前11世纪活跃在华夏大地。他们建造了中国第一个古都——现地处河南安阳的殷都，他们尊神、信鬼极其狂热。商朝，甲骨文中出现了"礼"字，有了礼仪典籍，开始明确规范人们的行为。

推翻殷王朝并取而代之的周朝，对礼仪建树颇多。特别是周武王的兄弟、辅佐周成王的周公，对周代礼制的确立起了重要作用。他制作礼乐，将人们的行为举止、心理情操等统统纳入一个尊卑有序的模式之中。全面介绍周朝制度的《周礼》，是中国流传至今的第一部礼仪专著。

在西周，青铜礼器是个人身份的表征。礼器的多寡代表身份地位高低，形制的大小显示权力等级。当时，贵族佩戴成组饰玉为风气，而相见礼和婚礼(包括纳采、问名、纳吉、纳徵、请期、亲迎等"六礼")成为定式，流行于民间。尊老爱幼等礼仪，也已明显确立。

【知识小链接 1-2】

周 礼

《周礼》又名《周官》，原本为一官职表，后经整理成为讲述周朝典章制度的书籍。《周礼》原有 6 篇，详细介绍六类官名及其职权，现存 5 篇，第六篇用《考工记》补充。六官分别为天官、地官、春官、夏官、秋官、冬官。其中，天官主管宫中事务、财货等；地官主管教育、市政等；春官主管五礼、乐舞等；夏官主管军旅、边防等；秋官主管刑法、外交等；冬官主管土木建筑等。

春官主管的五礼包括吉礼、凶礼、宾礼、军礼、嘉礼，是周朝礼仪制度的重要组成部分。吉礼，指祭祀的典礼；凶礼，主要指丧葬礼仪；宾礼，指诸侯对天子的朝觐及诸侯之间会盟等礼节；军礼，主要包括阅兵、出征等仪式；嘉礼，包括冠礼、婚礼、乡饮酒礼等。由此可见，许多基本礼仪在商末周初已基本形成。此外，《易经》成书于商周之际而《诗经》在周代大体定型，两者也包含了一些涉及礼仪的内容。

2. 礼仪的发展、变革时期(春秋、战国时期)

西周末期，王室衰微，诸侯纷起争霸。公元前 770 年，周平王东迁洛邑，史称东周。承继西周的东周王朝已无力全面恪守传统礼制，出现了所谓"礼崩乐坏"的局面。

春秋战国时期是我国由奴隶社会向封建社会转型的时期。在此期间，相继涌现出孔子、孟子、荀子等思想巨人，发展和革新了礼仪理论。

孔子(公元前 551—公元前 479 年)是中国古代大思想家、大教育家，他首开私人讲学之风，打破贵族垄断教育的局面。他修订《诗》《书》，定《礼》《乐》，注释《周易》，编撰《春秋》，为历史文化的整理和保存作出了重要贡献。他编订的《仪礼》，详细记录了战国以前贵族生活的各种礼节仪式。《仪礼》与前述《周礼》和孔门后学编的《礼记》，合称"三礼"，是中国古代最早、最重要的礼仪著作。

孔子认为，"不学礼，无以立"(《论语·季氏》)。"质胜文则野，文胜质则史。文质彬彬，然后君子"(《论语·雍也》)。他要求人们用道德规范约束自己的行为，要做到"非礼勿视，非礼勿听，非礼勿言，非礼勿动"(《论语·颜渊》)。他倡导的"仁者爱人"，强调人与人之间要有同情心，要互相关心、彼此尊重。总之，孔子较系统地阐述了礼及礼仪的本质与功能，把礼仪理论提升到一个新的高度。

孟子(公元前 372—公元前 289 年)是战国时期儒家主要代表人物。孟子把礼解释为对尊长和宾客严肃而有礼貌的态度，即"恭敬之心，礼也"，并把"礼"看做是人的善性的发端之一。在政治思想上，孟子把孔子的"仁学"思想加以发展，提出了"王道""仁政"的学说和"民贵君轻"的观点，主张"以德服人"。在道德修养方面，他主张"舍生而取义"(《孟子·告子上》)，讲究"修身"和培养"浩然之气"等。

荀子(公元前 298—公元前 238 年)是战国末期的大思想家。荀子把"礼"作为人生哲学思想的核心，把"礼"看做是做人的根本目的和最高理想，"礼者，人道之极也"。他认为"礼"既是目标、理想，又是行为过程。"人无礼则不生，事无礼则不成，国无礼则不宁。"他主张"隆礼""重法"，提倡礼法并重。他说："礼者，贵贱有等，长幼有差，贫富轻重皆有称者也"(《荀子·大略》)。荀子还提出，不仅要有礼治，还要有法治。只有尊崇礼，法制完备，国家才能安宁。荀子重视客观环境对人性的影响，倡导学而至善。

此外，道家倡导"崇尚自然无为，主张废除一切礼仪"。法家倡导"推崇强权政治，主张以法代礼"。墨家倡导"主张平等、博爱、利他、以义代礼"。可见，礼制的形成，对后世治国安邦，施政教化，规范人们的行为，培养人们的人格起到了不可估量的作用。

(三)封建社会时期的礼仪

在奴隶社会礼仪的基础上，顺应封建社会政治统治的需要，礼仪得到进一步深化和发展。封建社会通过一系列的教化，使封建礼制的规范和要求，不仅运用于社会生活的一切领域，而且内化为人们的思想意识，指导和规范人们的言行，成为人们思想和行为的准则。奴隶社会的尊君观念在封建社会发展为"君权神授"的理论体系，即皇权是神给的，所以"天不变，道亦不变"。"道"指的就是著名的"三纲五常"，"三纲"即君为臣纲、父为子纲、夫为妻纲。"五常"即仁、义、礼、智、信。"三纲五常"形成了完整的封建礼仪道德规范。到了宋代，封建礼制有了进一步发展，诞生了完整的封建理学理论，并把道德和行为规范作为封建礼制的中心，"三从""四德"就是这一时期妇女道德礼仪的标准，妇女的地位进一步下降。明清时期延续了宋代以来的封建礼仪，并进一步完善。封建礼仪中的"君权神授"夸大神化了帝王权力，"三纲五常""三从四德"使人的个性受到了极大的压抑，限制了人们之间的平等交往。封建礼仪集政治、法律、道德于一身，是统治阶级最重要的统治工具，但是它也为调整封建社会人们的相互关系，为中华民族形成具有特色的伦理道德准则提供了标准，在历史上发挥了一定的积极作用。

1. 礼仪的强化时期(秦汉至清朝中期)

公元前221年，秦王嬴政统一中国，建立起中国历史上第一个中央集权的封建王朝，秦始皇在全国推行"书同文""车同轨""行同伦"。秦朝制定的集权制度，成为后来延续两千余年的封建体制的基础。

西汉初期，叔孙通协助汉高帝刘邦制定了朝礼之仪，突出发展了礼的仪式和礼节。而西汉思想家董仲舒(公元前179—公元前104年)，把封建专制制度的理论系统化，提出"唯天子受命于天，天下受命于天子"的"天人感应"之说(《汉书·董仲舒传》)。他把儒家礼仪具体概括为"三纲五常"。汉武帝刘彻采纳董仲舒"罢黜百家，独尊儒术"的建议，使儒家礼教成为定制。

宋代时，出现了以儒家思想为基础，兼顾道学、佛学思想的理学，程颐兄弟和朱熹为其主要代表。二程认为，"父子君臣，天下之定理，无所逃于天地之间。"(《二程遗书》卷五)，"礼即是理也"(《二程遗书》卷二十五)。朱熹进一步指出，"仁莫大于父子，义莫大于君臣，是谓三纲之要，五常之本。人伦天理之至，无所逃于天地间。(《朱子文集·未垂拱奏札·二》)"朱熹的论述使二程"天理"说更加严密、精致。

家庭礼仪研究硕果累累，是宋代礼仪发展的另一个特点。在大量家庭礼仪著作中，以撰写《资治通鉴》而名垂青史的北宋史学家司马光(公元1019—1086年)的《涑水家仪》和以《四书集注》名扬天下的南宋理学家朱熹(公元1130—1200年)的《朱子家礼》最著名。

明代时，交友之礼更加完善，而忠、孝、节、义等礼仪日趋繁多。

【知识小链接 1-3】

礼 记

汉代时，孔门后学编撰的《礼记》问世。《礼记》共计49篇。其中，有讲述古代风俗的《曲礼》(第1篇)；有谈论古代饮食居住的《礼运》(第9篇)；有记录家庭礼仪的《内则》(第12篇)；有论述师生关系的《学记》(第18篇)；还有教导人们道德修养的途径和方法，即"修身、齐家、治国、平天下"的《大学》(第42篇)等。总之，《礼记》堪称集上古礼仪之大成，上承奴隶社会、下启封建社会的礼仪，是封建时代礼仪的主要源泉。

盛唐时期，《礼记》由"记"上升为"经"，成为"礼经"三书之一(另外两本为《周礼》和《仪礼》)。

2. 礼仪的衰落时期(清朝后期)

满族入关后，逐渐接受了汉族的礼制，并且使其复杂化，导致一些礼仪显得虚浮、烦琐。例如，清代的品官相见礼，当品级低者向品级高者行拜礼时，动辄一跪三叩，重则三跪九叩。清代后期，清王朝政权腐败，民不聊生，古代礼仪盛极而衰。

这一时期，随着西方侵略者的入侵，西方的政治、经济、文化、思想、道德和礼仪也一同进入中国，冲击着中国传统政治秩序和伦理道德。在礼仪制度和规范上，一方面，中国封建礼制面临着"礼崩乐坏"；另一方面，由于中国传统文化博大精深，西方礼仪规范只能部分地为中国国民所接受。所以在这一时期，中国传统礼仪和西方礼仪相互碰撞，在一定范围和层次上相互融合，形成中西合璧的礼仪大杂烩。

(四)近现代礼仪(公元1911—1949年，民国时期)

1911年辛亥革命成功后，孙中山先生和战友们破旧立新，用民权代替君权，用自由、平等取代宗法等级制，普及教育，改易陋俗，如剪辫子、禁缠足等，从而正式拉开现代礼仪的帷幕。这一时期，受西方资产阶级"自由、平等、民主、博爱"等思想的影响，中国的传统礼仪规范和制度受到强烈冲击。五四新文化运动对腐朽、落后的礼教产生了冲击，符合时代要求的礼仪被继承和完善，那些繁文缛节逐渐被抛弃，同时接受了一些国际上通用的礼仪形式。新的礼仪标准、价值观念得到推广和传播。

(五)当代礼仪(1949年至今，新中国时期)

1949年10月1日，新中国成立，中国的礼仪发展建设从此进入一个崭新的历史时期。逐渐确立以平等相处、友好往来、相互帮助、团结友爱为主要原则的具有中国特色的新型社会关系和人际关系。这一时期的礼仪既继承和弘扬了中华民族的传统美德，又学习和吸收了世界其他国家和民族的先进礼仪，充分发挥了行为规范和道德准则的作用。改革开放以来，随着中国与世界的交往日趋频繁，西方一些优秀的礼仪、礼节陆续传入我国，与我国的传统礼仪一道融入社会生活的各个方面，构成了社会主义礼仪的基本框架。许多礼仪从内容到形式都在不断变革，现代礼仪的发展进入了全新的发展时期。

例如，我国对国家活动、重要事件的仪式、程序，官方人士与知名人士的位置安排都做了具体规定。20世纪80年代以后，我国恢复了礼炮、国宾护卫队等礼仪形式。1990年6

月通过了《中华人民共和国国旗法》，对悬挂国旗、升国旗等细节要求做出了规定。国家的重大活动仪式、日常行政、经济、文化、军事节日等活动中执行的各种公务礼仪不断完善，社交礼仪和各种节庆活动推陈出新，各种新颖、规范的礼仪形式生动地体现了现代礼仪文化的生命力。

三、西方礼仪的起源

从西方礼仪的发展来看，其演变与中国有相似之处，但也有自己的独特性。这种独特性不仅表现在礼仪的具体型式上，还表现在礼仪的哲学论述上。西方文明史同样在很大程度上表现出人类对礼仪追求及其演变的历史。人类为了避免"格斗"或"战争"，维持与发展血缘亲情以外的各种人际关系，逐步形成了各种与"格斗""战争"有关的动态礼仪。例如，为了表示自己手里没有武器，让对方感觉到自己没有恶意而创造了举手礼，后来演变为握手；同时，为了表示自己的友好与尊重，愿意在对方面前"丢盔卸甲"，于是创造了脱帽礼。在古希腊的文献典籍中，如苏格拉底、柏拉图、亚里士多德等先哲的著作里，都有很多关于礼仪的论述。中世纪更是礼仪发展的鼎盛时期。文艺复兴以后，西方礼仪有了新的发展，从上层社会对礼节的烦琐要求到20世纪中期对优美举止的赞赏，再到适应社会平等关系的比较简单的礼仪规则。

西方礼仪的形成经历了一个复杂的历史过程。著名西方礼仪专家让·塞尔在分析西方礼仪形成时指出：它是地中海式的礼仪，因为思想方法、思维方式的灵活性和分寸感都来自古希腊文化；从法的观念和等级形式来看，它是古罗马式的；注重博爱、自由和平等的精神，体现出它是基督教式的；它是欧洲式的和大西洋式的，因为在西欧同北美的结合所形成的熔炉里，锻炼了欧洲最有前进力的分子，创造出在其他地区未见到的物质文明的繁荣；中世纪和文艺复兴的连续影响把妇女置于社交生活的中心地位，使妇女成为受尊重的对象，这是其他文明所没有的；西方礼仪深受法国思想的影响，因为它是在17世纪和18世纪的法国宫廷里形成的，并在当时成为全欧洲仿效的样板。

在国际交往中，为避免因为各国文化、历史差异而产生误会和隔阂，逐渐形成了一种约定俗成且大家共同采用并遵守的通行礼仪，或者说是与礼仪相关的国际惯例。有了通行的国际礼仪，就像是创造了一种普遍流行且彼此接受的礼仪"世界语"。一些起源于欧美的礼仪，即西方礼仪，如今已在众多国家中通行，西方礼仪的内容会不断丰富和发展。

中外礼仪根植于不同的文化土壤，但都源于文明，随着文明的发展而形成。从世界范围内看，不论是中华礼仪、古罗马式的礼仪、中世纪和文艺复兴时期的礼仪，还是欧洲式和大西洋式的礼仪，它们都有自己独具特色的礼仪文化和规范，共同构成了丰富多彩的世界礼仪。

拓展阅读
"法庭上的通行证"

四、东西方礼仪的差别

东方礼仪主要指以中国、日本、朝鲜、泰国、新加坡等亚洲国家为代表的具有东方民族特点的礼仪文化。西方礼仪主要指在欧洲、北美、澳洲及南美地区流传的礼仪文化。

(一)宴请礼仪差异

东方礼仪以被誉为礼仪之邦的中国为代表。中国人在餐桌上以劝菜劝酒为礼貌，劝客人多吃多喝，以此表示出主人的热情好客；而西方人则不会勉强别人，客人往往随女主人的动作。在西方，主人一般会询问客人是否想喝点什么，客人应该如实回答；如果客人谢绝，主人便不会再勉强。中国人则会主动倒茶倒饮料，并且不断加茶。西方人以喝完为礼貌，如果主人不断加茶，那么客人可能会感到不知所措。中国人的习惯是不能让杯子空着，如果客人的杯子空着，那就意味着主人没有招待好。

(二)表达形式差异

西方礼仪强调实用，表达率直、坦诚。东方人则以"让"为礼，凡事都要礼让三分。与西方人相比，东方人常显得谦逊和含蓄。

在面对他人夸奖所采取的态度方面，东西方各不相同。面对他人的夸奖，中国人常常会说"过奖了""惭愧""我还差得很远"等，表示自己的谦虚；而西方人面对别人真诚的赞美，往往用"谢谢"来表示接受对方的美意。

(三)礼品馈赠差异

在中国，人际交往特别讲究礼数，重视礼尚往来，往往将礼作为人际交往的媒介和桥梁。东方人馈赠礼品的名目繁多，除了重要节日互相拜访需要馈赠礼品外，平时的婚庆、丧葬、嫁娶、生日、晋升、加薪等都可以作为馈赠礼品的理由。

西方礼仪强调务实，在讲究礼貌的基础上力求简洁便利，反感客套造作。西方人一般不轻易送礼，除非相互之间建立了较为稳固的人际关系，在送礼形式上也比东方人简单得多。一般情况下，他们既不送过于贵重的礼品，也不送廉价的物品，但非常重视礼品的包装，特别讲究礼品的文化格调与艺术品位。

在送礼和接受礼品时，东西方也存在很大差异。西方人送礼时，会直截了当地说明："这是我精心为你挑选的礼物，希望你喜欢"，或者说"这是最好的礼物"之类的话。西方人一般不推辞别人的礼物，接受礼物时先向送礼者表示感谢，接过礼物后总是当面拆开，并赞扬一番。东方人则不同，中国人或者日本人在馈赠礼品时也会费尽心机、精心挑选，但在受礼人面前却总是谦虚而恭敬地说"微薄之礼不成敬意，请笑纳"。东方人在受礼时，通常会客气地推辞一番。接过礼品后，一般不当面拆开，以免对方因礼物过轻或不尽如人意而难堪，或显得自己重利轻义、有失礼貌。

(四)时间观念差异

西方人时间观念强，做事讲究效率。出门常带记事本，记录日程和安排，有约必须提前到达，至少要准时，且不随意改动。西方人不仅惜时如金，而且常将交往方是否遵守时间当作判断其工作是否负责、是否值得与其合作的重要依据。在他们看来，这直接反映了一个人的形象和修养。

遵守时间，养成了西方人严谨的工作作风，办起事来井井有条。西方人工作时间和业余时间区别分明，休假时间一般不打电话谈论工作，甚至在休假期间断绝工作范畴的交往。相对来讲，有些中国人使用时间比较随意，时间观念比较淡漠，包括改变原定的时间安排和先后顺序。如开会迟到、任意延长报告时间等。这在西方人看来是不可思议的。他们认为，不尊重别人拥有的时间是对别人最大的不敬。

(五)隐私权差异

西方礼仪处处强调个人拥有的自由(在不违反法律的前提下)，将个人的尊严看得神圣不可侵犯。在西方，冒犯对方隐私权是非常失礼的行为。西方人尊重别人的隐私权，同样也要求别人尊重自己的隐私权。

东方人注重强调群体，强调人际关系的和谐。邻里间的相互关心、问寒问暖，是一种富于人情味的表现。

总之，礼仪的历史演变到今天，各个国家和民族都形成了自己独具特色的礼仪规范和礼仪文化。英国人的绅士风度、法国人的浪漫情调、美国人的洒脱自由、日本人的男女有别等，已经广为人知。

第二节　礼仪的内涵与作用

礼仪的内涵与作用

一、礼仪的内涵

礼仪起源于祭祀。豊(lǐ)，古同"礼"。从甲骨文形体来看，"豊"字从"豆"，豆是古代的食器，也用于祭祀时盛供品，是考古发现最常见的一种祭器。《说文·豊部》："豊，行礼之器也，从豆，象形，读与"礼"同，是祭祀用的，也用以指代祭祀活动，后添加意符"示"而派生为"禮(礼)"，以表示"事神之事"。《说文·示部》：禮，履也，所以事神致福也，从示从豊，豊亦声。"履也"是声训，意谓"礼"为人所遵循，所以事神致福，道出了"礼"表示祭祀的本义。《辞海》中对"礼"的解释："本谓敬神"。从繁体字"禮"的结构来看，左边是"示"字，意为祭祀敬神，右边是祭品，表示把盛满祭品的祭具摆放在祭台上，献给神灵以求保佑。

在我国古代典籍中，礼和仪有时是分开使用的，各有其义。《辞海》中对"礼"的解释主要有三种：一是敬神，引申为对别人表示敬意；二是表达敬意或为表示隆重而举行的仪式；三是准则、规范，泛指奴隶社会或封建社会的等级制及社会生活中的社会准则和道德规范。"仪"在《辞海》中有礼节、仪式、法度、法则、容貌、举止等含义。由此可见，礼仪的内容相当宽泛。

现代礼仪是人们在社会交往中，为了表示相互尊重而共同遵守的约定俗成的行为准则和规范。它既可以指在较大、较隆重的场合为表示礼貌和尊重而举行的礼宾仪式，也可以泛指人们相互交往的礼节、礼貌。礼仪是对礼貌、礼节和仪式的统称。礼的本质是"诚"，具有敬重、友好、谦恭、关心、体贴之意。

(一)礼貌

礼貌是指人们在交往过程中通过言语、行动向交往对象表示敬意和友好的行为，是一个人在待人接物时的外在表现。礼貌反映了时代的道德风尚，体现了人们的文化层次和文明程度。包括以下两个方面。

(1) 礼貌的行为，指无声的语言(仪容、仪表、仪态)。
(2) 礼貌的语言，即有声的语言(多讲敬语、说话和气、言谈得体)。

(二)礼节

礼节是指人们在日常生活中，待人接物的行为准则。特别是在交际场合中，礼节是相互表示问候、致意、祝愿、慰问以及给予必要的协助与照料的惯用形式。礼节是礼貌的具体表现，具有形式化的特点，如握手、鼓掌、鞠躬、拥抱、点头致意、微笑等。各国、各民族都有自己的特殊礼节，并且礼节也随着时代的进步而发展变化。因此在相互交往中，特别是商务活动中，熟知并尊重各国、各民族的礼节和习俗是十分必要的。

(三)仪式

仪式是一种正式的礼节形式，是指为表示礼貌和尊重在一定场合举行的、具有专门程序的、规范化的活动。由于目的不同，举行的仪式也多种多样，如迎送仪式、签字仪式、颁奖仪式以及升旗仪式等。仪式作为表达礼貌、礼节的形式，在礼仪中具有重要的作用。

(四)礼貌、礼节、仪式和礼仪之间的关系

礼仪是一种社会准则和道德规范，是人们社会交际中的行为准则。礼貌、礼节、仪式都属于礼仪的范畴。礼貌是表示尊重的言行规范，礼节是表示尊重的惯用形式和具体要求，礼仪是由一系列具体表示礼貌的礼节所构成的完整过程。礼貌、礼节、礼仪三者尽管名称不同，但都是人们在相互交往中表示尊敬、友好的行为，其本质都是尊重人、关心人。三者相辅相成，密不可分。礼貌是礼仪的基础，礼节是礼仪的基本组成部分。礼仪在层次上要高于礼貌、礼节，其内涵更深、更广。礼节只是一种具体的做法，而礼仪则是一个表示礼貌的系统、完整过程。对个体而言，礼仪是商务活动和人际交往中不可缺少的通行证。对社会而言，礼仪则是精神文明建设的重要组成部分，是一个社会文明程度、道德风尚和生活习惯的反映。

二、礼仪的作用

颜元/清朝初期的思想家曾就礼仪的重要性做过以下描述："国尚礼则国昌，家尚礼则家大，身尚礼则身正，心尚礼则心泰。"

现代社会中，礼仪已然渗透到日常生活的方方面面，无时无处不在发挥着它的作用。"读书是学习，使用也是学习，而且是更重要的学习"，学习的目的全在于运用。礼仪之所以被提倡，之所以受到社会各界的普遍重视，主要是因为它具有多重重要的功能，既有助于个人，又有助于社会。礼仪的作用主要体现在以下几个方面。

(一)教育导向

在社会生活中,礼仪对国民综合素质,尤其是道德素质的提高,有着十分重要的教育导向功能。加强礼仪教育,做到讲文明、讲礼貌,社会就会更安定、更和谐。

礼仪对于个人的教育导向作用尤为突出。礼仪教育是培养和造就当今社会一代新人的重要内容,通过学习礼仪,可以提高自身的道德修养和文明程度,更好地展示自身的优雅风度和良好的形象。一个彬彬有礼、言谈有致的人,会受到人们的尊重和赞扬,同时,也会给周围人带来温暖和欢乐。

(二)沟通协调

礼仪行为的信息性很强,每一种礼仪行为都表达一种甚至多种信息。促进人际关系的沟通和人们的社会交往,改善人们的相互关系,是礼仪的又一重要功能。现代社会人际交往日益增多,人们通过社交调剂生活、建立友谊、融洽关系、增长见识。讲究礼仪的行为,可以唤起人们的沟通欲望,相互建立起好感和信任,进而形成和谐、良好的人际关系,促进交际的成功,并使交往范围扩大,进而有助于事业的发展。

由于每个人的社会文化背景不同,性格、职业、年龄等也存在差异,人们在交往中常常表现出不同的价值取向。礼仪作为社会交往的规范和准则,可以很好地协调人们之间的相互关系,起到"润滑剂"的作用。

(三)规范行为

礼仪作为社会行为规范,对人们的行为有很强的约束力。在维护社会秩序方面,礼仪起着法律所起不到的作用。礼仪约束着人们做事的动机和态度,规范着人们的行为方式,协调着人与人之间的关系。可以说社会的稳定运行、社会秩序的有条不紊、人际关系的协调融洽,都依赖于人们共同遵守礼仪的规范和要求。因此,人们自觉地遵守礼仪,就能形成良好的社会风尚和道德习惯。社会上讲礼仪的人越多,社会就会越和谐稳定。

(四)促进社会和谐发展

礼仪具有推动社会进步、发展社会主义精神文明的功能。孔子主张"为政以德",即以德治国,并认为:"道之以政,齐之以刑,民免而无耻;道之以德,齐之以礼,有耻且格。"充分说明了礼仪在国家建设和社会发展中的重要地位和作用。

现代社会,人们常把礼仪看作一个民族的精神面貌和凝聚力的体现,是精神文明的一个重要组成部分。礼仪讲究和谐,重视内在美和外在美的统一。礼仪在行为美学方面,指导着人们不断地充实和完善自我,并潜移默化地熏陶着人们的心灵。这使得人们的谈吐变得越来越文明,人们的装饰打扮变得越来越富有个性,举止仪态越来越优雅,并符合大众的审美原则,体现出时代的特色和精神风貌。学习礼仪、遵守礼仪,可以提升个人品位,展示良好形象,净化社会风气,推动精神文明建设,促进社会和谐发展。

三、礼仪的分类

礼仪是由礼仪的主体、客体、媒体及环境四个最基本的要素构成。主体指礼仪活动的操作者和实施者；客体指礼仪活动的指向者和承载者；媒体指礼仪活动所依托的媒介；环境指礼仪活动得以进行的特定的时空条件。结合礼仪的这四大要素，可做以下分类。

(一)以交往范围为依据进行分类

以交往范围为依据，可将礼仪分为社交礼仪和涉外礼仪。

社交礼仪，也称交际礼仪，指社会各界人士，在一般性的交际应酬中应遵守的礼仪。

涉外礼仪，也称国际礼仪，指国际交往中，人们在与外国人打交道时应遵守的礼仪。

(二)以行业为依据进行分类

以行业为依据，可将礼仪分为公务员礼仪、商务礼仪、服务礼仪、金融礼仪、会展礼仪、学校礼仪等。

公务员礼仪，也称政务礼仪，指国家公务人员在执行国家公务及日常人际交往过程中应当遵守的礼仪。

商务礼仪，指公司、企业的从业人员以及其他从事经济活动的人士，在商务往来中应当遵守的礼仪。

服务礼仪，指各类服务行业的从业人员，在工作岗位上应当遵守的礼仪。

金融礼仪，指金融行业的从业人员在业务往来中要遵守的礼仪。

会展礼仪，指从事和参与会展工作的从业人员，在工作过程中要遵守的礼仪。

学校礼仪，指教师与学生在学校日常工作、学习与生活中应遵守的基本礼仪。

第三节　礼仪的特征与原则

一、礼仪的特征

(一)社会性

礼仪的社会性表现在两个方面。一是从礼仪文化的起源和发展来看，礼仪产生于人类社会的初期，并贯穿于整个人类社会发展的历程。无论是在结绳记事、刀耕火种的远古时代，还是在科技发达文明程度较高的现代社会，礼仪都具有广泛的社会性。只要有人类社会存在，就有人与人之间的关系存在，也就会有规范人的行为规则的礼仪存在；二是从现代礼仪的功能和应用的范围来看，礼仪作为一种社会规范，涉及社会的各个领域，渗透于各种社会关系之中，调节着社会成员在社会生活中的诸多关系，从而使社会更加和谐有序。

(二)规范性

礼仪的规范性是指在人际交往中礼仪具有一定的标准和规则。这种规范性，不仅约束着人们在各种交际场合的言谈举止，使之符合礼仪，而且也是人们在交际场合必须使用的一种"通用语言"，是衡量他人、判断自己是否自律、敬人的一种标准。礼仪规范不是抽象思维的结果，而是在人际交往的实践中形成的，并以某种风俗习惯和传统方式固定下来的行为模式，是体现当代社会的要求并被普遍遵循的行为准则。遵循这种行为准则，即符合礼仪的要求。例如，国际通用的握手礼，其握手的方式、力度和持续时间都有规范的要求。

礼仪的规范性在一定范围内往往具有人们共同认可的某种意义，交际时必须按其代表的意义行事，不能标新立异、独出心裁，否则会发生误解，影响沟通。例如，写信按惯例不能用红笔，用红笔写信，表示的意义是绝交。

(三)互动性

礼仪是交际双方互相表示尊重、友好的体现，具有明显的互动性。礼仪的互动性是指当交往的一方主动向对方施礼时，另一方要做出相应的回礼，如互相问候、握手、拥抱等。"来而不往，非礼也"，如果受礼者不还礼，则是一种轻视他人的失礼行为。礼仪互动性的过程就是体现交际双方相互尊重的过程。在交际的互动过程中，施礼的先后顺序受交际环境和交际对象的限定。例如，在对客户服务的过程中，员工应先向客户施礼；学生见到老师，学生应先向老师施礼；与长者交往，年轻者应先向年长者施礼等。

(四)限定性

礼仪适用于一般情况下的、普通人际交往与应酬。在这个特定范围之内，礼仪肯定有效，反之，则未必适用。这就是礼仪的限定性特点。理解这一特点，就不会把礼仪视为放之四海而皆准的东西，在非交际场合用礼仪去以不变应万变。必须明确，场合不同、身份不同，所应用的礼仪往往会有所不同，有时甚至差异很大。

(五)可操作性

礼仪的实用可行、切实有效、规则简明、易学易会、便于操作是其一大特征。它不是空洞无物、不着边际的理论，而是既有总体上的礼仪原则和规范，又在具体的细节上提供一系列的方式、方法，确保礼仪原则和规范得以贯彻实施。礼仪的易记易行，使其易于被广泛运用于交际实践，并得到广大公众的认可和接受。

(六)传承性

任何国家的礼仪都有本国的鲜明特色，且当代礼仪是在古代礼仪基础上继承和发展起来的。没有对本国既往礼仪成果的传承，就不可能形成当代礼仪。礼仪作为一种人类文明的积累，将人们在交际交往中的习惯性做法固定并流传下去，逐渐形成特色，不会因社会制度的更替而消失。

(七)民族性

民族性是指礼仪在表现形式和意义上受到民族因素影响而具有的独特性和差异性。例如，中国人认为当面拆看礼物不礼貌，而西方人则相反。在美国，儿子可直呼其父亲名，而在中国则不可。不同国家的见面礼节也不同，如中国的握手礼、日本的鞠躬礼、欧美的拥抱礼。即便是同一国家，不同民族的礼仪也各异。要了解礼仪的民族性特点，既要尊重不同民族的礼仪习惯，又要发扬具有民族特色的传统礼仪；同时还要顺应社会发展和时代的要求，使传统礼仪与国际惯例融合，使现代礼仪更简洁实用、更文明优雅。

(八)与时代同步性

礼仪是社会历史发展的产物，具有时代特点。一方面，它在人类长期的交际活动中形成和发展；另一方面，社会的发展，历史的进步，要求礼仪推陈出新，与时代同步。随着全球化的发展，礼仪在不同国家、地区、民族间相互影响，渗透，不断地被赋予新的内容。了解这一点，就能以发展、变化的眼光去看待礼仪。避免将其视为之一成不变，脱离生活时代。

二、礼仪的原则

学习和应用礼仪时，有必要从宏观上掌握一些具有普遍性、共同性、指导性的礼仪规律。即礼仪的原则。掌握这些原则，有助于更好地学习和应用礼仪。

(一)平等的原则

平等原则是现代礼仪的首要原则，现代礼仪的根本点就是交际双方的相互平等和相互尊重。如果没有人与人之间交往的平等，所有的交际礼节都会变成表面化、形式化的做作。因此，在人际交往中，虽然需要根据不同的交往对象，采取不同的礼仪方式，但在对交往对象人格的尊重上，要求一视同仁，不能因交往对象在年龄、文化、职业、地位等方面的差异而有所偏颇。这是社交礼仪中平等原则的基本要求。

(二)自觉遵守的原则

礼仪虽然对人的行为具有规范和约束作用，但它不同于法律，不带有强制性和惩处性，需要社会成员自觉遵守。在交际应酬中，每一位参与者都必须自觉、自愿地遵守礼仪，规范自己在交际活动中的行为。只有按礼仪规范要求自己、约束自己，礼仪才能发挥其功能。例如银行设置的"一米线"，目的是为了保证每一位顾客存款取款的安全，需要顾客自觉遵守以发挥其作用。每位员工不仅要懂得礼仪，更要自觉将礼仪应用于工作和社交实践，使礼仪规范真正发挥作用。

(三)自律的原则

从总体上来看，礼仪规范由对待个人的要求和对待他人的做法构成。对待个人的要求，是礼仪的基础和出发点。学习礼仪、应用礼仪，最重要的就是要自我要求、自我约束、自我对照、自我反省、自我检点，这就是所谓的自律原则。古语云："己所不欲，勿施于人"强调了自我要求的重要性，没有对自己的首先要求，只要求他人，不讲慎独与克己，就无法真正遵守礼仪。

(四)敬人的原则

敬人的原则要求在交际活动中，与交往对象要互谦互让、互尊互敬，友好相待、和睦共处，并将对交往对象的重视、恭敬、友好放在首位。孔子对礼仪的核心思想作出高度的概括："礼者，敬人也。"要体现对他人的尊重，需热情真诚，避免夸饰做作；需有礼有节，避免怠慢无礼；需言行一致，避免表里不一；需求同存异，避免压制、排斥；需一视同仁，避免为人势利。敬人之心常存是掌握礼仪的灵魂关键。在人际交往中，尊重对方是赢得对方尊重和建立和谐人际关系的前提。

(五)宽容的原则

古人云："水至清则无鱼，人至察则无徒"，这句话形象而深刻地说明了，宽容在人际交往中的重要性。宽容原则的基本含义，是要求人们在交际活动中运用礼仪时，既要严于律己，更要宽以待人。要多体谅他人，多理解他人，而千万不要对他人求全责备，过分苛求。允许他人有个人行动自由和独立判断的权利。对不同于己、不同于众的行为耐心容忍，是尊重对方的重要表现。宽容是建立和保持和谐人际关系的基础。

(六)从俗的原则

由于国情、民族、文化背景的差异，在人际交往中，实际上存在着"十里不同风，百里不同俗"的情况。对这一客观现实要有正确的认识，避免自高自大或简单否定不同于己的做法。必要时，应入乡随俗，与当地习惯保持一致，避免批评或否定他人的习惯性做法。遵守从俗原则有助于礼仪的应用，促进人际交往。

(七)真诚的原则

真诚的原则要求在人际交往中运用礼仪时，必须待人以诚，言行一致，表里如一。只有如此，表达的尊敬与友好，才会被对方理解、接受。相反，如果仅将礼仪作为一种道具和伪装，口是心非，言行不一，弄虚作假，则是违背礼仪宗旨的。

(八)适度的原则

适度的原则强调礼仪的对象化，即在不同场合，面对不同对象时，礼仪的要求不同。适度原则要求在施礼的过程中，把握礼仪的尺度，注意技巧，合乎规范，把握分寸，认真得体。避免做过头或不到位，正确表达自律和敬人之意。勤学多练，积极实践。根据具体情况行使相应的礼仪，避免"过"与"不及"。

【案例阅读1-1】

茶文化的内涵

中国茶文化中，饮茶不只是一种生活行为，也是一种礼仪之道，由茶礼升华而成的"茶道"，是最强调以礼相待、互相尊重的明伦之道。中国各民族多姿多彩的茶礼、茶俗，甚至可以说是人类文明史的实证。

"和敬怡真"乃中国的茶道追求。"和敬"既是孔子思想的核心，也是中国茶文化的核心价值观。"和"之意从广义来说是整个宇宙、自然界呈现统一的状态，从狭义来说是任何事情都要和谐、协调。"至中和""和为贵"，追求人与人、人与社会以及人与自然之间关系的均衡、和谐、有序、稳定。茶的质朴、简约、温和、淡定，是"中和""包容"的最佳内涵体现。和为贵，内和则众志成城；外和则良友众多；气和能财源广进；人和可所向披靡。追求"和而不同""和谐相生"之道，以中华茶文化之"和"诠释人类文明的包容，体现了东方智慧的人生哲学和世界观。

正是在中华"儒、道、释"传统文化的影响下，中国茶文化具有深刻的内涵，并随茶文化的广泛传播，在不同时代、不同国家和民族中产生了深远影响。在人与社会"和而不同""求同存异"的交融影响下，各民族人民"和谐相处""和平与共""共同发展"，共同构建人类命运共同体。

(资料来源：任维东，李曾骙. 茶文化蕴藏着哪些内涵？[N]. 光明日报，2021-10-15.)

本 章 小 结

礼仪是人们在社会交往中，为了表示相互尊重而共同遵守的约定俗成的行为准则和规范。它既可以指在较大、较隆重的场合为表示礼貌和尊重而举行的礼宾仪式，也可以泛指人们相互交往中的礼节和礼貌。礼仪是对礼貌、礼节和仪式的统称。

礼貌、礼节、仪式是现代礼仪范畴的基本概念。礼貌是指人们在交往过程中通过言语、行动向交往对象表示敬意和友好的行为，是一个人在待人接物时的外在表现。礼节是指人们在日常生活中，接人待物的行为准则。特别是在交际场合中，礼节是相互表示问候、致意、祝愿、慰问以及给予必要的协助与照料的惯用形式。仪式是一种正式的礼节形式，指为表示礼貌和尊重在一定场合举行的、具有专门程序的规范化活动。

礼仪起源于原始社会，发展于奴隶社会，强化于封建社会，革新于现代社会，在历史发展的长河中起到传承文明、弘扬道德精神、推动社会进步的作用。

现代礼仪具有社会性、规范性、传承性、多样性、互动性等特点，其功能主要体现在教育导向、提高文明素质、规范约束行为、塑造良好形象、调节人际关系、维护社会和谐稳定等方面。要真正理解和正确运用礼仪规范，就必须掌握现代礼仪的相关重要原则。

复习思考题

1. 简述礼仪、礼貌、礼节、仪式的涵义。
2. 简述礼貌、礼节、仪式和礼仪之间的关系。
3. 简述礼仪的主要作用与基本原则。
4. 简述礼仪的特征。

第二章　商务礼仪概述

【学习目标】

通过对本章内容的学习，使学生了解商务礼仪的含义；学习商务礼仪的作用及特点；掌握商务礼仪的基本原则。

【重点与难点】

重点掌握商务礼仪的特点及商务礼仪的重要原则。

【教学方法】

理论教学、案例分析。

【引导案例】

雨果与稿纸推销员

有一天，法国作家雨果在大街上看到一个衣衫褴褛的稿纸推销员，心中顿时生出一股怜悯之情。他把一法郎的硬币丢进稿纸推销员的怀里，就急忙走开了。但是，走了没多远，雨果又忽然觉得这样做很是不妥。于是，他就连忙转身返回，从稿纸推销员那里取出一本稿纸，并抱歉地对推销员笑了笑，说："对不起，我刚才只是一时大意忘记取稿纸了，希望你不要介意，其实我知道你是一个商人，你有稿纸要卖，而且上面有明确的标价。"

五个月之后，在一个社交场合上，一位衣衫整齐的推销商上前紧紧握住了雨果的手，说道："先生，我永远忘不了您。您就是那个用一句话重新给了我自尊的人。在没有遇到您之前，我一直觉得自己就是一个推销稿纸的乞丐，直到那次您告诉我，我是一个商人，我才知道我不是乞丐，我要好好经营自己的推销生意，我要积极热情地去生活。现在，我已经取得了一些成绩，我有了自己的商店，以后我还要扩大经营，努力去拥有属于我的文具公司。先生，谢谢您！"

(资料来源：本书作者整理编写)

第一节　商务礼仪的含义与理念

一、商务礼仪的含义

商务礼仪的含义与理念

商务礼仪是商务人员在从事商务活动过程中使用礼仪的规范或程序，用以表达对交往对象的友好与尊敬，是一般礼仪在商务活动中的运用和体现。

商务礼仪是在商务活动中体现相互尊重的行为准则，用来约束日常商务活动的方方面面。按商务活动的场合，商务礼仪又可以分为办公礼仪、宴会礼仪、迎宾礼仪、专题活动礼仪等。商务礼仪广泛涉及社会经济生活的各个方面，成为社会中全体成员调节相互关系的行为规范，为商务人士共同遵守。

学习商务礼仪，不仅是时代潮流，更是提升竞争力的现实需要。作为商务人员，是否懂得和运用现代商务活动中的基本礼仪，不仅反映出自身的素质，而且会折射出企业文化。因此，一定学习好、应用好商务礼仪，做到约束自己、尊重他人，树立良好的企业形象。

二、商务礼仪的理念

商务礼仪的理念有以下三点。

(一) 尊重为本

商务礼仪的核心作用是体现人与人之间的相互尊重。例如，在就餐或开会时，点名尊重别人的方式是手心向上，依次说"一位、二位、三位……"，而不能手心向下或用手指指点，因为手心向下可能表示傲慢之意，用手指点则有训斥之意。

尊重包含自尊和尊重他人两方面。

1. 自尊

自尊是通过言谈举止、待人接物、穿着打扮来体现的。比如说女士在商务交往中的首饰佩戴，原则应遵循"符合身份，以少为佳"不能比顾客戴得多，不能喧宾夺主。礼仪是一种形式美，形式美当然需要一种展示，那么我们戴两件或两件以上的首饰，比较专业的戴法是"同质同色"。

自尊包含三个层面：首先是自尊自爱，爱护自己的形象；其次是尊重自己的职业；第三是尊重自己的公司。

2. 尊重他人

礼出于俗，俗化为礼。在商务交往中，做到约束自己、尊重他人，才能使人们更轻松愉快地交往。"为他人着想"不仅是商务交往，也是人与人之间正常交往的基本原则。所以说，学习并正确地运用商务礼仪既是一个人内在修养和素质的外在表现，又是人际交往中适用的一种艺术，一种交际方式或交际方法，是人际交往中约定俗成的示人以尊重、友好的习惯做法。例如，进餐时不能发出声音，这是尊重别人的表现。

(二) 善于表达

商务礼仪是一种形式美，交往的内容与形式是相辅相成的，形式表达一定的内容，内容借助形式来表现。善于表达就是通过口头语言和动作语言来表达相应的观点和意思。对人家好，不善于表达或表达不好都不行，表达要注意环境、氛围、历史文化等因素。例如，在商务接待过程中要求做到"来有迎声，问有答声，去有送声"。

(三) 形式规范

形式规范要求商务人员在运用商务礼仪时一定要遵循标准，符合规范程序，否则就会失礼。例如，作为一名企业员工，在办公时间不能大声讲话，打电话时也不能旁若无人。在接受名片时专业要求是有来有往，来而不往非礼也。如果没有名片，也要比较委婉地告知对方，没带或用完了。

第二章 商务礼仪概述

以上是商务交往中的三个基本理念,这三个理念相互融合,在商务交往中怎样才能做到礼貌得体呢?礼貌不是口号,是有实际内容的,就是要把尊重融入其中,将尊重、礼貌、热情用得恰到好处。

【案例阅读 2-1】

总理引来的喝彩

1960年,周恩来总理赴印度新德里就中印边界问题进行磋商和谈判。其间,周恩来召开记者招待会,从容应对西方和印度记者的种种刁难。当时,一个西方女记者忽然提出一个非常私人化的问题:"据我所知,您今年已经62岁了,比我的父亲还要大8岁,可为什么您依然神采奕奕,记忆非凡,显得这样年轻、英俊?"这个问题使紧张的会场气氛松弛下来,人们在笑声中等待周恩来的应对。周恩来略作思考,回答道:"我是东方人,我按照东方人的生活习惯和生活方式生活,所以依然这么健康。"会场顿时响起经久不息的掌声和喝彩声。

(资料来源:本书作者整理编写.)

第二节 商务礼仪的作用与特点

商务礼仪的作用与特点

礼仪作为一种人的行为规范,在社会生活的各个方面发挥着越来越重要的作用。尤其在商业社会里,由于竞争的加剧,行业内部以及相近行业间在产品和服务方面趋同性不断增强。造成相近行业公司所提供的产品和服务并无太大差别,这样就使服务态度和商务礼仪成为影响客户选择产品和服务的重要因素;同时,礼仪也体现了企业文化的氛围和员工的素质状况,是企业文化的重要内容,因此,各企业应重视并学习现代商务礼仪。

一、商务礼仪的作用

商务礼仪可以规范人的言行举止,提高人的自律意识;可以调节人际关系,使其更为和谐;可以塑造良好的企业形象,提高企业的竞争力;可以维护社会秩序,使其井然有序;可以加强人的道德规范,提高全民族的文明素养,促进社会主义精神文明建设。具体来讲,商务礼仪的重要作用体现在以下几个方面。

(一)塑造良好形象

礼仪是塑造个人和组织形象的重要手段。对于个人来讲,礼仪是其道德信念、精神风貌、气质风度、行为修养和交际能力的外在表现,体现在仪表、态度、举止、谈吐等各个方面。一个人如果能按照礼仪规范严格地约束自己,自觉地按礼仪规范行事,就可以不断完善个人形象,获得事业的成功。

商务礼仪也能展示企业的文明程度、管理风格和道德水准,塑造企业形象。一个人讲究礼仪,就会在众人面前树立良好的个人形象;一个组织的成员讲究礼仪,就会为组织树立良好的形象，赢得公众的赞誉。一个拥有良好信誉和形象的公司或企业，容易获得社会各方的信任和支持。因此，从组织角度出发，无论是领导者还是员工，都应有强烈的形象意识，企业也必须注重礼仪文化的建设。通过礼仪教育和礼仪实践，提高员工的礼仪文化素养，培养员工的礼仪品质，使员工养成良好的礼仪习惯，树立和巩固良好形象。

(二)提高商务人员的素质

商务礼仪体现了一个国家和民族的文明程度和道德水准。清初哲学家颜元说："国尚礼则国昌，家尚礼则家大，身尚礼则身修，心尚礼则心泰。"在当代社会生活中，礼仪对提高国民综合素质、建立和谐社会、促进社会的进步发展，具有十分重要的作用。对商务人员来讲，礼仪教育是培养高素质员工不可或缺的内容，是企业文化、企业理念的重要组成部分。

商务礼仪可以强化企业的道德要求，树立企业遵纪守法、遵守社会公德的良好形象。商务礼仪使企业的规章制度、规范和道德具体化为固定的行为模式，从而对这些规范起到强化作用。企业的各项规章制度既体现了企业的道德观和管理风格，也体现了礼仪的要求，员工需要在企业制度范围内调整自己的行为。对于现代企业来说，市场竞争最终是人员素质的竞争，商务人员的素质就是其个人的修养和表现。修养体现于细节，细节展示素质。个人素质就是在商务交往中待人接物的基本表现。

(三)便于建立良好的人际沟通

就人际关系来讲，讲究礼仪、遵循规范，有助于消除初始人际交往的戒备心理和距离感，增进好感；可以避免和化解人际交往中存在的矛盾，促进沟通和交流。就公共关系来讲，礼仪对建立和维护组织良好的公共关系十分重要。

商务礼仪是一种信息，通过这种信息可以表达出尊敬、友善、真诚等感情，使别人感到温暖。在商务活动中，恰当的礼仪可以获得对方的好感、信任，进而有助于事业的发展。人际交往之初，由于交往的双方还不是十分了解，因此彼此会不可避免地产生某种戒备心理和距离感。在商务活动中，随着交往的深入，双方可能都会产生一定的情绪体验。它表现为两种感情状态：一种是感情共鸣；另一种是感情排斥。如果双方在交往之初就能做到施之以礼、还之以礼，则可以消除当事人之间的心理隔阂，拉近双方的距离，促使良好人际关系的建立和发展；反之，如果不讲礼仪，粗俗不堪，那么就容易给对方造成不好的印象产生感情排斥，造成人际关系紧张。

礼仪在诸多关系中就像润滑剂一样起着协调作用。通过符合礼仪的交往可以表现出人与人之间、组织与组织之间相互的尊重，加深彼此的情感，缓和紧张的关系，消除隔阂，建立和维护友好合作的关系，提高共事能力和办事效率。

(四)传递信息，增加好感，赢得机会

现今全球经济一体化，商业社会竞争激烈，要想比别人占优，除了具备卓越能力外，还要掌握有效沟通及妥善处理人际关系的技巧，而更重要的是拥有优雅的专业形象和卓越的商务礼仪。良好的礼仪可以更好地向对方展示自己的长处和优势，一定程度上决定了机会是否降临。例如，在公司，你的服饰适当与否可能影响到你的晋升和与同事的关系；带

客户出去吃饭时你的举止得体与否,也许就决定了交易的成败;一个人的言谈举止影响着别人对他的看法,而这些看法可能会影响一个人的人际关系,甚至会影响个人的发展和提升;同样,恰当的举止和优雅的服饰,可能会使人更好地展示自己的优势和长处,赢得更多的机会。这是因为礼仪是一种信息,通过这个媒介可以表达出尊敬、友善、真诚的感情。

对于管理者来说,良好的行为举止可以使人际关系更加和谐,更加容易得到上级的赏识和下级的理解与支持,进而使管理工作更有效;对于员工来说,则可以让自己赢得更多学习、工作的机会,更容易与一个集体融洽地相处,使领导更赏识自己,也更容易得到升迁的机会;对于集体来说,有着良好的礼仪规范就意味着更强的凝聚力和更多的生存和发展机会,更容易做到全员公关,从而树立组织的良好形象。

【案例阅读 2-2】

细节决定成败

有一位女士去应征财务经理,路上正好碰上一场大雨。幸好她出门时带了伞,才没有迟到。

当她来到招聘单位的电梯前时,取出纸巾把鞋擦干净,然后把纸扔进垃圾桶。当她坐在面试经理面前时,经理看完证书后,没问她任何问题,微笑着告诉她:"欢迎你加入我们公司。"

当她不敢相信地看着经理时,经理告诉她:"第一,这样的天气你仍然来了,说明你做人很有原则,很守信用;第二,你没有迟到,说明你准备很充分,很守时;第三,你的衣服没湿,说明你昨天看了天气预报,来时一定带了伞;第四,刚刚从公司的监视器里看到了你的行为,证明你很有修养、很细心。一个人的小习惯是无法刻意掩饰的,所以我们很愿意和你这样的人成为同事。"

(资料来源:华英雄. 华英雄说礼仪[M]. 北京:中国经济出版社,2012.)

(五)增强相互理解、化解分歧、利于和谐关系

在商务活动过程中,有时会遇到购销不畅、谈判不顺利等问题;有时也会遇到与你有敌意的同事或客户等棘手问题,对这些问题处理不当,就可能激化矛盾或将小事闹大事,影响企业的形象。而通过一定的商务礼仪的巧妙应用,则可能化解矛盾,消除分歧,增进相互理解,达成谅解,缓和紧张的人际关系,使之趋于和谐,从而妥善地解决纠纷,广交朋友。

(六)有助于维护个人、单位和国家的形象

现代市场竞争除了产品竞争外,更体现在形象竞争上。因此,商务人员时刻注重礼仪,既是个人和组织良好素质的体现,也是树立和巩固良好形象的需要。一个商务人员以何种形象呈现给公众,归根结底是由他在商务场合的具体作为决定的。有时个人形象不佳,会影响到外界对单位的评价。因此,从事商务活动的业内人士,只有掌握国际通用的商务礼仪和礼节常识,熟悉各国特有的风俗文化、民族习惯,才能更有效地进行国际交往,与国际商家友好合作、和谐相处,实现共同盈利的目标,才能真正实现"有'礼'走遍天下"!

可以毫不夸张地说，你离礼仪有多近，离成功就会有多近。

因此，懂"礼"、知"礼"、学"礼"是现代商务人士永恒的必修课。

二、商务礼仪的特点

商务礼仪作为人们在商务往来中必须遵守的行为规范，具有鲜明的时代性和社会性特点。同时商务礼仪也出现了一些不同于以往的新特点。它不仅具有礼仪本身的共性，还有自己独特的个性。掌握这些新特点无疑会为我们的商务活动提供正确的理念和规范。同时学习和掌握这些特点，有助于加深对商务礼仪的理解，更好地应用其基本常识。作为礼仪的一个分支，商务礼仪的特点体现在以下几个方面。

(一)国际性

在全球化背景下，各国、各地区、各民族间的商务礼仪正相互影响、取长补短、互促互进，进而形成并建立国际认可、世界各国共同遵守的商务礼仪原则与规范。

作为社会公共道德重要组成部分的礼仪，其是在人类共同生活的基础上产生和发展起来的，是同一社会中全体成员调节相互之间关系的行为规范，所以逐渐成为社会中各民族、各社会团体和各阶层人士都共同遵守的行为准则。当今社会，讲文明、懂礼貌、相互友好尊重的礼仪原则和在此基础上不断完善的礼节形式已经为各国人民所接受并共同遵守。礼仪已成为社会交往中衡量他人、判断自己是否符合社交规范的共同标准和尺度，礼仪已经跨越了国家和地区的界限，为全世界人民所拥有，成为全人类的共同财富。

(二)时代性

礼仪规范不是一成不变的，它作为社会历史发展的产物，随着社会的发展而不断发展完善。某一阶段被公认的商务礼仪准则规范随着历史的发展，有的被肯定，有的被否定，有的被充实，有的被抛弃。同时，一些新的内容又补充进来，不断推陈出新，使商务礼仪适应时代发展变化的要求。例如，由于科技的发展，微信、钉钉等成为新的通信工具，电子商务礼仪变得越来越重要。面对新变化，相关工作人员需要不断地去学习新的礼仪知识，做到像面对面交流那样亲切、自然、彬彬有礼。

另外，随着对外交流的扩大，各国、各地区、各民族之间的交往日益密切，各自的礼仪也相互影响、相互渗透、相互取长补短，使各国、各民族的礼仪不仅具有自身的历史传统和民族特色，而且体现着时代的要求和精神。

(三)特殊性

商务礼仪与一般的社会礼仪有一致的地方，但有些一般的礼仪并不适用于现代的商业环境。商务礼仪的适用范围是各种商务活动。凡不是商务活动，都不适用商务礼仪。例如，在一些国家女士被人引见时需行屈膝礼，这在商务工作环境中显然是不适用的。又如，在一般的社会礼仪中，当年长的客人走进客厅时，主人应起身相迎。这样做是礼貌。但在商务活动中却未必合适。原因是商务礼仪有其自身的规律。商务礼仪的前提是不论职位高低，人们要互相帮助，互相尊重，充分体现人与人之间的平等。

第二章 商务礼仪概述

(四)实用性

礼仪在社会生活和交往中易于被理解和接受,它的要求和作用也易于实现。礼仪简单易行、便于操作、应用性强,在社会生活和交往中被广泛地运用。只要讲究礼仪,按照礼仪的原则和规范去做,就可以收到很好的效果。礼仪的易学易行,使其具有十分广泛的群众性,容易得到广大群众的认可,在社会交往中不断推广和应用。简单、方便、有效,就成为现代商务礼仪追求的境界,使商务礼仪向着自然主义的方向发展。例如,过去开门、拉门等规则都要基于性别和地位的差别,如今,进出门的规则更趋向实用化。女士如果走在前面,就由女士来开门,不需后面的男士跑过来帮她开门。这说明,随着商务活动节奏的加快,交际商务礼仪的实用性增强。

(五)信用性

从事商务活动的双方都有利益上的需要,而不是单方面存在利益需求。因此,在商务活动中,诚实、守信就显得非常重要。所谓诚实,即诚心诚意参加商务活动,力求达成协议;所谓守信,就是言必信,行必果。签约之后,一定要履行;如果实在不能如期履约,那就应给对方一个满意的结果来弥补。

(六)时机性

商务活动的时机性很强,如果时过境迁,就会失去良机。在商务活动中,如果说话做事恰到好处,问题就会迎刃而解。有的商务人员坚持"不见兔子不撒鹰",对方也可能会因此被拖垮,从而失去一次成功的商业合作机会。

(七)趋同性

尽管各个国家的礼仪规范不尽相同,但是由于世界经济一体化趋势,为了沟通的方便,世界各国的礼仪规范逐渐向着趋同化的方向发展。人们在商务活动交往中,经过不断的磨合与交流,逐渐形成一套得到大家认可的便捷的礼仪规则系统。所以,我们在学习不同国家的商务礼仪的个性特征时,也应该努力探索一套大家公认的现代商务礼仪的标准规范体系。跨国公司的建立、涉外交往的增加加速了礼仪的趋同化发展,也需要有一套公认的国际礼仪规范,使各国各商业团体之间关系协调,避免因文化、价值观念和礼仪规范的差异造成冲突,减少这些差异带来的矛盾和阻力,加快业务发展的步伐。

(八)严肃性和规范性

办公室里少谈私事,在正式场合不要谈敏感性话题,在开业典礼要制造喜气洋洋的气氛,这都是约定俗成的。什么时候谈判,什么时候举行交接仪式,有着什么样的手续和过程,举行宴会、开会时的程序都有严格的规定。不遵守或没想到相应的礼节就会冒犯对方,这些都是商业领域特有的约定俗成的规范,不能视之为儿戏,更不能想当然。如果不遵守,轻则毁掉公司形象,重则诉诸法律。

(九)文化性

商务活动虽然是一种经济活动,但是商务活动中文化含量较高。因此,同界人士要体现文明礼貌、谈吐优雅,就必须不断提高自身的文化素质,树立文明的企业形象,在商务活动中表现出文明典雅、有礼有节。

第三节　商务礼仪的基本原则

随着"一带一路"倡议的不断推进,中国同其他国家经济往来与合作越来越密切。无论是商务接待,还是商务访问,都既要尊重对方,又要维护好我方的国格与人格。正确处理好这个问题的关键所在,就是要学习并得体地运用商务礼仪,遵守必要的交往规则。要用好商务礼仪,就要了解并遵守以下基本的商务礼仪原则。

一、真诚尊重的原则

苏格拉底曾言:"不要靠馈赠来获得一个朋友,你须贡献你诚挚的爱,学习怎样用正当的方法来赢得一个人的心。"可见在与人交往时,真诚尊重是礼仪的首要原则,只有真诚待人,尊重他人,方能创造和谐愉快的人际关系。真诚和尊重这两者是相辅相成的。

(一)真诚

真诚是做人之本,也是商务人员立业之道。真诚是对人对事的一种实事求是的态度,是待人真心实意地友善表现。有位名人曾说过,人与人相交贵在交心,人与人相知贵在知品,人与人相敬贵在敬德。真诚向来是为人所称道的道德,而虚伪作假最遭人厌弃。真诚待人,可广结人缘,拥有众多的同行朋友和社会友人,与人相处就会感情融洽,即使有点误会或隔阂,也能消除,正所谓心诚则灵;虚假处世,只会糊弄一时,终不会长久,必定相交者寡。在礼仪及其规范的遵循上,如果你是真诚的,即使你不会效仿对方的做法,也会赢得他人的理解。例如,外国人到中国不会用筷子,我们不会认为这是失礼的行为,而会认真地教他如何使用筷子。

(二)尊重

真诚尊重固然重要,然而在社交场合中,真诚和尊重也有许多误区:一种是在社交场合,一味地倾吐自己的所有真诚,甚至不管对象如何;另一种是不管对方是否能接受,凡是自己不赞同的或不喜欢的一味抵制排斥,甚至攻击。如果在社交场合中,陷入这样的误区也是糟糕的。故在社交中,必须注意真诚和尊重的一些具体表现,在你倾吐忠言时,有必要了解对方是不是自己真能倾吐肺腑之言的知音。表现你的真诚和尊重,在社交场合切记三点:给他人充分表现的机会;对他人表现出你最大的热情;给对方永远留有余地。

尊重他人是一个人的文化素养的体现,是一个人精神境界的写照,是一个人有无社会经验的表现。商务人员尊重他人需注重以下几个方面。

第一,尊重他人的健康和生命。我国台湾地区曾推行"拒绝二手烟"的运动,因为被动吸烟容易造成人体的危害。因此,在公共场所或会餐时,欲吸烟者应记住先询问是否可以吸烟,以免危害他人健康,侵犯他人的生命权。

第二,多用商量语气。在商业会谈的礼仪中,商量是一门艺术,重点地学习如何彼此尊重,对领导者而言尤其重要。当我们有求于人的时候,不论是上司或属下都宜采用询问商量的口气,如多用"可不可以?"或"May I?"让对方有考虑的时间及空间,因为他有权选择说:可以(Yes)或不行(No)。在办公室中,常见的情况是员工要请假,却摆出一副理直气壮的样子。例如,"老板,我明天有事,要请假。"同样地,上司也常对员工说:"这件事情下班前一定得完成。"如此的口气不仅让对方很难表达意见,同时还会造成或加大双方的隔阂。因此如果能学习采用如"老板,我明天有事要处理,不知道能否向您请个假?""小陈,这件事情很紧急,下班前能不能帮我完成?"这种温和商量的语气,会使人感到受到尊重,更能使事情顺利进行,也使谈话气氛和谐愉快。

第三,避免惊吓他人。开会开至中途,如物品不慎掉落需要捡拾时,应先通知身旁的人,然后再俯身去捡,并说声"对不起,我捡支笔",切不可直接弯身取物,以免吓着身旁的人。另外,桌下是女性隐秘的空间,不能冒失行事。从背后喊人,使人受惊吓的行为也是很不恰当的。走路或与人交谈时,千万不可把手放在服装口袋里,这样会使他人缺乏安全感,容易造成为人轻浮、无所事事的印象。另外,将双手交叉于胸前也是很不礼貌的行为,因为欧洲人认为隐藏双手,不让别人看见是敌意的表示,所以一定要将双手露出。用餐时不能用刀、叉、筷子等尖锐的东西指向他人,这样会使别人产生恐惧感。

第四,尊重他人隐私。每个人都希望拥有自己的空间和不为人知的秘密。所以,在公共场所不要随意谈论或打听他人隐私。有些过于私人的问题还容易造成尴尬的场面,应尽量避免公开谈论,诸如婚姻状况,女性的年龄、体重、三围以及薪水、穿着品牌、使用的化妆品品牌等问题。与人交谈时,如果对方不愿主动提及某事,必有其原因或有难言之隐,此刻最不应该有的态度就是"打破砂锅问到底"。

二、平等适度的原则

在商务交往中,礼仪行为总是表现为互相的,你给对方施礼,对方也会相应地还礼于你。这种礼仪施行必须讲究平等的原则,平等是人与人交往时建立情感的基础,也是保持良好人际关系的关键。此外,在国际交往中,任何国家都是平等的,应相互尊重,在礼仪上要平等对待每个国家,维护国家的尊严和坚持民族的气节。作为商务人员,在国际性的商务往来中,也要牢记这个原则。因为,在国际商务往来过程中,商务人员代表的不仅仅是企业或公司的形象,更代表着整个国家、整个民族的形象。从这个角度来讲,商务人员更要时刻保持良好的言行举止,你的一言一行、一举一动,都需要从容得体、堂堂正正。要与外国人在人格上保持平等,不让自己的工作显出被动,导致商务形象受到损害。

在哲学上,"度"指的是一定事物保持自己质的数量界限。超过这个界限,就要引起质的变化。在人际交往中,情感的表达也有适度的问题。例如,待人既应彬彬有礼,又不应低三下四;把握好各种情况下的社会距离及彼此间的感情尺度。比如握手,对方毫不用力,会让人产生一种被冷淡或不被看重的感觉;对方用力过大,会给人以粗俗的感觉;只有对方用力适中，才会让人觉得热情、真诚。

适度原则即交往应把握礼仪分寸，根据具体情况、具体情境而行使相应的礼仪。例如，在与人交往时，既要热情大方，又不能轻浮谄谀；要自尊，却不能自负；要坦诚，但不能粗鲁；要信人，但不能轻信；要活泼，但不能轻浮；要谦虚，但不能拘谨；要老练持重，但又不能圆滑世故。

三、以右为尊的原则

国际惯例讲究以右为尊，即认为右侧位置较大、较高、较尊贵，而左侧位置则相对较小、较低、较不尊贵。在各类国际交往活动中，无论是规模较大的外交活动、商务往来，还是规模较小的私人交往、社交应酬，凡是需要确定和排列具体位置的主次尊卑时，都要坚持"以右为尊"的原则。

在与客人并排站立、行走和就座时，为了表示主人对客人的尊重及友好之情，主人应主动居左，而请客人居右。例如，在宾主正式会晤时，主人往往安排来宾在自己右侧就座；乘车时，右侧的位置通常留给最尊贵的客人；在排列涉外宴会的桌位、席次时，也应遵循"以右为尊"原则。

可见，"以右为尊"的原则在国际交往中得到了普遍应用。只要很好地遵循这一原则，就能以不变应万变。但需要特别注意的是，我国的传统做法是"以左为尊"。在国际往来中，商务人员虽然要注意"内外有别"，仍应按照国际惯例的要求，坚持"以右为尊"。

四、自信自律的原则

自信是社交场合中重要的心理健康原则。唯有对自己充满信心，才能在社交中如鱼得水、得心应手。自信是社交场合中非常宝贵的心理素质，一个充分自信的人，在交往中不卑不亢、落落大方，面对强者不自卑，面对艰难不气馁，面对弱者会伸出援助之手。相反，一个缺乏自信的人，会处处碰壁。在国际商务交往中要真正做到自信而不卑不亢，首先要在思想上提高认识，端正态度，正本清源。然后，在工作中要言行一致。一方面，在国际商务往来中，始终以自尊、自重、自信、自爱为基础，表现出坦诚、豁达、乐观、从容不迫且落落大方的风度。不要为了一时的经济利益而丧失尊严。另一方面，还要坚持自立、自强，表现出谦虚谨慎、不骄不躁的风范。

自律是正确处理好自信与自负的原则，也是自我约束的原则。是指在社交中自觉按礼仪规范去做，无须别人的提示与监督。在社会交往中，树立起一种内心的道德信念和行为修养准则，以此来约束自己的行为，严于律己，实现自我教育、自我管理，平衡自信既不应缺乏信心，又不能凡事自以为是而自负高傲。通过礼仪的教育和训练，逐渐树立内心的道德信念和礼貌修养准则，从而获得一种内在的力量，不断提高自我约束、自我控制的能力。

古人云："君子不失足于人，不失色于人，不失口于人，言语之美，穆穆皇皇。在现代商务活动中与他人交往同样需要自律和自重。自律意味着自我约束，用礼仪规则规范自己的言行；自重则反映了个人的思想道德水平和社会经验，尊重他人的人，同样也会被他人尊重。

五、信守时约的原则

　　遵守时间是对他人尊重的重要体现，甚至相当于珍惜别人的生命。时间就是金钱，时间就是生命，在商场上最看重的莫过于守信，而遵守时间也是守信的一种表现。因此，与人相约时一定要守时。无论个人交往还是集体交往，都必须诚实守信。诚信也是国际商务往来中的一个重要礼仪原则。孔子曾说："民无信不立，与朋友交，言而有信。"强调的正是守信用的原则。守信是中华民族的美德，在社交场合，尤其讲究以下两点：一是要守时，与人约定时间的会见、会谈、会议等，决不应拖延迟到。不守时、不守约是极为不礼貌的行为；二是要守约，与人签订的协议、约定和口头答应他人的事一定要说到做到，即与人交往要说话算数，按约定办事。所谓言必信、行必果。故在社交场合，如没有十分的把握就不要轻易许诺他人，许诺做不到，反落了个不守信的恶名，从此可能永远失信于人。

　　我们正朝着国际舞台大步迈进，此时此刻更要学习守时的好习惯。因为越文明进步的国家越珍惜生命，也越强调守时的重要性。国外商家是非常讲究时间观念。因为，守时即是守约，是企业与个体诚信的核心表现。一个连时间都不能严格遵守、承诺都无法如实履行的企业或个人，是无法得到别人的尊重与信任的。

　　在人际交往中，要慎重地做出承诺，"三思而后行"，并量力而为，不要草率行事、信口开河。对于已经做出的约定，务必认真遵守。特别是在与外国商务人员交往的过程中，更要严格履行自己的承诺，认真做到"言必信、行必果"，以塑造良好的中国商界形象和对外信誉。如果遇到不可抗力因素而导致自己单方面失信或失约，要如实解释，坦诚致歉，对因此给对方造成的损失，要主动承担责任并给予补偿。

六、宽容的原则

　　宽容的原则，即与人为善的原则。它要求设身处地地为别人着想，原谅别人的过失，正如"海纳百川，有容乃大"。

　　在社交场合，宽容是一种较高的境界。《大英百科全书》对宽容做出定义：允许别人有行动和判断的自由，耐心而毫无偏见地容忍与自己的观点或公认的观点不一致的意见。要体现宽容原则，应做到以下几点：第一，入乡随俗，尊重不同国家和地区的风俗习惯和宗教信仰；第二，理解他人、体谅他人，对他人不求全责备，所谓"金无足赤，人无完人"；第三，虚心接受他人对自己的批评意见，即使批评错了，也要认真倾听。允许他人批评指正，才能得到大家的理解和尊重。有时批评者的意见可能是错误的，但只要不是出于恶意，就应以宽容大度的姿态对待，有则改之，无则加勉。

　　宽容是人类一种伟大思想，在人际交往中，宽容的思想是创造和谐人际关系的法宝。宽容他人、理解他人、体谅他人，不要斤斤计较，甚至咄咄逼人。总之，站在对方的立场去考虑一切，是争取朋友的最好方法。

七、入乡随俗的原则

世界上各个国家和民族在长期的历史发展过程中，都形成了一些本国和本民族独特的文化、风俗和习惯。在现代商务的各种场合中，我们不应局限于一些固定的礼仪规则，而应根据不同条件和场合灵活掌握和应用各种礼仪规范。没有一成不变的标准，要根据具体情况和个人习惯做出选择。如果不确定是按实际情况灵活处理，还是遵循现成的规则，那就要审时度势，入乡随俗。

"入乡随俗"就是从对方特有的习俗加以了解、尊重并遵从。这样做，不仅有助于增进世界各国间的理解，加强相互间的沟通，也是向外国友人表达亲善友好的最佳方式。在国际性的商务活动中，如果对交往对象的风俗习惯了解不足，可能会无意之间做出一些令对方难以接受的事情。古人云："入境而问禁，入国而问俗，入门而问讳"，意味着在访问一个国家或地区前应该充分了解其风俗习惯。例如，如果你准备前往泰国办理公务，应事先了解他们的衣食住行、言谈举止、待人接物等方面的特征和禁忌。

除了事先了解他国风俗习惯，还必须无条件地、发自内心地尊重对方的习惯，避免妄加非议、少见多怪。在国际商务往来中，作为东道主时，通常遵循"主随客便"，而做客时，则遵循"客随主便"。这两种做法都是对"入乡随俗"原则的具体实践，是尊重对方的生动体现。例如，肯德基入驻中国初期，按西餐习惯为每份餐食配备塑料刀叉。但随后发现中国顾客更倾向于直接用手拿着吃，因此逐渐调整，以适应当地习惯，体现了商务礼仪的实用性和灵活性。

八、谦虚和善的原则

谦虚和善既是一种美德，更是社交成功的重要条件。《荀子·劝学》中提到："礼恭而后可与言道之方，辞顺而后可与言道之理，色从而后可与言道之致"，即是说只有举止、言谈、态度都谦恭有礼时，才能从他人那里得到教诲。在社交场合，谦和表现为平易近人、热情大方、善于与人相处、乐于听取他人的意见，显示出虚怀若谷的胸襟，对周围的人具有很强的吸引力。然而，过分的谦虚可能成为社交的障碍，尤其是在和西方人的商务交往时，过分的谦虚会让对方对你的能力产生怀疑。

综上，礼仪不仅是社会生活的要求，更是个人乃至民族文明水平的体现。礼仪使我们的生活更有秩序，人际关系更和谐，是生活不可缺少的重要因素。在长期的商务往来与合作中，逐渐形成了通用的商务礼仪和礼节。掌握并遵行礼仪原则，在人际交往和商务活动中，就有可能成为待人诚恳、彬彬有礼的人，并赢得他人的尊敬。

拓展阅读 从事商务活动的黄金规则

本 章 小 结

商务礼仪是商务人员在从事商务活动过程中使用的礼仪规范或程序，用以表达对交往对象的友好与尊敬，它是一般礼仪在商务活动中的运用和体现。商务礼仪作为人们在商务

第二章 商务礼仪概述

往来中必须遵守的行为规范，具有鲜明的时代性、国际性、严肃性和规范性等特点。

商务礼仪的三大基本理念：尊重为本；善于表达；形式规范。

商务礼仪的作用体现在多个方面：规范人的言行举止，提高人的自律意识；调节人际关系，使人际关系更为和谐；塑造企业良好的形象，提高企业的竞争力；维护社会秩序，使社会秩序井然有序；加强个人道德规范，提高全民族的文明素养，促进社会主义精神文明建设等。

在商务往来中，学习与应用商务礼仪，遵守必要的交往原则对于每位商务人员来说都是非常重要的。商务礼仪具有真诚尊重、平等适度、以右为尊、自信自律、信守时约、宽容、入乡随俗、谦虚和善等原则。这些原则既是对商务礼仪的高度概括，也是在商业活动中应遵循的行为准则。

复习思考题

1. 商务礼仪的含义是什么？
2. 简述学习商务礼仪的作用。
3. 简述商务礼仪的特点。
4. 商务礼仪的重要原则有哪些？

第三章　商务人员的形象礼仪

【学习目标】

通过对本章内容的学习，使学生了解商务人员形象设计的含义及塑造商务人员形象的重要性；掌握仪容、仪态礼仪的概念及规范；掌握化妆的技巧。

【重点与难点】

重点掌握仪容、仪态礼仪的规范要求和化妆的技巧。

【教学方法】

理论教学、案例分析、课堂示范。

【引导案例】

高铁公司用软件检测员工微笑

为提高服务质量，某高铁公司近日引入了一位与众不同的监管员——微笑警察。微笑警察是一款微笑检测软件，能够根据面部特征、嘴唇弧线以及眼部运动引起的皱纹，给出微笑分析。在扫描面部后，这款软件会估算出一个人的最大微笑程度，并将其分成0~100级，如果检测到低于标准的微笑，一系列微笑提示信息就会出现在计算机屏幕上，如"你看起来还是太严肃了""提起你的嘴角"等。公司要求五百多名员工使用这款软件，在每天开始工作前检测自己的笑脸，并将笑脸打印出来。员工们用这张微笑照片提醒自己，一整天都要保持良好的微笑状态。

(资料来源：龚荒.商务礼仪理论、案例与实训[M].人民邮电出版社，2023.)

第一节　商务人员个人形象的设计

商务人员个人形象的设计

商务人员个人形象是指商务人员在商务活动中留给公众的总体印象和评价。作为从事商务活动的人员，应该从我做起，积极地学习和掌握现代商界共同遵守的礼仪规范，在每一件小事上都注重礼仪修养，做到礼仪无小事，从而树立良好的个人形象。

在商务活动中，商务人员的个人形象非常重要，根据西方学者的一项研究表明，在决定一个人的第一印象的因素中，外表、穿着和打扮占55%；肢体语言及语气占38%，而谈话内容只占7%。可见，注重第一印象和外表形象是多么的重要。商务人员的个人形象不仅代表人，还代表企业形象、产品形象、服务形象，在跨地区、跨文化交往中还代表民族形象、地方形象和国家形象。

个人形象设计已经成为人们生活中不可或缺的组成部分。要进行个人形象设计，提升穿衣品位和素质，使自己充满自信和魅力。个人形象设计的目的是为服务工作和生活，这一点与企业CI设计十分相似，都是为了长远的发展。因此，它的内容不仅包括外在形式，如服饰、化妆等，还包括内在性格的外在表现，如气质、举止、生活习惯等。

在商务活动中，人们对美的关注也不再仅仅局限于一张脸，而开始追求从发式、化妆到服饰的整体和谐以及个人气质。那么应该如何设计个人形象呢？这里有两点要特别注意，一是准确的角色定位；二是自己的初次亮相。不同环境要有不同的身份，干什么像什么，这在心理学上称为"首轮效应"，是一个非常重要的概念。首轮效应说明，在人与人交往中，尤其是在初次交往中，第一印象至关重要，往往影响双边关系。

一、个人形象设计要素

个人形象设计要素包括以下几个方面，即个人形象八要素。

第一，仪容要素，即外观。头部和手部很重要，要保持整洁，鼻毛不宜过长，没有发屑，通常先梳理头发后穿衣服，身上不应有怪味。

第二，仪态要素，即表情。表情要自然，不要做作；要友善，不要带有敌意。友善即是一种自信的表现，也是有教养的表现。

第三，行为举止要素，要有风度，即优雅的举止。优雅的举止，是在充满自信和良好文化内涵的基础上的习惯和自然的动作。举止要文明，尤其是在公共场合，要树立个体代表集体的理念。例如，不应在公共场合随意整理服饰。简而言之，举止要优雅规范。

第四，服饰要素。服装造型在人物形象中占据着很大视觉空间，也代表个人修养。因此，是形象设计中的重点。在商务交往中，服饰的选择和搭配至关重要。首先要适合个人身份和地位。其次，不同的服装搭配要和谐给人美感。服装要体现年龄、职业、性格、时代和民族等特征。

第五，配饰要素。饰品、配件的种类繁多，如颈饰、头饰、首饰、胸饰、帽子、鞋子、包袋等，都是最常用的。由于材质和色泽的不同，设计出的造型也各式各样。恰当地选择佩戴服饰，能充分体现个人的穿着品位和艺术修养。

第六，言谈要素。首先要控制音量，无论是打电话和谈话声音不宜过大，以免会显得缺乏修养。其次要慎重选择谈话内容，要知道该谈什么不该谈什么。最后要使用礼貌用语，讲普通话，这一点在商务交往中十分重要。

第七，待人接物要素。待人接物有三个基本事项。一是诚信为本；二是遵纪守法；三是遵时守约。时间就是生命、时间就是效益，在商务交往中必须遵守时间。

第八，化妆要素。化妆在形象设计中起着画龙点睛的作用。化妆是传统的美容手段，随着化妆用品的不断更新，化妆已经扩展到化妆保健，具有更多的内涵。化妆要根据场合和服饰进行调整，以展示个人的最佳形象。

二、商务人员形象设计的重要性

在当今竞争日益激烈的市场环境中，越来越多的企业重视自身的形象以及员工的形象，形象设计已成为在当今职场取得成功的重要手段。商务人员形象设计的重要性体现在以下几个方面。

第一，从个人的角度来看，商务人员形象塑造有助于提高自身修养、美化自身、美化生活，并能有效地促进社会交往，改善人际关系，还有助于净化社会风气。此外，商务人员形象的好坏往往能够推断出其所在公司的实力情况和信誉状况，形象良好无疑为其所代表的企业传递了无声的商业信息，会给组织带来有形和无形的财富。

第二，从企业的角度来说，可以提高顾客满意度和美誉度，塑造良好的企业形象，最终能达到提升企业的经济效益和社会效益的目的。商务人员形象是企业文化、企业精神的重要内容，是企业形象的主要附着点。尤其国际化的企业，对于商务人员形象都有高标准的要求，都把商务人员形象作为企业文化的重要内容。商务人员是社会化和组织化的个人，其个人形象的优劣直接影响组织形象的塑造。例如，一个员工的言谈举止得体优雅，风趣幽默，那么大家会认为他很有素养，自然会给客户留下良好的印象；相反则会影响形象。

第三，良好的形象是走向成功的敲门砖。保持良好的形象，既是尊重自己，也是尊重别人。良好的形象是成功人生的潜在资本，好形象对自己而言，可以增强自信，塑造美丽的内心。对他人而言，能够较容易地赢得信任和好感，同时获得他人的帮助和支持，从而促进自己事业的成功。

第四，有助于和他人通过形象相互认识。形象是人的精神面貌、性格特征等的具体表现，并以此引起他人的思想或感情活动。每个人的形象特征各有不同，有自然、古典、前卫、优雅之分。通过自己的形象可以让他人认识自己，而周围的人也会通过这种形象做出判断。这种形象不仅包括外貌与装扮，还包括言谈、举止、表情、姿势等能够反映人的内在素质的内容。

第五，有助于更好地展示个人魅力。如果想让自己在其他人眼里看起来是美的，就要科学而理性地找到自己的美丽规律，对自己进行形象设计并沿着这个规律装扮自己，给人以舒服、美丽的感觉。一个人平时的言行、举手投足都会折射出他的素质、修养、品行，都将影响到别人。

第六，良好的形象非常有利于社交的成功。在社会交往中，人们总是以一定的仪表、装束、言谈、举止进行某种行为。整洁大方的衣着、得体的举止、高雅的气质、良好的精神面貌和真诚动人的谈吐，必定给对方留下深刻美好的印象，从而建立起信任关系，达到社交目的。

【案例阅读3-1】

被要求撤换的女大学生翻译

一家中日合资公司的合资双方预定在某日进行谈判。中方为了慎重起见，特意从某大学挑选了一位女大学生担任翻译。这位临时翻译留着一头披肩发，无论身材、长相还是语言能力都无可挑剔。然而，在谈判过程中，日方突然向中方提出要求："你们必须把翻译换掉，否则我们的谈判无法进行！"中方对此感到困惑询问原因："是她翻译得不好？还是她外表不漂亮？"日方给出的回答是："她翻译得很准确，外表也很漂亮，但她的头发不断摆动，使我们无法集中注意力。"

(资料来源：唐蜀湘. 商务礼仪[M]. 北京师范大学出版社, 2013.)

第三章 商务人员的形象礼仪

第二节 仪容礼仪

仪容是指人体不需要着装的部位，主要是指面容、头发及其他暴露在外的肢体部分。由于仪容在商务交往中最先被对方观察，因此必须展现出积极健康的仪容形象。

一、仪容形象基本常识与技巧

仪容在个人整体形象中占据着显著的地位，常常在向他人传递着最直接、最生动、最深刻的第一形象，反映着一个人的精神风貌，而且通过精心修饰体现了仪容之美，也展示了仪容礼仪。

仪容通常是指人的外观、外貌，重点是人的容貌。在人际交往中，首先引起对方注意的往往是我们的仪容。仪容可以不仅受先天条件的影响，自然形成；还受后天修饰和保养的影响。正如法国启蒙思想家孟德斯鸠所说："一个人只有一种方式是美丽的，但他可以通过十万种方式使自己变得可爱。"个人容貌是天生的、相对固定的，而仪容美并不单纯指天生丽质。符合相应礼仪规范的仪容就是美的。通过细心保养和精心修饰，我们可以焕然一新。要达到这种效果，就需要懂得一些美容常识，掌握一些基本的修饰技巧。这样，我们不仅能够提升自己的外在形象，还能在商务交往中给对方留下良好的第一形象。

【知识小链接3-1】

仪容美的涵义

商务人员仪容的首要要求是仪容美。仪容美的具体含义主要有以下三层。

首先，仪容自然美。先天美好的仪容相貌，无疑会令人赏心悦目，感觉愉快。而保持大方和自然更是仪容美的根本所在。

其次，仪容修饰美。它是指依照规范与个人条件，对仪容进行必要的修饰，扬长避短，设计、塑造出美好的个人形象，在人际交往中，尽量使自己显得有备而来、自尊自爱。

最后，仪容内在美。它是指通过努力学习，不断提高个人的文化、艺术素养以及思想、道德水准，培养出自己高雅的气质与美好的心灵，使自己秀外慧中、表里如一。

真正意义上的仪容美，应当是上述三个方面的高度统一。忽略其中任何一个方面，都会使仪容失去其美。在这三者之间，仪容的内在美是最高的境界，仪容的自然美是人们的普遍心愿，而仪容的修饰美则是仪容礼仪关注的重点。

(资料来源：本书作者整理编写.)

商务礼仪要求商务人员在自己的工作岗位上，都必须遵循本企业的规范，对自己的仪容进行必要的修饰和维护。具体来说，有两点：一是商务人员在修饰仪容时，应重点放在面部、肢体、头发、化妆这四个方面；二是维护意识，要求商务人员应自觉地维护并保持经过修饰、打扮或是改善的容貌状态。

二、仪容修饰规范

(一)面部修饰

进行个人面部修饰时,应当遵守的规则要使之洁净、卫生、自然。

洁净:员工在工作岗位时,务必要保持自己的面部干净、清爽。

卫生:要求员工关注卫生问题。主要是要求其认真注意自己面部的健康状况。防止由于个人不讲究卫生而使面部出现疙瘩。一旦面部出现明显的过敏性症状,或是长出了疖肿、痤疮、疹子,务必要及时前去医院求治。切勿任其自然发展。

自然:员工的面部修饰要讲究美观。员工按其工作性质进行面部修饰,最重要的是要"秀于外"与"慧于中"二者并举。

古有"三分相貌,七分打扮"之说,面部修饰是人整体装扮中的重要环节之一,也是商务沟通中不可缺少的条件。为了向交往对象表现应有的友好与敬重之意,商务人员在商务往来中也必须始终保持神采奕奕的精神面貌。特别是在国际商务往来活动中,更要维持好本企业形象。因此,商务人员均应做到:关注面容、淡妆上岗。

1. 脸部护理

护肤是美容的基础,做好护肤是美容化妆的先决条件。只有重视皮肤的护理,才能更好地发挥化妆的改善作用。

要注意洁肤。脸部清洁至少要保证每天两次。因为脸部全天暴露在外,经受着风吹日晒,特别容易受到损伤。五官也经常会有分泌物出现,必须及时清理。在这里要特别提醒女士们,白天大量使用化妆用品,加上工作的紧张和疲惫,对脸部皮肤有很大的损害。如回到家后因过度疲劳懒得洗脸而倒头大睡,更伤皮肤。所以,女士们再忙再累也千万不能忘记仔细认真清洁脸部。

除了早晚各一次的必要洗脸过程,在有需要的时候,也要注意随时清洁脸部。例如,午睡后、用餐后、出汗后、体力劳动后、外出后,都最好洗一次脸。对于油性皮肤的人,坚持早、中、晚三次洗脸将更有利于保持自己脸部皮肤的清洁度。洗脸尽量用温水洗,轻搓轻揉,不要过于用力,达到按摩效果即可。尽量不要多次使用含有磨砂颗粒的洗面奶洗脸,经常使用会伤害皮肤,两三周一次帮助去除多余皮肤角质即可。

【知识小链接 3-2】

美化皮肤的十大要诀

一是以优质的洁面用品彻底清洁面部,忌不卸妆便睡觉;二是每天喝适量不含碳酸的饮料,以清洗肠胃,最好是白开水;三是减少摄入煎炸食物;四是多吃新鲜蔬菜和水果;五是不吸烟;六是定期清洗化妆棉和化妆刷;七是不借用他人的化妆品;八是不使用不合格的化妆品;九是保证充足的睡眠;十是做有效的运动,以舒缓精神压力。

(资料来源:本书作者整理编写.)

2. 眉部修饰

眉毛虽然不能像眼睛一样引人注目,但是在一个人的面部它却绝非可有可无。进行眉部修饰时,重点应当注意下列几个问题。

(1) 眉形的美观。大凡美观的眉形,不仅形态正常而优美,而且还应当又黑又浓。对于那些不够美观的眉形,诸如残眉、断眉、竖眉、八字眉,或是过淡、过稀的眉毛,必要时应采取措施进行修饰。

(2) 眉毛的梳理。务必要养成每天上班前进行面部修饰时,梳理眉毛的习惯。

(3) 眉部的清洁。在洗脸、化妆以及其他可能的情况下,都要特别留意一下自己的眉部是否清洁。需注意,要防止眉部出现诸如灰尘、死皮或是掉下来眉毛等异物的情况出现。

(4) 画出自然眉。用眉刷沾上眉粉在眉上轻轻扫,较淡的眉毛可以用眉笔在较淡的部位点画,再用眉刷扫开,切忌用眉笔涂描;不管是男士还是女士,必要的时候,应对眉毛进行修剪或补描。女士可以描眉,但最好不要文眉。在修眉或描眉时,不要把眉毛修得过细或过粗、过短或过长、过弯或过直,也不要使之下拖或上吊。

3. 眼部修饰

眼睛是心灵的窗户,在进行眼部修饰时,主要有四个方面应重视。

(1) 眼部的保洁。眼部是被他人注意最多的地方,不能不重视它的保洁,在这一方面最重要的是要及时除去眼角不断出现的分泌物。

(2) 眼病的防治。眼部一旦生病,往往会传染于人,而且也有损尊容。因此,要特别注意眼病的预防和治疗。例如,患有传染性的眼病,就应及时治疗、休息。

(3) 眼镜的佩戴。如在工作岗位上佩戴眼镜,则有三点注意事项:一是要注意眼镜的选择;二是要注意眼镜的清洁,戴眼镜的人要坚持每天擦拭眼镜,如有必要,还应定期对镜架进行清洗;三是要注意墨镜的戴法,墨镜即太阳镜。它主要适合人们在室外活动时佩戴,以防止紫外线损伤眼睛,在室内工作时,佩戴墨镜是不适宜的。

(4) 画眼。画眼一般只限于女士。如在正式场合露面,只需画眼线、涂眼影、上睫毛膏。画眼线时,不宜过于浓重;涂眼影时,切勿过量使用仅西方人适用的彩色眼影;上睫毛膏时,不要过量使用,使睫毛粘成一撮。可先用咖啡色眼线代替膏状眼影涂在眼睑、鼻翼及面颊等需要产生阴影即凹陷效果之处,然后用手指涂匀,再用黑色眼线笔画出清晰的眼线,最后用卷睫毛器卷好睫毛,涂上睫毛膏。

4. 耳部修饰

修饰耳部时,需要注意的主要有以下两点。

(1) 耳部的除垢。务必每天进行耳部的除垢。不过一定要注意,此举不宜在工作岗位上进行,特别是不要在接待服务对象时掏自己的"耳屎"。

(2) 耳毛的修剪。男性员工到了一定的岁数,耳孔周围便会长出一些浓密的耳毛。一旦发现此种情况,应及时对其进行修剪。

5. 鼻部修饰

商务人员在对自己的鼻部进行修饰时,重点关注以下三个问题。

(1) 鼻涕的去除。应当注意的是,切勿当众以手擤鼻涕、挖鼻孔、乱弹或乱抹鼻垢。

若有必要去除鼻涕，宜在无人在场时进行，以手帕或纸巾进行辅助。

(2) "黑头"的清理。鼻部的周围，往往毛孔较为粗大。在清理时，切勿乱挤乱抠，造成局部感染。正确的做法：一是平时要认真进行清洗；二是到医院或美容院请专业人士清除，或用专门对付它们的"鼻贴"等将其处掉。

(3) 鼻毛的修剪。如同耳毛一样，鼻毛长到一定的程度，也会冒出鼻孔之外。一经发现其超长，应对其进行修剪。并且一定要不要当众用手去揪拔自己的鼻毛。

6. 口部修饰

在进行口部修饰时，应当注意以下五个主要方面的问题。

(1) 洁齿。商务人员在职场中应常刷牙、勤漱口，坚持每天早晚刷牙，清除口腔异味，维护口腔卫生。工作期间还应注意随时观察，及时清除牙齿间的残留物，防止给来访者留下不良印象。最好在用餐后刷牙一次，如条件不允许，简单的用水漱口应是餐后必要程序。在刷牙时，应遵循"三个三"，即每天刷牙三次，每次刷牙宜在餐后三分钟内进行，每次刷牙时间不应少于三分钟。

(2) 禁食。这里所说的禁食，主要是指在工作时，避免中因饮食原因产生口中异味。平日用餐时，最好不吃带刺激性气味的食物，如葱、蒜、韭菜、腐乳、虾酱等。此外，平时应尽量少抽烟，少喝或不喝浓茶，以减少牙齿变黑、发黄的可能性。最好随身携带口香糖，以备不时之需。但要注意，不要在他人面前大嚼口香糖，特别是在正式的商务或社交场合，边嚼口香糖，边与人交谈，是不礼貌的行为。

(3) 护唇。当一个人闭口不言时，其嘴唇通常非常引人注目。因此，平时应有意识地呵护自己的嘴唇，尤其在冬天要采取措施防止自己唇部开裂和脱皮。

(4) 画唇。嘴唇是面部最灵活的部分，俗话说："眼取其神，唇取其色。"美丽的红唇是女性风采和个性魅力的突出体现。女性商务人员的工作妆可选择清爽的画法，即将口红点在上下唇中央部位，然后轻轻抿开，颜色以肉、粉色为宜。男士可使用无色唇膏或润唇膏，以保持嘴唇的滋润。用餐后、饮水后、出汗后、沐浴后，都应及时补妆。

(5) 剃须。男性员工，若无特殊的宗教信仰或民族习惯，应坚持每日上班前剃须，避免胡子拉碴地出现在工作岗位上。女性员工，若是由于内分泌失调而在唇上生出一些过于浓重的汗毛，也应及时处理。

(二)肢体修饰

肢体，有时人们将其分为四肢。具体来讲，它指的是人们的手臂与腿脚。在人际交往和公务活动中，人们的肢体动作最多，所以经常会备受关注。下面就从商务礼仪的角度，分别介绍员工在修饰上肢与下肢时应当遵守的基本规范。

1. 手臂修饰

手是人体与外界接触最多的部位，常被行内人士称为"第二张脸"。商务人员工作时经常要与客户行握手礼，或者向他人递送公文。手的清洁与修饰对商务人员尤为重要。

(1) 手要常清洁。我们的手常因沾染脏东西而带上细菌，为了自己和他人的健康，应该常洗手。洗手时应用流动的水，并辅以香皂或洗手液，干净的手会给人以亲切之感。双手务必要认真做到"六洗"，即至少在六种情况下必须洗手：一是上岗之前；二是

第三章　商务人员的形象礼仪

手脏之后；三是接触精密物品或入口之物前；四是规定洗手之时；五是上过卫生间之后；六是下班之前。一些特殊的工作岗位服务于人时，为了卫生保洁，按规定员工还必须戴上专用的手套。

(2) 手要常保养。手部皮肤过于粗糙，与他人行握手礼时会给对方以生硬、粗重之感，造成对方心理上的疏远。有些人手心易出汗，或者手掌脱皮，这些情况最好及早治疗，以免工作中产生尴尬。

(3) 指甲常修剪。人们之所以要对自己的手进行妆饰，自然是为增添美感。需要注意的有以下两点。一是不要蓄长指甲。商务人员最好不要留长指甲，服务礼仪要求，员工的手指甲长度一般不超过手指尖。否则即算超长，必须予以剪除。对于手指甲，要养成"三天一修剪、每天一检查"的良好习惯，并且要坚持不懈。平时还要注意清除指甲中的污物；二是不要涂化艳妆。女士可以适当染指甲，但色彩不要过于夸张、前卫，更不可一双手染多种颜色。出于养护指甲的目的，允许员工平时使用无色指甲油。但一般不允许在工作时涂抹使用的是彩色指甲油，或者在指甲上进行艺术绘画。

(4) 手臂防病。员工要注意手臂的防病，主要应当注意下列三点：一是要注意个人卫生，防患于未然；二是要注意有病及时诊治，切勿任其发展；三是要注意工作性质，不要以伤病之手接触他人。在手臂上刺字、刻画，更是不适宜的。

2. 腿脚修饰

员工在对自己的下肢进行修饰时，需要注意的问题有以下两个。

(1) 下肢的清洁。在进行个人保洁时，不仅不应该对下肢有所忽略，而是认真地加以对待。特别要强调以下三个方面的细节问题，即勤于洗脚、勤换袜子、勤换鞋子。

(2) 下肢的遮掩。在工作之中，需要通过服装与鞋袜，适当地对下肢进行必要的遮掩。一般来讲，需做到不要光腿、不要光脚、不要露趾、不要露跟、不化彩妆。

(三) 头发修饰

1. 头发修饰及其注意事项

"完美形象，从头开始"，整洁仪容最基本、最初始是拥有健康干净的头发。时至今日，头发的功能不仅仅是体现人的性别差异，更多的是反映着一个人的道德修养、审美水平、知识层次以及行为规范。人们可以通过发型来判断其职业、身份、受教育的背景与程度、生活状况以及卫生习惯。同时，也可以感受到他对工作、生活的态度。这恰恰说明了发型对商务人员的重要作用。因此，系统地学习护发、美发礼仪，是非常必要的。

头发修饰，特指人们根据自己的审美习惯、工作性质和自身特点，对头发所进行的清洁、修剪、保养和美化。在进行个人头发修饰时，应注意以下几个主要问题。

(1) 美发。一头光洁顺滑的秀发会给人以健康、舒适、纯美之感，特别对于女性商务人员而言，健康自然的秀发比过多的人工修饰更加美丽动人，更易博得他人的好感。

保持头发健康顺滑最有效的办法就是常洗发、常清洁。头发的清洁非常重要，常洗发可确保头发不油腻、不打绺、无头屑、无异味。一般认为，每周至少应清洗头发两三次。当然，洗发也是有学问的。其一，选好洗发用品。不一定非选用高级名贵之物，只要适合自己的发质即可；其二，调节好水温。洗发最好用 40℃ 左右的温水，水过冷过热都会对发质有所损伤；其三，做好护发处理。洗完头发后最好再用专门的护发素做一下养护处理，使头发更顺滑、更健康；其四，慎重使用吹风机。吹头发时，吹风机与头发的最佳距离为10~15cm，切勿太过靠近，头发吹至七分干就好，并且注意尽量缩短吹发时间。

(2) 养发。在美发护发的同时，还要注意养发。养发主要是指保持好头发的养分，其关键在于身体内部的调理。辛辣刺激的食物易损伤发质，吸烟、饮酒对头发的危害更加严重。所以，要少吃刺激性较强的食品，尽量不吸烟、不饮酒。此外，要想减少头皮屑，应尽量少吃油性大的食物，多吃含碘丰富的食品。要想让头发更黑、更亮，平时可多吃些富含蛋白质、维生素和微量元素的食物，比如说核桃之类的坚果，或者黑芝麻等"黑色食品"。

(3) 修剪头发。与清洗头发一样，修剪头发同样需要定期进行。通常应当每半个月左右修剪一次头发，至少也要每个月修剪一次。

(4) 梳理头发。每天做到梳理头发，而且往往每天不止一次。按照常规，在下述情况下，皆应自觉梳理一下自己的头发：一是出门上班前，二是拜访客户时，三是摘下帽子时，四是下班回家时，五是其他必要时。

在梳理头发时，还有三点应予注意：一是不宜当众进行；二是不宜直接用手，最好随身携带一把发梳，以便必要之用；三是断发、头皮屑不宜随手乱扔乱撒，否则会被认为缺乏教养。

2. 发型的选择

头发的造型指的是头发在经过一定修饰之后所呈现出来的形状，简称发型。发型的选择往往会涉及年龄、性别、身材、脸型、发质、性格、服饰、时尚以及职业等多重因素。这些方面必须综合平衡，悉心考虑。在为自己选择发型时必须考虑的因素，首先应该是自己的职业。具体说来，主要应当重视两个方面的问题。

首先，长短适当。在为自己选择具体发型时，不允许对其长度自由放任，总的要求是长度适中、以短为主。对于男性与女性，则分别又有着各自不同的要求。

对于男性员工来讲，其头发的具体长度，有着规定的上限与下限。上限是指头发最长时的极限，下限则指头发最短时的极限。按照常规，绝对不允许男性员工在工作时长发披肩，或者梳起发辫，一般不允许剃光头发。男性员工必须做到：前发不覆额，侧发不掩耳，后发不触领。

对于女性员工来讲，其头发的具体长度，大体上也有着规定的上限与下限。主要要求是，女性员工头发长度的具体上限，不宜超过肩部，不宜挡住眼睛，而且不允许随意将其披散开来。在上岗之前，将超长的头发盘起来、束起来。头发长度的下限，应是不准许剃光头发。总之，女性员工在平时有意识地留短发，为明智之举。这样做，既梳理方便，符合时尚，又会给人以精明强干之感。

其次，在选择发型时，还应当有意识地使之体现庄重而保守的整体风格。一般来讲，在为自己选择一款具体的发型时，必须有意识地使之简约、明快。通常不宜使自己的发型过分时髦，尤其是不要为了标新立异，而选择极端前卫的发型或染夸张的颜色。在为自己选择具体发型或发色时，务必牢记令其与自己的身份相符，必须符合本行业的"共性"，切勿使之与自己的身份相去甚远，或是"个性化"色彩异乎寻常的强烈。

第三章 商务人员的形象礼仪

【知识小链接3-3】

发型修饰应着重考虑的要素

依据职业特点，商务人员的发型修饰应着重考虑以下几个要素。

(1) 发型与脸型要协调。发型对人的容貌有极强的修饰作用，甚至可以"改变"人的容貌。商务人员应该根据自己的脸型来选择发型，这是发型修饰的关键。例如，圆脸型适合选择将头顶部头发梳高，避免遮挡额头，两侧头发适当遮住两颊，使脸部视觉拉长；长脸型给人感觉面部较为消瘦，发型设计应选择用"刘海"遮住额头，加大两侧头发的厚度，以使脸部丰满起来；方脸型应设法掩饰棱角，使脸型显得圆润一些。

(2) 发型与体型要协调。发型的选择是否恰到好处，将会对体型的整体美感产生极大影响。例如，瘦高者适合留长发；矮胖者适合留短发；脖子长者适合齐颈搭肩舒展或外翘的发型；脖子短粗者适合高而短的发型。

(3) 发型与年龄要协调。发型是一个人文化修养、社会地位、精神状态的集中反映。通常，年长者适合大花型短发或盘发，给人以精神、温婉可亲之感；年轻者则适合活泼、粗放、简洁、有活力的发型，给人以清新、自然之感。

(4) 发型与职业要协调。在社会生活中，因人们职业、身份及工作环境的不同，发型自然也要有所不同。通常，如果经常在工作场合需要露面，发型应传统、庄重、保守一些；如果是在社交场所频繁亮相，发型则应个性、时尚、艺术一些。

(5) 发型与服饰要协调。头发为人体之冠，为体现服饰的整体美，发型必须根据服饰的变化而改变。例如，穿着礼服或制服时，可选择盘发或短发，以体现端庄、秀丽、文雅；穿着运动装时，可选择高高束起的马尾辫，以体现青春、活力、潇洒；穿着晚装时，可选择晚装发型，以体现高雅、华丽、时尚；穿着便装时，可选择适合自己脸型的发型，以体现自然、舒适、休闲。

(资料来源：本书作者整理编写.)

3. 头发的美化与护理

为维护形象，应当采用适当之法来给自己美发。然而，按照礼仪的具体要求，在采用不同的方法美发时，必须遵守一些具体的规定。

(1) 护发。在护发方面，要给予高度的重视。有效的养发护发，才会使头发健康亮丽。正确护发，一是要长期坚持；二是要选择好护发用品；三是要采用正确的护发方法。三者缺一不可。

(2) 染发。在染发方面，重点要考虑的是有无必要。中国人历来以一头黑发为美。假定自己的头发不够油黑，特别是早生白发或长有一头杂色的头发，将其染黑通常是必要的。若是为了追随时尚，有意将自己的一头黑发染成其他的颜色，甚至将其染得五色斑斓，则是不适合商务人员的。

(3) 烫发。在烫发方面，可以选择一些端庄大方的发型。但是在选择烫发的具体造型时，应当切记，不要将头发烫得过于繁乱、华丽、美艳。在头上烫出大型花朵，或是烫出图案、文字的做法，是商务人员严禁的。

(4) 假发。在佩戴假发方面，应当明确，只有在自己的发部出现掉发、秃发时，才适于佩戴假发,以弥补自己的缺陷。出于妆饰方面的原因而佩戴假发,通常不提倡。

(5) 帽子。在佩戴帽子方面,必须注意的是:在工作岗位上,只有佩戴工作帽才是允许的。不允许擅自戴着时装帽出现在工作场所。大多数岗位不需戴工作帽,部分岗位戴工作帽一是为了美观,二是为了卫生,三是为了安全。在戴工作帽时,一般要求不外露头发。

(6) 发饰。在佩戴发饰方面,在工作之中最好是不戴。即使允许戴发饰的话,也仅仅是为了女性用以"管束"自己的头发之用,而不是意在打扮。因此,女性员工在选择发饰时,只宜选择黑色、藏蓝色且无任何花色图案的发卡、发箍、发带。

(四)化妆

化妆是一门技术,也是一门艺术,更是一项重要礼节。化妆的目的在于突出五官中最美的部分,掩盖或矫正缺陷部位。商务人员在平时工作中最适宜化淡妆,通过恰当的淡妆修饰,实现自然、清新、大方的美。如果出席特殊的晚宴、演出等场合,也可以选择化浓妆,以塑造出庄重、高贵、典雅的形象。

1. 女士的面部化妆

(1) 美容与化妆的基本要求。学习美容与化妆知识是职业女性的一门必修课。美容、化妆并非追求个人奢华,而是改善女性的健康状况与调节情绪的有效途径。淡妆上岗作为一项基本工作要求,其主要目的是作为一种礼节形式,表示对宾客的礼貌和尊重,使客人从对员工仪表美的审美享受中得到被重视的满足。

化妆的规范要求:化淡妆,力求化妆效果接近自然,避免能浓妆艳抹;化妆应注意时间、地点、场合,不可随时随地拿出化妆品上妆或补妆,在公共区域当众梳头、化妆、整理服装是有失礼节的行为;上妆或补妆应到化妆室或洗手间;化妆以突出面部轮廓的优点、掩饰缺陷和弥补不足为原则,并不是改变或重新塑造形象,自然天成、不留痕迹是职业妆容的境界;化妆品的品牌和颜色的选择要适合自己的肤质和肤色,同时注意搭配服装与饰品。

可适当使用香水,但不宜太浓,以防对宾客的嗅觉产生刺激。喷香水要注意的问题有四点:一是不应使之影响本职工作,或有碍于人;二是宜选气味淡雅清新的香水,并应使之与自己同时使用的其他化妆品香型大体一致,避免彼此"串味";三是切勿使用过量,以免产生适得其反的效果;四是应当将其喷在或涂抹于适当之处,如腕部、耳后、颌下、膝后等,千万不要直接喷在衣物上、头发上或身上其他易于出汗之处。

(2) 面部化妆的一般程序。

① 洁面。洁面时要选择适合自己肤质的洁面乳,先用温水洗面,接着将洁面乳在手中揉出泡沫后,在脸颊、额头、下巴、鼻翼打旋按摩,最后用清水冲洗干净。

② 打底。洗完脸后,使用爽肤水或化妆水拍打脸部,直至全部吸收。选择适合自己的乳液或面霜在面部抹匀,并使用隔离霜或粉底液让皮肤白皙匀称。最后使用比隔离霜或粉底液白一号色的粉饼,将面色修匀。

③ 眼妆。先勾勒眼线,眼角处贴近睫毛根部由内而外平实拉出,然后涂眼影,最后用睫毛夹将睫毛夹弯,并用睫毛刷从睫毛根部向外刷起。

④ 唇妆。一般场合,使用颜色较淡雅的唇彩即可。正式场合,使用颜色纯正的唇膏,

第三章　商务人员的形象礼仪

并注意唇线的勾勒。

⑤ 腮红。在脸颊处刷上腮红，让面部气色更加红润。长脸型的腮红可抹成圆形，圆脸型的腮红则可抹成斜线型。

总之，化妆所追求的完美境界，既要通过化妆使原来的仪表更漂亮、更精神，又不要有人工痕迹。职业妆以清淡、雅致为宜。

2. 男士的面部化妆

随着人们生活观念的改变和社会的进步，男士精致的仪表，同样折射出男士心态的从容、责任感和对他人的尊重，现代男士的美，不仅要更丰富，而且更应该从仪容开始。

（1）皮肤的保养和化妆。胡须是男性的特征，不同的留须方法会反映不同的性格特征。一般年轻人应将胡须刮得干净，然后用水调理皮肤的紧张感，适当选用中性润肤品护理并轻拍片刻，使皮肤保持弹性。出入公众场合，不妨用与肤色相同的粉底液薄薄地抹匀，然后用干爽的面纸吸去多余油分，使其自然。耳朵内外应清洁干净，鼻孔内外应清洗干净；要经常洗手，连手腕也要清洗干净；指甲应剪短并精心修理，手指干净，没有多余的死皮。常用热水洗手，并擦护手霜，保持手的湿润与柔软；同时，男士在商务活动中经常会接触到香烟、酒等有刺激性气味的物品，所以要注意随时保持口气的清新。

（2）男士面部化妆规范。

① 剑眉星目。一般用来形容男子帅气、正气、英武。剑眉指的是眉毛的形状长得跟古代兵器里的宝剑，顺势而上，不杂乱卷曲，非常有形。清晰有型的眉毛能衬托出男士的英气。星目指的是眼睛清晰明亮，黑白分明，闪烁有神。

明亮的眼神练习方法：燃香法，点一炷香，看烟的走势，每次一炷香时间；梅兰芳盯鸽群法，仰头、抬眼，极目注视高空中的鸽群，努力分辨出里面有没有混入别家的鸽子。

② 双唇应滋润。尽量避免嘴唇出现干燥，除多喝水之外，还要常用护唇油、护唇膏，可选择肉色的或透明珠光的唇膏修饰双唇，使双唇滋润，更有魅力。

③ 干净的鬓角与发式。发式因人而异，但发色的乌黑亮泽是男性健康的标志之一。男士发型的标准是干净整洁，并且要经常修饰、修理。每两三天洗发一次，用护发素，让头发自然晾干，不要过多吹发。保持无汗味，没头屑，不要抹过多的发胶即可。

④ 香水的选用。适当选用合适的香水。使用时可以将香水涂抹在动脉跳动处，如脖子、耳后、手腕、脚踝、膝后、手肘内侧等，让香气自然地散发出来。其方法是：用手指轻轻地在脉搏上按压两次。皮肤容易过敏的人可将香水喷在内衣、手帕、裤脚或领带内侧，随着肢体的摆动而散发；切勿在腋下与汗腺发达的部位使用香水；以免香水与体味混合，给人带来不良的嗅觉体验。

3. 化妆禁忌

在化妆时，一定要避免某些错误做法。一般来说，化妆的禁忌主要包括以下五个方面。

（1）离奇出众。指的是化妆时有意脱离自己的角色定位，追求荒诞怪异或神秘妆容，或者是有意使自己的化妆过于夸张，从而产生令人咋舌或毛骨悚然的效果。这种做法应当禁止。

（2）技法出错。假定一位商务人员不谙化妆之道，那么即使不化妆，也往往比化妆出错要好得多。因为不化妆时顶多只是个人形象暂时欠佳，而在化妆技法方面出现明显的差错，则会暴露出自己在素质方面的严重不足。

一般情况下，化妆应力求自然，最高超的化妆术是在似有似无之间经过非常精心的修饰，却不易让人有所察觉，似无妆一般，且又能自然显示自身的个性与气质。

(3) 残妆示人。对于商务人员来说，不但要坚持化妆，而且要及时补妆，补妆指的是发现残妆时，适时地对其进行局部性的修补。

(4) 岗上化妆。商务人员工作妆，一般应当在上岗之前进行，而不允许在工作岗位上进行。化妆是一种私人行为，在工作岗位上化妆既不尊重自己，也不尊重他人。

(5) 指教他人。商务人员一般不应当在工作之时，对客户的妆容关注过多。不仅不应当对对方的妆容悄悄地说三道四，而且也不应当冒冒失失地打探对方所使用的化妆品的品牌、价格、化妆的具体方法，以及化妆时是自行操作还是由他人代劳等。

【知识小链接3-4】

补妆时注意事项

补妆时主要注意四点：一是要经常在化妆后进行检查，以防止自己的妆容出现残缺而毫无察觉。尤其在出汗、休息、用餐之后，应当及时自察妆容；二是要在发现妆容出现残缺后，即刻抽身补妆。切莫长时间以残妆示人，以免给人留下懒惰的印象；三是要在补妆时回避他人。补妆时，宜选择无人在场的角落进行，不宜在大庭广众之下操作；四是要采用正确的补妆方法。补妆不是非全部重新化妆，也不同于在原先的基础上重画重描，而是以补充为主，重在弥补妆容残缺部分，避免让妆容显得脏乱。

(资料来源：本书作者整理编写.)

第三节 仪态礼仪

仪态，泛指人们的身体所呈现出来的各种体姿造型，包括人的表情与举止，是静态表情和动态行为的统一。仪态是外界观察一个人内心世界的窗口，通过仪态可以透视出一个人的精神状态、心理活动、文化修养及审美情趣等。所谓的仪态美，指的是姿势、动作的美，即人体具有造型因素的静态美和动态美。培根说过："相貌的美高于色泽的美，而优雅合适的动作美又高于相貌美。"这主要是因为姿态比相貌更能展现人的精神气质。举止仪态包括基本的站、坐、走、蹲、卧等姿势，以及递物接物时的姿态。不同的仪态传递着不同的信息，良好的仪态易使人与人之间信息传递产生积极的作用。这不仅是社会审美和商务活动的需要，也是仪态礼仪最基本的要求。

一、站姿

站立是最基本的一种举止，正确的、健美的站姿会给人以挺拔笔直、舒展俊美、积极进取、充满自信之感；反之，站立时左歪右斜、挺腹屈腿则会给人以轻浮、没有教养之感。

第三章　商务人员的形象礼仪

(一)标准的站姿

标准的站姿应该是身体站直，精神饱满，收腹挺胸，头部摆正，两眼平视前方，两肩平齐，微收下颌，两臂自然下垂，双腿自然并拢，两脚尖张开60°，手中指贴裤缝，身体重心落于两腿正中，腰背挺直，整个身体庄重挺拔。

站姿的要领是：一要平，即头平正、双肩平、两眼平视；二是直，即腰直、腿直，后脑勺、背、臀、脚后跟成一条直线；三是高，即重心上拔，看起来显得高。

男性员工在站立时，要注意表现出男性刚健、潇洒、英武、强壮的风采，要力求给人一种壮美感。具体来讲，在站立时，男性员工可以双手自然放于身体两侧，也可以将双手相握叠放于腹前，或者相握于身后。双脚可以稍分开，分开幅度不可超过肩宽，标准幅度为一脚长。双脚不可随意乱动。如果站立时间过久，可以将左脚或右脚交替后撤一步，身体重心分落在另一只脚上，但交换不宜过于频繁。

女性站立时，要注意表现出女性轻盈、娴静、典雅的韵味，要努力给人一种"静"的优美感。具体来讲，在站立时，女性双手自然下垂，右手在前左手在后，二手叠放或相握手于腹前，双腿并拢，不宜叉开。可将重心放置于某一脚上，双腿一直一斜呈"丁"字形。或者将双脚脚跟并拢，脚尖分开，张开的脚尖大致相距10cm，角度约为45°，呈V形。

(二)不同场合的站姿

在升国旗、奏国歌、接受奖品、接受接见、致悼词等庄严的仪式场合，应采取严格的标准站姿，而且神情要严肃。

在发表演说、新闻发言、作报告宣传时，为了减少身体对腿的压力，减轻由于较长时间站立双腿的疲倦，可以用双手支撑在讲台上，两腿轮流放松。

主持文艺活动、联欢会时，可以将双腿并拢站立，女士也可站成"丁"字步，让站立姿势更加优美。站"丁"字步时，上体前倾，腰背挺直，臀微翘，双腿叠合，这样会更显女性魅力。

门迎人员往往站的时间很长，双腿可以稍平分站立，双腿分开不宜超过肩宽。根据性别不同，双手可以交叉或相叠垂放于腹前，或可以背后交叉，但要注意收腹。

礼仪活动中地站立，要比门迎更趋于艺术化，一般可采取立正的姿势或"丁"字步。如双手端执物品时，上手臂应靠近身体两侧，但不必夹紧，下颌微收，面含微笑，给人以优美亲切的感觉。

(三)不良站姿

不良的站姿，是商务人员不应当出现的站立姿势。它们要么姿态不雅，要么缺乏敬人之意。不良站姿大致有以下七种。

1. 身躯歪斜

在站立时，若是身躯出现明显的歪斜，如头偏、肩斜、身歪、腿曲，或是膝部不直，不但会看上去东倒西歪，破坏人体的线条美，而且还会令人觉得该员工萎靡不振。

2. 弯腰驼背

这是人身躯歪斜时的一种特殊表现。除去腰部弯曲、背部弓起之外，大都还会伴有颈部弯缩、胸部凹陷等一些其他的不良体态。

3. 趴伏倚靠

在工作岗位上，服务人员要确保自己"站有站相"，站立时不能自由散漫，随便偷懒，趴伏在某处左顾右盼，倚着墙壁、靠在桌柜边上，或者前趴后靠。

4. 双腿大开

双腿在站立时分开的幅度，一般情况下越小越好，双腿并拢最好。即使双腿分开站立，也要注意不可使二者之间的距离比本人的肩宽。

5. 脚位不当

员工在工作岗位上站立时，双脚应呈现出 V 形、T 形及平行式等脚位。采用"人"字式、蹬踏式等脚位，则是不允许的。"人"字式脚位，指的是站立时两脚脚尖靠在一处，而脚后跟之间却大幅度地分开来，这一脚位又叫"内八字"。蹬踏式是指站立时为图舒服，在一只脚站在地上的同时，将另一只脚踩在鞋帮上、踏在椅面上、蹬在窗台上或跨在桌面上。

6. 手位不当

在站立时，与脚位不当一样，手位如果不当，同样也会破坏站姿的整体效果。不当的手位在站立时主要有：一是将手放在衣服的口袋中；二是将双手抱在胸前；三是将两手抱在脑后；四是将双肘支于某处；五是将两手托住下巴。

7. 浑身乱动

在站立时，是允许略做体位变动的。不过从总体上讲，站立乃是一种相对静止的体态，因此不宜在站立时频繁地变动体位，甚至浑身上下乱动不止。手臂挥来挥去，身躯扭来扭去，腿脚抖来抖去，都会使一个人的站姿变得十分难看。

二、坐姿

符合礼仪规范的坐姿能展现出一个人积极热情、尊重他人的良好风范。坐姿同样有美与丑、优雅与粗俗之分。正确的坐姿能给人一种庄重的感觉，因此，要"坐有坐相"，做到端正、舒展、大方。

(一)标准坐姿

坐定后的姿势最能展现一个人的职业修养，要特别注意：在正式场合，或者有尊长在座时，不宜坐满整个座位，通常，只坐满椅子三分之二即可。坐时上身挺直，头部放正，双眼平视前方，或面对交谈对象。身体不宜靠在座位的背部，也不允许仰头靠在座位背上，或是左顾右盼、闭目养神、低头注视地面。坐稳后，双手应掌心向下，叠放于大腿之上，或是放在身前桌面上。侧坐时，双手应以叠放或相握的姿势放于身体侧向的那条大腿面上。

第三章 商务人员的形象礼仪

当面对尊长、贵客而又无屏障之时，双腿应当并拢。不可在尊长、贵客面前高跷"二郎腿"，两腿不可伸向远处。

入座时先要礼让尊长，不可抢在来宾、长辈、上级或女士前就座，抢座是失态的表现。无论从什么地方走向座位，通常讲究"左进左出"。就座时，应转身背对座位，如距其较远，可将右脚向后移半步，等到腿部接触到座位边缘后，再轻轻坐下。

穿着裙装的女性要特别注意，入座前先用双手拢平裙摆后再坐下。无论男女，坐下时尽量不发出声音，即便调整坐姿也要悄无声息，这是一种尊重他人的良好教养。

(二)不同场合的坐姿

谈判、会谈时，场合一般比较严肃，适合正襟危坐，但不要过于僵硬。要求上体正直，端坐于椅子中部，注意不要使全身的重量只落于臀部，双手放在桌上、腿上均可，双脚为标准坐姿的摆放。

倾听他人教导、讲话、传授、指点时，对方是长者、尊者、贵客，坐姿除了要端正外，还应坐在座椅或沙发的前半部或边缘，身体稍向前倾，表现出一种谦虚、重视对方的态度。

在比较轻松、随便的非正式场合，可以坐得轻松、自然一些。全身肌肉可适当放松，可不时变换坐姿，以做休息。对商务人员来说，还应当注意以下事项。

1. 入座的要求

入座时的基本要求有以下八点。

(1) 在他人之后入座。出于礼貌，与他人一起入座，或与他人同时入座，当对方是自己的客户时，一定要先请对方入座，自己切勿抢先入座。

(2) 在适当之处就座。在大庭广众之处就座时，一定要坐在椅、凳等常规的位置，坐在桌子上、窗台上、地板上往往是不恰当的。

(3) 在合"礼"之处就座。与他人同时就座时，应当注意座位的尊卑，并且主动将上座相让于人。

(4) 从座位左侧就座。假若条件允许，在就座时最好从座椅的左侧接近它。这样做，是一种礼貌，而且也易于就座。

(5) 向周围人致意。在就座时，若附近坐着熟人，应主动跟对方打招呼。若身边的人不认识，也应向其点点头。在公共场合，要想坐在别人身旁，须先征得对方同意。

(6) 毫无声息地就座。就座时要减慢速度，放松动作，不要让座椅乱响，噪声扰人。

(7) 以背部接近座椅。在他人面前就座，最好背对着自己的座椅，这样就不至于背对着对方，必要时，可以一手扶座椅的把手。

(8) 坐下后调整体位。为使自己坐得舒适，可在坐下之后调整一下体位或整理一下衣服，但是这一动作不可与就座同时进行。

2. 离座的要求

在离座时，主要的要求有以下五点。

(1) 先有表示。离开座椅时，身旁如有人在座，须以语言或动作先向其示意，随后方可站起身来。突然起立，有时会令人受到惊扰。

(2) 注意先后。与他人同时离座,须注意起身的先后次序。地位低于对方时,应稍后离座。地位高于对方时,则可首先离座。双方身份相似时,才可以同时起身离座。

(3) 起身缓慢。起身离座时,最好动作轻缓,无声无息,尤其要避免弄响座椅,或将椅垫弄掉在地上。

(4) 站好再走。离开座椅后,先要采用"基本的站姿"。站定之后,方可离去。要是起身便跑,或是离座与走开同时进行,则会显得自己过于匆忙。

(5) 从左侧离开。尽量站起身后,宜从左侧离去。

3. 下肢的体位

常用的主要有以下八种。

(1) 正襟危坐式。它又称标准的坐姿或双腿垂直式,适用于最正规的场合。主要要求:上身与大腿、大腿与小腿,都应当形成直角,小腿垂直于地面。双膝、双脚包括两脚的跟部,都要完全并拢。

(2) 垂腿开膝式。它多为男性所用,较为正规。主要要求:上身与大腿、大腿与小腿皆为直角,小腿垂直于地面。双膝允许分开,但不得超过肩宽。

(3) 双腿叠放式。它适合穿短裙的女士采用,造型极为优雅。主要要求:将双腿完全地一上一下交叠在一起,交叠后的两腿之间没有任何缝隙,犹如一条直线。双脚斜放于左或右一侧,斜放后的腿部与地面成45°夹角,叠放在上的脚的脚尖垂向地面。

(4) 双腿斜放式。它适于穿裙子的女士在较低处就座所用。主要要求:双腿先并拢,然后双脚向左或向右侧斜放,力求使斜放后的腿部与地面成45°夹角。

(5) 双脚交叉式。它适用于各种场合,男女皆可选用。主要要求:双膝先要并拢,双脚在踝部交叉。需要注意的是,交叉后的双脚可以内收,也可以斜放,但不宜向前方远远地直伸出去。

(6) 双脚内收式。它适合在一般场合采用,男女都适宜。主要要求:两条大腿自行并拢,双膝可以略微打开,两条小腿可在稍许分开后向内侧屈回,双脚脚掌着地。

(7) 前伸后曲式。它也是女性适用的一种优美坐姿。主要要求:大腿并紧之后,向前伸出一条腿,并将另一条腿屈后,两脚脚掌着地,双脚前后要保持在一条直线上。

(8) 大腿叠放式。它多适合男性在非正式场合采用。主要要求:两条腿在大腿部分叠放在一起。叠放之后位于下方的一条腿的小腿垂直于地面,脚掌着地;位于上方的另一条腿的小腿则向内收,同时宜以脚尖向下。

4. 上身的体位

上身的体位,即坐好之后,头部、躯干与上肢的具体位置,也极其重要。

(1) 注意头部位置的端正。重要的是,千万不要在客户面前就座时出现仰头、低头、歪头、扭头等情况。

坐定之后的标准头位,应当头部抬直,双目平视,下颌内收。整个头部应当与地面相垂直。出于实际需要,在办公时允许低头看桌上的文件、物品,但在回答他人问题时,务必要抬起头来。在与人交谈时,可以面向正前方,或者面部侧向对方,但不能将后脑勺对着对方。

(2) 注意躯干位置的直立。坐好之后,身体的躯干部位也要注意端端正正。需要注意的地方：一是椅背的倚靠。倚靠主要用以休息。所以因工作需要而就座时，通常不应当将上身完全倚靠在座椅的背部；二是椅面的占用。从礼仪的角度，在尊长面前，一般不宜坐满椅面，只坐三分之二左右适宜；三是身子的朝向。与他人交谈时，为表示对其重视，不仅应面向对方，而且应将整个上身朝向对方。不过一定要注意，侧身而坐时，躯干不要歪扭倾斜。四是基本的轮廓。在大众前就座时，躯干的基本轮廓要力求美观宜人。

(3) 注意手臂的摆放。根据实际需要，在坐好后手臂摆放的正确位置主要有以下五种。

① 放在两条大腿上。具体办法有三：一是双手各自扶在一条大腿上；二是双手叠放后放在两条大腿上；三是双手相握后放在两条大腿上。要强调的是，将手放在小腿上是不可以的。

② 放在一条大腿上。侧身与人交谈时，通常宜将双手置于自己所侧一方的那条大腿上。具体方法有二：一是双手叠放；二是双手相握。

③ 放在皮包文件上。当穿短裙的女士面对男士而坐，而身前没有屏障时，为避免"走光"，一般可将自己随身携带的皮包或文件放在并拢的大腿上。随后，即可将双手或扶、或叠、或握后置其上。

④ 放在身前桌子上。将双手平扶在桌子边沿，或是双手相握、叠放置于桌上，都是可行的。

⑤ 放在身旁扶手上。坐定后，将手摆放于座椅的扶手之上。正确的方法：正身而坐时，宜将双手分扶在两侧扶手上。侧身而坐时，则应当将双手叠放或相握后，置于侧身一侧的扶手上。

5. 不良的坐姿

以下是16种不良的坐姿。

(1) 双腿叉开过大。面对客户时，双腿如果叉开过大，不论是大腿叉开还是小腿叉开，都极其不雅。

(2) 架腿方式欠妥。坐后将双腿架在一起，不是说绝对不可以，但正确的方式，应是两条大腿相架，并且一定要使二者并拢。如果将一条小腿架在另一条大腿上，两者之间还留出大大的空隙，成为"架二郎腿"，就显得有些放肆了。

(3) 双腿直伸出去。坐下后不收回，将双腿直挺挺地伸向前方。不仅有可能会有碍于人，而且也有碍观瞻。身前若有桌子，双腿尽量不要伸到外面。

(4) 将腿放上桌椅。有人坐定后为图舒服，喜欢将双腿或单腿置于高处，有时甚至还会将其抬到身前的桌子或椅子上。把一条腿或双腿盘上本人所坐的座椅上，也是不当的。

(5) 腿部抖动摇晃。坐在别人面前，反反复复地抖动或摇晃自己的腿部，不仅会令他人心烦意乱，而且也会给人以极不安稳的印象。

(6) 脚尖指向他人。不管采用哪一种坐姿，都不宜以本人的脚尖指向别人。

(7) 脚跟接触地面，坐下后如以脚部触地，通常不允许仅以脚跟接触地面，而将脚尖翘起。双脚都这么做时，则更算是一种严重的违规。

(8) 以脚蹬踏他物。坐下来之后，脚部一般都要放在地上。要是用脚在别处乱蹬乱踩，甚至将其蹬踩于高处，通常是不合适的。

(9) 以脚自脱鞋袜。脱鞋脱袜，属于个人隐私和"卧房动作"，绝对不宜当众表演。

在别人面前就座时以脚自脱鞋袜，显然也是不文明的。

(10) 以手触摸脚部。在就座以后用手抚摸小腿或脚部，都是极不卫生的。

(11) 手置于桌下。就座后，双手应在身前有桌时置于其上，单手或双手放于其下，都是不允许的。

(12) 手支于桌上。用双肘支在面前的桌子上，对于同座之人是不够礼貌的做法。

(13) 双手抱在腿上。双手抱腿，是一种惬意、放松的休息姿势，不能在工作之中应用。

(14) 将手夹在腿间。个别人坐下来之后往往将双手夹在两腿之间，这一动作会令其显得胆怯或害羞。

(15) 上身向前趴伏。坐后上身趴伏在桌椅上，不宜在工作场所中出现。

(16) 头部靠于椅背。以头靠在椅背，自然是为了稍事休息，在工作岗位上是不可以的。

三、行姿

(一)标准的行姿

标准的行姿应优美自然，表情放松，昂首挺胸，略收下颌，立腰收腹，两臂自然下垂，以身体为中心，前后自然摆动，前摆约35°，后摆约15°，手掌朝向身体，起步时，身子稍向前倾，重心落在前脚掌，膝盖伸直，脚尖向正前方伸出，行走时，双脚踩在一条线的边缘上。具体来说，走路时要特别注意以下五个主要环节。

1. 步幅适中、直线前行

在行走时，必须要保持明确的行进方向，尽可能地使自己犹如在一条直线上行走。具体的方法是，行走时应以脚尖正对前方，形成一条虚拟的直线。每行进一步，脚跟都应落在这条直线上。最佳的步幅应为本人的一脚之长，即行进时所走的一步，应当与本人一只脚的长度相近。

2. 全身协调、匀速行走

人们行进时的具体速度，通常称为步速。步速可以有所变化，但在某一特定的场合，应当使其保持相对稳定，均匀，而不宜使之过快或过慢、忽快或忽慢，变化过大。一般认为，在正常情况下，每分钟走60～100步都是比较正常的。

人们在行进时，身体的各个部分必须进行完美的配合。首先走动时要以脚跟着地，膝盖在脚部落地时应当伸直，腰部要成为重心移动的轴线，双臂要在身体两侧一前一后地自然摆动。

3. 双肩平稳、自然摆臂

走路过程中，肩与臂都不要过于僵硬，肩不要晃，两臂摆幅以30°左右为宜。

4. 重心放准、步履轻盈

在行进时，能否放准身体的重心极其重要。正确的做法是：起步时，身体须向前微倾，身体的重量要落在前脚掌上。在行进的整个过程中，应注意使身体的重心随着脚步的移动

第三章　商务人员的形象礼仪

不断地向前过渡，切勿让身体的重心停留在后脚上。

5. 昂首挺胸、造型优美

行进时要使自己保持优美的身体造型，就要做到昂首挺胸，步伐轻松而矫健。其中最重要的是，行走时应面对前方，两眼平视，挺胸收腹，直起腰背，伸直腿部，使全身从正面看上去犹如一条直线。

(二)不同场合的行姿

一般而言，商务人员需要了解的行进姿势主要包括陪同引导、上下楼梯、进出电梯、出入房门等。

1. 陪同引导

陪同是指陪伴着别人一同行进，引导则是指在行进之中带领别人，有时也称作引领或引路。商务人员经常有机会陪同或引导客户。陪同引导客户时，通常应注意以下四点。

(1) 本人所处的方位。若双方并排行进时，应居于左侧；若双方前后行进时，则应居于左前方或右前方约1m的位置。当客户不熟悉行进方向时，一般不应请其先行，同时也不应让其走在外侧。

(2) 协调的行进速度。本人行进的速度须与对方相协调，切勿我行我素，走得太快或太慢。

(3) 及时的关照提醒。一定要处处以对方为中心。每当经过拐角、楼梯或道路坎坷、照明欠佳之处时，须关照提醒对方留意，绝不可以不吭一声，让对方茫然无知或不知所措。

(4) 采用正确的姿势。请对方开始行进时，应面向对方，稍许欠身。在行进中与对方交谈或答复其提问时，应以头部、上身转向对方。

2. 上下楼梯

上下楼梯时，要特别注意以下三点。

(1) 减少在楼梯上的停留。楼梯是人来人往之处，所以不要在楼梯上休息、与人交谈或慢慢悠悠地行进。

(2) 坚持"右上右下"原则。上下楼梯时，均不能并排行走，而应当自右侧而上，自右侧而下。以便有急事的人，可以快速通过。

(3) 注意礼让客户。上下楼梯时，千万不要同服务对象抢行，出于礼貌，可请对方先行。当自己陪同引导客人时，则应在下楼梯时先行。

3. 进出电梯

在使用电梯时，应当注意以下三点。

(1) 牢记先出后进。乘电梯时，一般是里面的人出来之后，外面的人方可进去；以免出现混乱。

(2) 要照顾好客户。乘电梯时，碰上了不相识的客户，也要以礼相待，请对方先进先出。若是负责陪同引导，则乘电梯时还有特殊的要求。乘坐无人操作的电梯时，员工须自己先进后出，以便控制电梯；乘坐有人操作的电梯时，则员工应当后进后出。

(3) 尊重周围的乘客。进出电梯时，大都要侧身而行，避免碰撞、踩踏别人。进入电梯后，应尽量站在里边。人多时，最好面向内侧，或与他人侧身相向。

4. 出入房门

进入或离开房间时，注意以下细节。

(1) 先通报。尤其是在进入房门前，一定要采取叩门、按铃的方式，向房内的人进行通报。

(2) 以手开关。用肘部顶、用膝盖拱、用臀部撞、用脚尖踢、用脚跟蹬等做法，都是不恰当的。

(3) 面向他人。特别是在出入一个较小的房间，而房内又有自己的熟悉之人时，最好是反手关门，并且始终注意面向对方，而不是把背部朝向对方。

(4) 后入后出。与他人一起先后出入房间时，为了表示自己的礼貌，一般应当自己后进门、后出门，而请对方先进门、先出门。如果室内光线较暗，可以先进入房间，打开灯，然后再请客人或领导进入。

(5) 为人拉门。在陪同引导他人时，商务人员还有义务在出入房间时替对方拉门。

5. 其他行姿

参加喜庆活动时，步态应轻盈、欢快、有跳跃感，以反映喜悦的心情；参加吊丧活动时，步态要缓慢、沉重、有忧伤感，以反映悲哀的情绪；参观展览、探望病人时，环境安静，不宜出声响，脚步应轻柔；进入办公场所拜访时，脚步应轻而稳；走入会场、走向话筒、迎向宾客时，步伐要稳健、大方、充满热情；举行婚礼、迎接外宾等重大正式场合时，脚步要稳健，节奏稍缓；办事联络；往来于各部门之间时，步伐要快捷又稳重，以体现办事者的效率、干练；陪同来宾参观时，要照顾来宾行走速度，并善于引路。

四、蹲姿

蹲是由站立姿势转变为两腿弯曲和身体高度下降的姿势。蹲姿只是人们在比较特殊的情况下所采用的一种暂时性的体态。虽然是暂时性的体态，但也是有讲究的。在日常生活中，人们在拾地上的东西或取低处物品时，往往是弯腰、翘臀将其捡起。实际上这种姿势欠妥，尤其是女士，一弯腰背后的上衣就自然上提，露出背部皮肤和内衣，很不雅观。

(一)蹲姿的标准规范

当要下蹲取物时，不要低头弓背，上体应尽量保持正直，两腿合力支撑身体，屈膝靠紧，避免滑倒或摔倒，慢慢下蹲。同时，腰背挺直，全身尽量放松。蹲姿有高低式蹲姿和交叉式蹲姿两种基本形式。

1. 高低式蹲姿

下蹲时左脚在前，右脚在后。左小腿垂直于地面，全脚掌着地，大腿靠近。右脚跟提起，前脚掌着地。左膝高于右膝，臀部向下，上身稍向前倾。以左脚为主要支点。

2. 交叉式蹲姿

下蹲时右脚在前,左脚在后。右小腿垂直于地面,全脚掌着地。左腿在后与右腿交叉重叠。左膝向后伸向右侧,左脚跟抬起,脚掌着地。两脚靠紧,合力支撑身体。下蹲时还要特别注意不要面对或者背对他人下蹲,不要双腿平行下蹲。

(二)女士蹲姿注意事项

女士无论采用哪种蹲姿,都要切记将双腿靠紧,臀部向下,上身挺直,使重心下移;举止应自然、得体、大方、不造作,才能体现出蹲姿的优美。女士绝对不可以双腿敞开而蹲,那样是最不雅的动作。在公共场所下蹲时,应尽量避开他人的视线,站在所取物品旁边,不要低头、弓背,要膝盖并拢,两腿合力支撑身体,慢慢地把腰部低下去拿。

五、微笑

著名画家达·芬奇的杰作《蒙娜丽莎》是文艺复兴时期最出色的肖像作品之一。画中女士的微笑给人以美的享受,使人们充满对真善美的渴望,至今让人回味无穷。

微笑是世界通用的体态语言,它超越了各种民族和文化的差异。真诚的微笑是世人公认的最美好的体态语言,正因为如此,无论是个人还是组织,都十分重视微笑及其作用。

【案例阅读3-2】

微笑的重要性

希尔顿饭店的总经理希尔顿,每当遇到员工时,都会询问这样一句话:"你今天对顾客微笑了吗?"他指出:"在饭店,内一流的设备很重要,但一流服务员的微笑更为重要。如果缺少服务员的美好微笑,好比花园里失去了春日的太阳和春风。假如我是顾客,我宁愿住进虽然只有破旧地毯,却处处可见到微笑的饭店,而不愿走进只有一流设备却不见微笑的地方。"正是因为希尔顿深谙微笑的魅力,才使希尔顿饭店享誉全球。

(资料来源:本书作者整理编写.)

(一)微笑的基本方法

先要放松面部肌肉,然后使嘴角微微向上翘起,让嘴唇略呈弧形。然后,在不牵动鼻子、不发出笑声、不露出牙齿,尤其是不露出牙龈的前提下,轻轻一笑。

(二)微笑的特征

微笑是仅限于脸部肌肉运动的内敛的笑,由嘴角向上牵动颧骨肌和环绕眼睛的括约肌的运动所组成,并且左右脸是对称的。微笑在人类各种文化中的含义是基本相同的,能超越文化而传播,是名副其实的"世界语"。

微笑是一种特殊的语言——情绪语言。它可以和有声语言及行动相配合,起到"互补"作用,沟通人们的心灵,架起友谊的桥梁,给人以美好的享受。工作、生活中离不开微笑,社交中更需要微笑。

(三)微笑的运用

微笑是体态语言中运用最广、最具魅力的一种形式。美国喜剧演员博格说:"笑是两个人之间的最短距离",美国人际关系大师卡耐基的"被人喜爱的六个秘诀"之一就是"用微笑对待他人"。微笑在传达亲切温馨的情感、有效地缩短双方的心理距离、增强人际吸引力等方面的作用显著,因而在服务行业,微笑服务尤其受到推崇。

微笑是一门学问,也是一门艺术。微笑是与人交往过程中最富吸引力、最令他人愉悦,也是最有价值的面部表情。微笑是友善、和蔼、真诚等美好感情的表现。它能沟通心灵,给人以平易近人之感,可以消除陌生人初次见面时的拘束感。微笑可以和我们的语言相互配合,甚至可以超越语言。自信的微笑充满着力量;礼貌的微笑如同春风化雨般浸入人们的心田;真诚的微笑则表示着对他人的尊重、理解与支持。

商务人员的一言一行能否深入人心,能否给初次见面的人留下非常好而且深刻的第一印象,微笑会起到至关重要的桥梁作用。所以,商务人员在工作过程中,不要吝啬自己的微笑,微笑不仅会带来好心情,还会有助于顺利打通各种复杂的人际关系,易于被他人接受,提高工作绩效。

(四)规范的微笑

微笑一般要注意四个结合。一是口眼结合。要口到、眼到、神色到,笑眼传神,微笑才能扣人心弦;二是笑与神、情、气质相结合。这里讲的"神",就是要笑出自己的神情、神色、神态,做到情绪饱满、神采奕奕;"情",就是要笑出感情,笑得亲切、甜美,反映美好的心灵;"气质"就是要笑出谦逊、稳重、大方、得体的良好气质;三是笑与语言相结合。语言和微笑都是传播信息的重要符号,只有注意微笑与美好语言相结合,声情并茂,微笑方能发挥出它的特殊功能;四是笑与仪表、举止相结合。以笑助姿、以笑促姿,形成完整、统一、和谐的美。

(五)商务人员微笑的好处

商务人员面带笑容,创造出一种令人备感轻松的氛围,会让对方感到愉快、欢乐和喜悦,同时也表现出对客户的重视与尊重。商务活动中保持微笑可以获得众多的好处。

1. 可以调节情绪

情绪是人对于客观事物的态度体验以及相应的行为反应。它能改变一个人的处世态度,并且相当具有感染力。微笑是积极、乐观的一种情绪。以微笑示人,既可以创造出一种和谐融洽的现场气氛,又可以感染客户,使其感到愉快和温暖,并在一定程度上驱散其烦恼或忧郁。

2. 可以消除隔阂

人际交往中难免产生隔阂,商务活动自然也是如此,微笑乃是友谊之桥。在一般情况下,当人与人之间产生纠葛时,一方如果能以微笑面对另一方,往往便不会进一步激化矛盾。有时,这样做还可以化解双方的矛盾或误会。

3. 可以获取回报

微笑是人际交往中的一种润滑剂。商务人员在工作中若能始终面带微笑,以微笑开始,以微笑结束,必然会赢得客户的赏识,获得良好的服务效果。

4. 有益身心健康

微笑不仅可以悦人,还能益己。微笑对于自己最大的好处,是可在为自己营造良好人际关系的同时,促进个人的身心健康。笑口常开的人,往往会给自己一种心理暗示,并产生积极的反馈,使自己开心快乐。

拓展阅读　掌握微笑的密码

六、眼神

俗话说:"眼睛是心灵的窗户。"我们内心情感的传达主要靠眼神。商务人员在与人交往过程中使用的眼神总体上应当是友善、和蔼的。但在维护企业甚至国家的经济利益,如谈判、签约时,眼神中还应适当融入精明强干、不卑不亢以及自信果敢的表达。面部表情作为一种丰富且复杂的体态语言,在传情达意方面有着重要的作用。它包括脸色的变化、肌肉的收展以及眉、鼻、嘴等的动作。

(一)眼神的特点

眼神又称目光语,是面部表情的核心,指的是人们在注视时,眼部所进行的一系列活动及所呈现的神态。眼神能表达人的思想感情及对人和事物的倾向性,而且人们普遍对目光语具有一定的解读能力。

眼睛是人体传递信息最有效的器官,能表达最细微、最精妙的情感,显示出最明显、最准确的交际信号。正如著名印度诗人泰戈尔所说:"在眼睛里,思想敞开或是关闭,放出光芒或是没入黑暗,静悬着如同落月,或者像忽闪的电光照亮了广阔的天空。那些自有生以来除了嘴唇的颤动之外没有语言的人,学会了眼睛的语言,这在表情上是无穷无尽的,像海一般的深沉、天空一般的清澈,黎明和黄昏,光明与阴影,都在自由嬉戏。"

据研究,在人的视觉、听觉、味觉、嗅觉和触觉感受中,唯独视觉感受最为敏感,人由视觉感受的信息约占总信息的80%。在汉语中用来描述眉目表情的成语就有几十个,如"眉飞色舞""眉目传情""愁眉不展""暗送秋波""眉开眼笑""瞠目结舌""怒目而视"……,这些成语都是通过眼语来反映人们的喜、怒、哀、乐等情感的,人的七情六欲都能从眼睛内显现出来。

(二)眼神的常见表现形式

从目光的投射方向看,一般归结为俯视、仰视、平视、旁视几种类型。目光俯视可能表达优越与轻慢;目光仰视可能表达被动与服从;目光平视可能表达平等与友善;目光旁视可能表达心不在焉与不屑。

(三)眼神的运用

在交际中,目光语是通过视线的接触来传递信息的。眼睛被认为是人体传递信息最重要、最清楚和最正确的部位，因为外界的信息约有80%通过眼睛传入大脑。

在社交过程中，与朋友会面或被介绍认识时，可凝视对方稍久一些，这既表示自信，也表示对对方的尊重。双方交谈时，应注视对方的眼鼻之间，表示重视对方及对其发言感兴趣。当对方缄默不语时，就不要再看着对方，以免加剧因无话题而显得冷漠、不安的尴尬局面。当别人说错话或显得拘谨时，务必马上转移视线，以免对方把自己的眼光误认为是嘲笑和讽刺。如果希望在争辩中获胜，那就千万不要移开目光，直到对方眼神转移为止。

在谈判中，也很讲究眼神的运用。双目生辉、炯炯有神，是心情愉快、充满信心的反映，在谈判中持这种眼神有助于取得对方的信任，达成合作。相反，双眉紧锁、目光无神或不敢正视对方，都会被对方认为无能，可能导致对自己不利的结果。眼神还可传递其他信息，已被人注视而将视线移开的人，大多怀着自卑感。无法将视线集中在对方身上或很快收回视线的人，多半属于内向型性格。频繁而急速的转眼，是一种反常的举动，常被用作掩饰的一种手段，或内疚、或恐惧、或撒谎，需根据情况做出判断。视线活动多且有规则，表明其在用心思考。听别人讲话时，一面点头，一面却不将视线集中在谈话人身上，表明其对此话题不感兴趣。说话时将视线集中在你身上的人，表明他渴望得到你的理解和支持。游离不定的目光传递出来的信息是心神不宁或心不在焉。

眼神表达出异常丰富的信息，但微妙的眼神有时是只可意会、难以言传，只能靠我们在社会实践中用心体察、积累经验、努力把握，方能在社交和公务活动中灵活运用。

(四)商务人员的眼神运用注意事项

商务人员的眼神运用要特别注意两点：一是把握好注视时间；二是掌控好凝视区域。

1. 把握好注视时间

把握好注视时间是指商务人员在与他人交谈时，为使对方感到舒适，与对方目光相接触的时间要有度。若表示友好，则注视对方的时间应占全部谈话时间的1/3左右；若表示关注，或者是表示兴趣时，则注视对方的时间应占全部谈话时间的2/3左右；若注视对方的时间不到全部谈话时间的1/3，则表示瞧不起或对对方没有兴趣；若注视对方的时间超过了全部谈话时间的2/3以上，则表示可能对对方抱有敌意，或为了寻衅滋事。

2. 掌控好凝视区域

掌控好凝视区域是指商务人员在与他人交谈时，目光所落在对方身体的部位要有所区别和调整。通常应使自己的目光局限于上至对方的额头、下至对方衬衣的第二粒纽扣以上、左右以两肩为准的方框中。在这个方框中，分为以下三种注视方式。

(1) 公务注视。一般用于洽谈、磋商等场合，注视的区域在对方的双眼与额头之间。

(2) 社交注视。一般用于社交场合，注视的区域在对方的双眼到嘴唇之间。

(3) 亲密注视。一般用于恋人、家人等之间，注视的区域在对方的双眼到胸部之间。

当被介绍与他人认识时，眼睛要友好地看着对方的脸部，不可上下打量；进入上级办公室，要注意不要将目光长时间落在桌上的文件上；上台讲话时，要先用目光环顾一下四周，表示对所有与会者的尊重。社交场合最忌和别人眉来眼去，或者用满不在乎的眼神，这是极不礼貌和缺乏修养的表现。

七、手势

手是人体最富灵性的器官。如果说眼睛是心灵的窗户，那么手就是心灵的触角，是人的第二双眼睛。手势是指表示某种意思时用手所做的动作，是一种表现力较强的"体态语言"，在传递信息、表达意图和情感方面发挥着重要作用。恰当地运用手势可以增强表情达意的效果，并给人以感染力，加深印象。

人们在交谈时往往以手势配合谈话内容，达到情感表达的目的。如在谈话激动时，往往攥紧拳头；谈到高兴处，往往双手舞动等。手势在人际交往中可以起到积极效应。

(一)手势的类型

1. 说明型手势

说明型手势是起指示、解释作用的手部动作。指示性手势是最重要的指示性体态语言，如给客人指路或引领客人。解释性手势是对所说事物进行比画。

2. 模拟型手势

模拟型手势是模拟具体事物或动作的形态，如手指相交模拟十字架、张开双臂模拟鸟的飞翔等。

3. 象征型手势

象征型手势是通过带象征性的动作表达某种抽象事物，如右手握拳于耳际表示宣誓、不断上举则表示抗议。

4. 情绪型手势

情绪型手势是通过习惯性的动作表现人内心的感情情绪和心理状态。例如，摩拳擦掌，表现出跃跃欲试的心态；双手于胸前交叉握臂，表现的是防御、消极、紧张或故作镇定的情绪或态度。

(二)手势的运用要求

1. 手势的使用要明确

在现实生活中，为避免手势使用不当引发交际双方沟通障碍甚至误解，必须注意手势运用的准确性。用不同的手势，表达不同的意思，并且手势与语言表达的意思应一致。

2. 手势的使用要规范

在一定的社会背景下，每一个手势如"介绍"的手势、"递名片"的手势、"请"的手势等，都有其约定俗成的动作和要求，不能乱加使用，以免产生误解，引起麻烦。

递物接物讲究用双手，以示对对方的尊重。递送带尖类物品，如笔、剪刀，应将尖部冲向自己递向他人。向领导、重要客户递送文件时应将文件打开，内容正面朝向对方。

3. 手势的使用要适度

与人交谈时，可随谈话内容做一定的手势，这样有助于双方沟通，但手势的幅度不宜过大，以免适得其反。同时，手势的使用也应有所限制，并非多多益善，如果使用太多、滥用手势，会让人产生反感。尤其是手势与语言、面部表情以及身体其他部位动作不协调时，会给人一种装腔作势的感觉。

(三)不正确的手势

日常生活中某些手势会令人极其反感，严重影响交际形象。如当众搔头皮、掏耳朵、抠鼻孔、剔牙、咬指甲、揉衣角，用手指在桌上乱画。又比如，为人指路时，切忌伸直一根指头；在社交场合，不能用手指指点点，与人说话不要打响指；在任何情况下，不要将拇指指着自己的鼻尖或用手指点他人等。

(四)常见的几种手势介绍

手势语的运用应体现出鲜明的文化差异性，往往因文化不同而各有千秋，差异性较大。不仅手势语差异大，而且使用频率也大相径庭。因此，要想有效发挥手势语的交际作用，还应了解、熟悉交际对象和环境的文化特性。常见的手势主要有以下几种。

1. "OK"手势

拇指和食指合成一个圆圈，其余二指自然伸张。这种手势在西方某些国家比较常见，但应注意在不同国家其语义有所不同。例如，在美国、英国表示"赞扬""允许""了不起""顺利""好"；在法国表示"零"或"无"；在印度表示"正确"；在中国表示"零"或"三"两个数字；在日本、缅甸、韩国则表示"金钱"；在巴西则是"引诱女人"或"侮辱男人"之意；在地中海的一些国家则是"孔"或"洞"的意思，常用此来暗示、影射同性恋；在突尼斯表示"傻瓜"或"无用"；在印度尼西亚表示"什么也干不了"或"不成功"；在斯里兰卡，将该手势放在额下胸前表示请你"多多保重"。

2. 伸大拇指手势

大拇指向上，在英语国家多表示"OK"或是搭车之意；若用力挺直，则含有骂人之意；若大拇指向下，多表示坏、下等人之意。在我国，向上伸基本上表示"赞同""好"等，向下伸表示"蔑视""不好"等之意。在德国、意大利伸出拇指表示数字"1"，但指尖向下表示"倒霉""厌恶"，据说这是因为在罗马帝国时期，恺撒大帝每当做出杀人的决定时，总是做出大拇指朝下的手势。

3. V形手势

伸出食指和中指，掌心向外，其语义主要表示胜利(Victory 第一个字母)，掌心向内，在西欧表示侮辱、下贱之意。这种手势还时常表示"二"这个数字。

4. 伸出食指手势

伸出食指，在我国以及亚洲一些国家表示"一""一个""一次"等；在法国、缅甸等国家则表示"请求""拜托"之意。在使用这一手势时，一定要注意不要用手指指人，更不能指着对方的面部和鼻子，这是一种不礼貌的动作，且容易激怒对方。

5. 捻指作响手势

捻指作响手势就是用拇指和食指弹出声响，其语义表示高兴或赞同，或是无聊之举，给人轻浮之感。应尽量少用或不用这一手势，因为其声响有时会令他人反感或觉得没有教养，尤其是不能对异性运用此手势，这是带有挑衅、轻浮之举。

【知识小链接3-5】

在与人交往时不同手势的含义

手势是一种动态语言，要求商务人员运用得体且适当，手势可以表达丰富的内涵。例如，搓手常表示对某一事物的焦急等待或跃跃欲试；背手常显示权威，若伴以俯视踱步则表示深思；摊开双手表现出一种真诚和坦率，或流露出无奈；握拳显示出决心或愤怒、不满；不自觉地用手摸脸、擦眼、搔头，可能是在掩饰心中的不安；用"虎口"托下巴，表明老练或沉着；用食指指点对方，是在指责或数落对方；用拇指指向对方，可能表示轻视、嘲弄或侮辱；竖起大拇指表示称赞；翘起小拇指则表示瞧不起；十指交叉，无论是放在胸前，或垂于胸前，常表示紧张、敌对或沮丧；双手指尖相抵，形成塔尖形，置于颚下的动作，是向对方传达自信的信号，若再伴以身体后仰则显得高傲；如果把尖塔倒过来移到腰部以下，这叫"倒尖塔行为"，意思就完全不同了，这个动作往往产生于心情平静、愿意虚心听取他人的意见的时候。

另外，如在给客人指引方向时，要把手臂伸直，手指自然并拢，手掌向上，以肘关节为轴心指向目标，切忌用一个手指指点方向。谈话时需要手势配合，不宜幅度过大，或动作频繁。有的人在谈到某个问题时，一只手会调整戴在另一只手上的表带，或把玩另一只手腕上的衬衫纽扣，或拉拉衣襟等，这可能表明此人内心紧张或在说谎，手的动作只是为了掩饰。此时，可根据需要，或主动与之寒暄，或避开某个问题等。又如发现有人用手贴住嘴和鼻子，这往往是开始感到疲倦或对某件事或某个问题不关心的表示；用手搔头摸腮则通常是有难言之隐；用手心拍前额则可能是忘记了某事，但并没有为忘记某事感到惊慌；而如果是用手掌拍颈背，则可能是被别人指出他的失误或错误。

(资料来源：本书作者整理编写.)

八、首语

首语(也称头部语)是通过头部活动来传递信息的，包括点头和摇头。一般来说，点头表示同意，也可以是表示致意、感谢、理解、顺从等；摇头则表示否定，还可以是表示对抗、高傲。但首语因文化和环境的差异而具有不同的表现形式，如在保加利亚和印度的某些地方，首语是"点头不算，摇头算"，形式与常规相反。

九、社交空间

(一)社交距离

从生物学的角度看,每一个生命都有自己的安全领域,通常称之为"个人空间"。一旦有异物进入这个范围,就会使其感到不安并处于防备状态。一般情况下,人们都不想侵犯他人空间,也不愿意自己的空间被侵犯。双方关系越亲密,人际距离就越短。社交距离可分为以下四种。

第一,亲密距离(0~0.5m 之间),又称亲密空间。其含义为亲切、热烈,只有关系亲密的人才可能进入这一空间,如夫妻、父母、子女、亲友等。亲密距离又可分为两个区间,其中 0~20cm 为亲密状态距离,常用于爱情关系、亲友、父母、子女之间的关系;20~50cm 为亲密疏远状态,身体虽不相接触,但可以用手相互触摸。

由于文化与风俗习惯的不同,对亲密距离的把握在东西方略有差异。例如,东方女性对男性无礼地侵入其亲密距离的反应要比西方女子强烈得多。在一些公共场所,如火车、公共汽车上,素不相识的人挤在一起,被迫进入或处于亲密距离时,东方人可能容忍这种"亲密"的拥挤,而西方人则认为不可忍受。

第二,个人距离(0.5~1.5m 之间),这是朋友和熟人之间的交往距离,往往适用于简要会晤、促膝谈心或握手。

第三,社交距离(1.5~3m 之间),是政务、商务、服务等职业人士之间在正式社交场合表示庄重、严肃的区域。这个距离超出熟人的范畴,是一种礼节性的社交关系距离。

第四,公共距离(3m 之外)。这是人们在较大的公共场所与陌生人之间保持的安全感距离。在公共场合如需致意,也只点头示意或行注目礼,不宜大声喊话,以免有失礼仪。同样,这距离也适用于大型报告会、演讲会、迎接旅客等场合。

(二)商务活动中社交距离的注意事项

第一,在交往活动中,要尊重交往对象的个人空间,不能擅自闯入他人的个人空间;要注意交往对象关系的亲疏,"疏则远,亲则近";要注意交往对象的性别差异,男性与男性的交谈距离不宜太近,以免不和谐,女性与女性交谈距离也不宜太远,以免显得不投机。

第二,注意文化背景的差异,文化背景不同,往往对空间范围有不同的习惯。例如,阿拉伯人与英国人谈话,阿拉伯人认为站得近一些表示亲切友好,而英国人则认为保持一定的距离才合适。因此,两人交谈可能会不自觉的一个往前挪动,另一个往后退步。

第三,在人际交往中,空间距离显示了交往关系的亲疏,其表现形式是多种多样的。例如座位的安排,具体有以下四种表现形式。

桌角座次。两人围着桌角而坐,表示气氛亲切,容易达成协议。有经验的商务人员在业务洽谈时,往往巧妙地坐在顾客的斜对面或旁边,形成桌角座次,这增加和睦洽谈的气氛。

合作座次。两个人坐在桌子的同一侧,表示地位相等,享受一体感,也表示两人已经相互了解,甚至两情相悦。

竞争座次。两人分别坐在桌子两边，表示警惕、防御、探究，指关系尚未达到亲密状态，但处于想了解对方和使对方了解自己的状态，一般用在谈判中。

独立座次。两人距离较远，表明互不干扰或有矛盾。在社交场合选择独立座次、靠角落而坐的人，可能表明持退让态度，喜欢独处、性格内向。

十、商务形象塑造的仪态要求

(一)举止要文明

商务人员的身份非常重要，在公众场合，他们常常代表着商家与企业的形象，举止文明是工作中最基本的要求。

举止文明要求商务人员的一切行为都必须讲究礼仪，并且可以有意识地凭借文明行为展现自己的文化修养以及职业道德水平。一位有修养的商务人员，在任何情况下都会时刻关注、检查自身的举止行为，对具体细节要倍加重视。例如，在公共场合，不随地吐痰、不乱扔果皮纸屑，不在公共场合大声喧哗；在公众面前刻意约束自己的小动作，不在他人面前挖鼻孔、掏耳朵、剔牙；不在工作场合及禁烟区随意吸烟等。

(二)行为要规范

商务人员在从事各项工作时，都应举止谦和、认真办事，动作要有规矩，要懂礼节，努力使自己的行为符合职业要求，不可我行我素，破坏整体型象。例如，与客商交谈时，双方要保持同等高度，除非特殊情况，不能使自己高于对方，处于居高临下的位置。对方如为女士，更应保持适当距离。对方身份如果高于自己，要与其保持适当距离，并应把较有利的位置谦让给对方。对于初次见面的客商或来访客人，要亲切、自然、得体地与对方交谈，不可表现出"自来熟"，避免做出一些只有亲近的人才会有的亲昵动作。

(三)动作要美观

商务人员在工作中也应注意随时展现姿态美。这就要求商务人员应当努力使自己的动作优美，随时给人以舒适得体的良好印象。姿态美是一种极富感染力的美，是人内在气质、修养、品格等美的外在表现，"坐如钟、站如松、行如风"等自古以来的要求，其出发点就是希望人们的举止动作具有美感。

商务人员的姿态应灵活而不轻浮，庄重而不呆滞。俄国哲学家车尔尼雪夫斯基曾经说过："动作敏捷、从容，这在人的身上是令人陶醉的，因为这只有在生得好而且端正的条件下才有可能；生得不好的人既不可能有良好的步伐，也不可能有优美的动作。因此，动作的敏捷与优美，是人体端正和均衡发展的标志，他们无论在什么地方，都是令人喜爱的。"商务人员的动作还应自然大方，扭捏作态不可能有任何美感。

(四)表情要自然

美国心理学家艾伯特通过实验把人的感情表达效果总结为一个公式：传递信息的总效果即感情的表达=7%的语言+38%的声音+55%的表情。这说明表情在人际感情沟通中占有相当重要的位置。商务人员的表情运用应讲究自然、亲切、和蔼、友善。其中，眼神和微笑的运用则最具礼仪功能和表现力。

【案例阅读3-3】

> **松下幸之助率先垂范 树立良好的公司形象**
>
> 日本著名企业家松下幸之助，从前不修边幅，企业也不注重形象，因此企业发展缓慢。一天，在理发时，理发师不客气地批评他不注重仪表，说："您是公司的代表，却这样不注重衣冠，别人会怎么想，连人都这样邋遢，他的公司会好吗?"从此，松下幸之助一改过去的习惯，开始注意自己在公众面前的仪表和仪态，生意也随之兴旺起来。现在，松下电器发展成为享誉全球的公司，与松下幸之助长期率先垂范，要求员工懂礼貌、讲礼节是分不开的。
>
> (资料来源：本书作者整理编写.)

本 章 小 结

商务人员个人形象是商务活动中留给公众的总体印象和评价。进行个人形象设计，提升穿衣品位与素质，可以使自己充满自信与魅力。已经成为人们生活中不可或缺的组成部分。个人礼仪是商务人员的生活行为规范与待人处世的准则，是个人道德品质、文化素养、教养良知等精神内涵的外在表现。

仪容在个人形象中占据着最为显著的地位，通常是指人的外观、外貌。在人际交往过程中，首先引起对方注意的就是我们的仪容，通过精心修饰可以体现仪容美，也展示了仪容礼仪。个人仪容的首先要求是仪容的外在美，其次是仪容的修饰美，最后要求是仪容的内在美。

仪态，包括人的表情与举止，是静态表情和动态行为的结合。仪态泛指人们的身体呈现的各种姿态造型。仪态是外界观察一个人内心世界的窗口，通过仪态我们可以了解到一个人的精神状态、心理活动、文化修养和审美情趣等。在现实生活中，人的仪态多种多样，寓意丰富，常见于公共场合的包括站立、坐、行走、面部表情和手势等。

复习思考题

1. 简述塑造商务人员形象的重要性。
2. 简述商务人员仪容美的含义。
3. 简述女士化妆的规范要求。
4. 简述运用手势语时应注意的事项。
5. 简述商务形象塑造的仪态要求。

第四章　商务人员的服饰礼仪

【学习目标】

通过对本章内容的学习，使学生了解服饰的功能与打扮原则；掌握服装色彩搭配的原则与技巧；掌握男士和女士着装的要求与禁忌；掌握配饰礼仪的规范与要求。

【重点与难点】

掌握服装色彩搭配的原则与技巧；掌握男女着装的要求与规范。

【教学方法】

理论教学、案例分析、课堂示范。

【引导案例】

尴尬的王小姐

经理派王小姐到南方某城市参加商品交易洽谈会。王小姐认为这是领导的信任，更是见世面、长本领的好机会。为了成功完成这次任务，王小姐进行了精心细致的准备。

当各种工作准备完毕后，她开始为选择以什么形象参加会议而犯愁。经过认真的思考，根据对商务形象的认识，她塑造的形象是：身着浅红色吊带上装和白色丝织裙裤，脚上是白色漆皮拖鞋，一头乌黑的长发飘逸地披散在肩上，浑身散发着浓郁的香水味道。王小姐认为这样既能突出女性特点，清新靓丽，又具有时尚感。她相信自己的形象一定能赢得客商的青睐。

结果，出席会议的那天，王小姐看到参会的人们顿时觉得很尴尬。男士们个个西装革履，女士们都穿的是职业装，唯独王小姐穿的是具有时尚感，清新亮丽的服饰。整个会议开下来，王小姐的神情都特别不自然。

(资料来源：本书作者整理编写.)

第一节　服饰的功能与打扮原则

服饰是指人的服装穿着与饰品，是对人们衣着及其所用装饰品的一种统称。服饰是一种文化，着装是一门艺术。懂得这门艺术的人，会根据不同的场合，选择适时、合体的服装，充分展现自己的个性特征、风度、身份，显示出高雅的气质。俗话说："动人春色不须多"，有时，一条头巾、一朵胸花便能起到画龙点睛、锦上添花的效果。

一、商务人员服饰的功能

仪表美是为了显示人体美，也是人外在美的组成部分。仪表中最重要的组成部分就是服饰。恰当的服饰可以对人体进行修饰，扬长避短，而不得体的装饰却可能弄巧成拙。

服装行业常将服装称为人的"第二肌肤"。服饰是人的外在表象，由服装本体及其延伸饰物构成。服饰作为自然环境和社会环境综合作用的产物，具有多种价值，发挥着多重功能，主要包括保护功能、审美功能和塑造形象功能。

1. 保护功能

服饰产生于人们的生理需要。远古时代，人类多半裸露在寒暑无定的自然环境里，饱受日晒雨淋、风袭雪侵之苦，为了蔽体御寒，人类便披兽皮、围树叶。随着社会的发展，直到纺织术的发明，才有了现代意义上的服饰。但不管服饰如何千变万化、向前发展，总离不开它的基本属性——蔽体，这是它的第一功能。

2. 审美功能

当人们开始用贝壳、兽齿打扮自己，以及在腰带上挂满精巧的饰件来装饰自己时，便萌发了美的意识，衣着也就有了审美功能。随着时代的发展，服饰的作用不仅是保护人的身体，更主要的是表现人格特征和文化修养，传递出语言不能穷尽的丰富信息。追求气质美、风度美、仪表美，均离不开服饰的讲究。服饰从最初保暖御寒的实用功能，发展到具备审美功能。

3. 塑造形象功能

中国有句谚语："人靠衣装，佛靠金装"，如果希望展示良好的形象，那就需要全方位地注重自己的仪表，着装是最为重要的，衣着在某种意义上表明了人对工作、对生活的态度。

【案例阅读4-1】

服饰可以塑造形象

美国著名的服饰工程师约翰·摩洛埃曾做过一项多元性研究。他派一位中下层社会出身的大学毕业生去拜访100家公司。他先穿着普通服装拜访50家，再穿着高档服装拜访另外50家。每家公司的经理，摩洛埃都事先打过招呼，让经理们通知自己的秘书，这个年轻人是摩洛埃刚刚聘任的助理，并要求秘书听从这个年轻人的吩咐。结果这位年轻人穿着高档服装去拜访时，秘书几乎是有求必应；而穿着普通服装时，至少有1/3的秘书对他表示冷淡，或颇有微词。当他要求调3份职员档案时，身着高档服装时有42次在10分钟内收到，而身着普通服装时只有12次。这个实验的统计数据显示，在50次会面中，身着高档服装时得到的积极反应和合作是30次，而身着普通服装时却只有4次。

可见，借助服饰既可以美化形象，增强人际吸引力，又可以塑造形象，优化你的"第一印象"。

(资料来源：本书作者整编写)

二、商务人员服饰打扮的原则

(一)着装的TPO原则

TPO原则是国际公认的穿衣原则，由日本服装协会于1963提出。TPO是英文Time(时间)、Place(地点)、Object(目的)三个单词的缩写。T：Time，即时代感、时令季节；P：Place，即地方、场合、环境；O：Object，即目的、对象。

1. 着装的时间原则(T 原则)

着装的时间原则(T 原则)包含三层含义：第一层指每天的早、晚、日间的三段时间；第二层指一年四季；第三层指时代的差异。服饰的时代原则也很强，服饰应顺应时代发展的主流和节奏，不可太超前或太滞后；过分复古或过分新奇都会令人侧目，拉大与公众心理的距离。

服饰打扮还应考虑四季气候的变化，夏季应轻松凉爽，冬季应保暖舒适，穿着单薄会使人因寒冷而面色发青，甚至出于本能缩肩佝背，以致失去俊美。有人形容爱漂亮的女士要风度不要温度，说的就是女士穿着在时间原则上的错位。

服饰还应根据早、中、晚气温的变化而调整。例如，出国人员在选择服装时首先应考虑旅行期间所到国家的天气、气候状况。参加晚宴或赴会等，穿着就应比白天上班时更讲究，晚礼服或更精致的服饰可以起到烘托气氛、加强人际交往的效果。

2. 着装的地点原则(P 原则)

着装的地点原则(P 原则)指环境原则，即服饰打扮要与场所、地点、环境相适应。在严肃的写字楼里，公务人员穿着拖地晚礼服送文件，将是什么情景？在工作场所就应穿职业服，回到家里就应穿居家服，不同的时空应选择不同的服饰。穿着豪华精致的服饰行走在丝绒地毯上与行走在田间小路上的感觉显然不同。

3. 着装的目的原则(O 原则)

着装的目的原则(O 原则)指服饰打扮要考虑此行的目的。如果到日本去谈判，应穿得老成一些，因为日本人认为年长的谈判者有经验，比较成熟，相应会对你更尊重。

总之，TPO 原则的三要素是相辅相成的。人们总是在一定的时间、地点、为某种目的进行活动，因此，服饰打扮一定要合乎礼仪要求，这是工作、事业及社交成功的开端。

(二)服饰整洁正式的原则

整洁的原则指整齐干净，这是服饰打扮最根本的要求。一个穿着整洁的人总能给人积极向上的感觉，总是受欢迎的，而衣衫褴褛给人的感觉总是消极颓废的。因此，在穿制服时也要注意服装的整洁，不要太随便。通常，人们往往通过衣着是否整洁大方来判断此人是否文明、有涵养等。

有的公司对员工着装有着非常规范的要求。正式的着装主要是制服或西装。如在美国的许多公司要求员工上班必须西装革履，甚至要求员工衬衣和领带每天更换。如果连续两天穿同一件衬衫，打同一条领带，上司一定会对你有所成见。

(三)服饰的个性化原则

由于年龄、性格、职业、文化素养不同，人们自然就会有不同的气质，因此，服饰的选择既要符合个性气质，又要突显个性气质。

个性指社交场合树立个人形象的要求。每个人都希望自己能以一个独立的人被社会接纳与承认，而服饰打扮可以帮助你达到这个目标。要使打扮富有个性应注意两个问题：第一就是不要盲目追时髦，第二就是穿出自己的个性。俗话说，世间没有两片叶子是完全相同的，一样米养百样人。为此，必须深入了解自我，让服装尽显个性风采。服饰的个性原则，归根到底也是美的原则，服饰美的生命力就在于掩盖人们的缺点，尽量突显人们的优点。

(四)协调性原则

1. 着装要与担当不同社会角色、职业相协调

人们的社会生活是多方面、多层次的，不同的场合下要担当不同的社会角色。各行各业的衣着服饰，都有自身的特殊标记和样式。因此，要根据情况选择不同的着装，以满足担当不同社会角色的需要。服饰的职业特点是服饰的社会习俗之一，它成为各种职业者的鲜明标志。工作时间着装应遵循端庄、整洁、稳重、美观、和谐的原则，给人以愉悦感和庄重感。从一个单位职员的着装和精神面貌，便能体现这个单位的工作作风和发展前景。

2. 穿着要和性别特点相协调

时代发展到今天，男女性别在服装上的一些区别已经消失，如现在的女性不仅穿裙，而且也能像男性一样穿裤。但总的说来，男女服饰还是有很大差异的。男性的服饰主要表现阳刚之气，女性的服饰则体现阴柔之美。至于服装潮流中的男装女性化和女装男性化只适合于休闲，正式工作场合穿是不合适的。因此，在工作场合着装时要注意，女性穿出漂亮的风采，男性穿出潇洒的气度。

3. 着装应与场合、交往目的和对象相协调

着装应与场合、环境相适应。正式社交场合，着装宜庄重大方，不宜过于浮华。参加晚会或喜庆场合，服饰则可明亮、艳丽些，节假日休闲时间着装应随意、轻便些，西装革履则显得拘谨而不合时宜。家庭生活中，穿休闲装、便装更益于与家人之间沟通感情，营造轻松、温馨的氛围，但不能穿睡衣到大街上去购物或散步，那是不雅和失礼的。着装应与交往对象、目的相适应。与外宾、少数民族人士相处时，更要特别尊重他们的习俗禁忌。

4. 着装应与自身条件相协调

服饰本是一门艺术，得体的修饰可充分展现自己的长处，也能掩饰自己的弱点。对服饰的穿着理当因人而异，扬长避短。例如，年长者、身份地位高者，选择服装款式不宜太新潮，款式简单而面料质地讲究才与身份年龄相吻合。青少年着装则着重体现青春气息，以朴素、整洁为宜，清新、活泼最好，"青春自有三分俏"。

形体条件对服装款式的选择也有很大影响。身材矮胖、颈粗圆脸型者，宜穿深色V形领、大U形领套装、浅色高领服装则不适合。而身材瘦长、颈细长、长脸型者宜穿浅色、高领或圆形领服装。方脸型者则宜穿小圆领或双翻领服装。身材匀称、形体条件好、肤色也好的人，着装范围则较广，可谓"浓妆淡抹总相宜"。

对于高大的人，在服装选择与搭配上应注意，上衣适当加长以缩小高度，切忌穿太短的上装，服装款式不能太复杂，适宜穿横条或格子上装。服装色彩宜选择深色、单色为好，

第四章 商务人员的服饰礼仪

太亮太淡太花的色彩会带来扩张感，就显得更高大了。

对于较矮的人，可以通过服装打扮拉长高度，故上衣不要太长、太宽，裤子不能太短，裤腿不要太大，裤子刚盖着鞋面为好，服装色彩宜稍淡，明快柔和，上下色彩一致可以给人修长之感。服装款式宜简洁，忌穿横条纹的服装。

对于较胖的人，穿衣就要尽量让自己显瘦，故穿衣不能穿横条、大格子、大花的衣服，以合体为好，更不能用太夸张的腰带，这样容易显出粗大的腰围。颜色应以冷色调为好。

对于偏瘦的人来说，要尽量穿得丰满些。不要穿太紧身的服饰，可选一些横条、方格、大花图案的服饰，以达到丰满的视觉效果。

第二节　服装色彩搭配的原则与技巧

色彩对人的视觉刺激最敏感。人们对色彩的反应是强烈的，当尚未对某人的衣饰造型和质料有明确印象时，色彩已经不知不觉地作为第一可视物使人产生某种感觉。那么，怎样选择一件色彩搭配和谐的服饰呢？要使服饰的色彩和搭配能够合乎礼仪的标准和要求，首先应了解色彩本身的特性及其象征意义。

一、不同色彩的象征意义

红色是一种热烈、浪漫、强烈和具有丰富情感的色彩，是一种前进色。它引人注目，容易使人联想起太阳、火焰、鲜血和生命，给人以兴奋和快乐感。在我国，红色已成为幸福的象征，故婚礼服中专用红色。

橙色是一种明亮色彩，能唤醒活力，令人联想起落日余晖而感到温暖。橙色还给人以一种明快、富丽的感觉。不少餐馆为了增进食客的食欲，就常铺有橙色的桌布，或服务员身着橙色的制服。

黄色象征轻松、纯净、庄严，是最明亮、最引人注目的色彩。历代帝王崇尚黄色，选用黄色作为服饰色彩，是一种至高无上的象征。黄色中的柠檬黄、奶油黄使用较多，即使皮肤颜色偏深的人也适合。

绿色象征宁静、清新、明媚。这是大自然的色彩，是生命之色，让人联想起田野、草原、植物等。植物的绿色正是和平、安宁的象征，也是朝气和生机的表现。橄榄绿、青草绿适宜各种肤色的人穿着，对鲜绿色的处理应小心。

蓝色象征寒冷、深远、神秘，让人联想到万里晴空、浩瀚海洋，给人柔和、沉静、理智的感觉，是黄种人选较多的一种色彩，运用得当有高雅、深远之效，如蓝色配淡奶油色和橙色均很雅致。

紫色象征高贵、优雅、神秘，有时也给人高不可攀的感觉。"紫色门第"即意味着地位和财富。紫色中最受欢迎的是淡紫色和深紫色，脸色青黄者不宜。

白色象征明净、高洁、雅致，属于无彩色，让人联想起纯洁，给人飘逸之感。西方人通常选白色为婚礼服的颜色，他们把白色视为爱情纯洁和坚贞的象征。而在我国通常视白色为丧色，象征悲哀忧伤。

黑色象征寂寞、深沉、严肃，属于无彩色，黑色服饰给人以庄重之感。黑色可以隐藏身材的缺点，使其显得更苗条，但皮肤黄黑者不宜穿黑衣服，皮肤白皙者穿黑色可以显得更美丽。

灰色象征肃静、朴实、稳重，属于中和色，任何人穿灰色均很和谐，年长者穿灰色更显庄重、可靠，年轻人穿灰色，可以彰显时髦。灰色同别的色彩均可以搭配。

粉红色象征温柔、浪漫、青春，可以衬托出皮肤的柔软。

不同的色彩可以使人产生不同的联想，即所谓色彩的象征意义。其实，这是色彩以人的视觉为媒介，在心理上产生的一种反应。正是这种视觉效应，对服饰提出了更高的要求。应把握色彩及其联觉，合理选择服饰。俗话说："没有不美的色彩，只有不美的搭配。"色彩美体现在服装方面，也在于它的巧妙搭配。如果搭配得合理，就会恰到好处，取得事半功倍的视觉效果；反之，就会缺乏整体美，破坏视觉的和谐美感。

【知识小链接4-1】

色彩的相关知识

色彩的冷暖。即色彩给人以寒冷还是温暖的感觉而言。由于红色象征着太阳、火光，因此红色给人带来暖感；相反，由于对蓝色的印象往往是蓝天、海洋、冰峰等，所以蓝色一般给人以冷感。人们正是利用这种感觉，夏天喜欢穿偏蓝色系的冷色调服装，冬天则偏好穿偏暖色系的暖色调服装，以在心理上和生理上调节温度。这种调节既针对自己，也考虑到他人的感受。

色彩的轻重感。色彩的轻重联觉是由色彩的明度决定的。有一个故事：某工厂的工人在搬运黑色箱子时，因为感觉箱子太重而表示不满。厂方趁休息日的机会，将箱子的颜色全部涂成绿色。次日，工人们在搬运时则觉得箱子轻了许多。其实，箱子的重量并没有变，只是改变了表面的颜色。这足以说明色彩对人的肌肉知觉会产生重量感的差异。明亮的颜色给人以轻感，有上升的趋势；深暗的颜色给人以重感，有下垂的趋势。这一原理在服装上运用是上浅下深使人感到稳重，而上深下浅则使人感觉轻松飘逸。

色彩的软硬感。色彩的软硬与色彩的明度和彩度密切相关。中山装和西装的选料通常选用明度较低的颜色，这样会给人以立体感和挺拔感；而奶油色、粉色等柔和色彩则适宜于儿童服装，体现了儿童的稚嫩、欢乐、向上的色彩情感。

色彩的扩缩感。色彩扩大与收缩的感觉与色波波长有关。研究结果表明，由于各种颜色的波长不同，反映到人眼睛视网膜上的影像焦点也不相一致。以法国国旗的红、白、蓝三色条纹为例，最初设计时条纹宽度是相等的。但当旗帜升至空中时，人们却觉得条纹粗细差别很大，白色条纹最宽，红色其次，蓝色最窄。原因就是三种颜色的波长不同所致。这一原理反映在着装上，便是体型瘦小的人穿色彩明度较高的浅色服装会显得比较丰满；而体型较宽的人穿色彩明度较低的深色服装则会显得更为苗条。

(资料来源：本书作者整理编写.)

二、服装色彩搭配的原则

(一)注重整体协调

服装的色彩是着装得体的重要因素。服装配色以"整体协调"为基本准则。全身着装颜色搭配最好不超过三种颜色,并且以一种颜色为主色调,颜色太多则显得乱而无序,不协调。灰、黑、白三种颜色在服装配色中占有重要位置,几乎可以与任何颜色相配。

着装配色和谐的几种比较保险的办法:一是上下装同色,即套装,以饰物点缀;二是同色系配色,利用同色系中深浅、明暗度不同的颜色搭配,整体效果比较协调。例如,年轻人穿上深下浅的服装,显得活泼、飘逸、富有青春气息;中老年人采用上浅下深的搭配,给人以稳重、沉着的感觉。

(二)与个体肤色相配

中国人的肤色普遍偏黄,但即使是黄种人,每个人的肤色也有差异,有的白皙、有的黝黑、有的红润、有的黄褐。因此,同样色彩的服饰并不一定适合所有肤色的人,有些色彩可以引起人们肤色发生变化。在选择服饰色彩时,应首先考虑自己的肤色是否与之相匹配。

下面介绍几种不同肤色的人选择服饰色彩的方法。

肤色白皙粉嫩者:肤色白皙的人适合穿各种颜色的衣服。所谓"一白遮百丑"。选择黑色服饰,可以显得楚楚动人、高雅神秘;选择颜色浓烈的服饰,可以显得健康活泼。但白皙肤色中也有区别,肤色白里透红的人,应避免选纯红或纯绿的服饰,以免显得俗气。肤色苍白没有红晕的人,应避免选择纯白或纯黑上衣,以免"雪上加霜"之感。选择粉红、明黄等亮丽的色彩有助于加强气色,增添神韵。

肤色偏黄者:肤色较黄的人,应避免选择明度高的蓝色、紫色或黄色上装,以免显得缺乏生气。相反,选择粉色调的服饰,如粉白、粉红等,可能会中和黄色,使黄色皮肤显得白皙柔和。对于肤色特别黄的人,忌穿大红大绿,最好的办法就是选择中性色的服饰,如奶白色、杏色、杏灰色等。这些颜色可以中和、淡化皮肤的黄色,给人一种高雅不俗之感。

肤色偏黑者:肤色较黑的人,不必伤感,尤其是女性,不必因此而失去信心,适当选择服饰打扮,同样可以魅力无穷。只要不是病态的黝黑,同样是一种无比健康的肤色。值得注意的是,肤色较黑的人,尽量不要穿纯黑或过深的上装,以免导致五官模糊不清。相反,可以选一些明亮的颜色,如浅黄、鱼肚白、粉白等,以强化肌肤的健美感。

(三)与个体体型相配

人的身材有高矮、胖瘦之分,这些外在条件虽然不如内在条件对形成风度美重要,但也十分具有影响力。"人靠衣装,佛靠金装",要想让自己的衣着更具美感,首先要了解自己的体型特点,再选择适合的服装加以搭配,自然会达到理想效果。举例如下。

体型偏瘦者,现在流行称呼为"骨感美人"。适宜选择衣领处有皱褶,腰袖略显宽松,配有饰边的衣服。

体型偏胖者,没有什么腰身。适宜选择腰身合体、线条简洁的衣服,避免穿紧身衣。

身高较高者,着装较为容易,但也要避免选择穿着高腰、无腰、极短小的外套和背心。

身高较矮者,适宜选择高腰、超短的外套和背心,靠近面部的衣服部位可缀以饰物转移视线,避免穿着过于宽松。

三、服装色彩搭配的技巧

服装色彩是服装感观的第一印象,具有极强的吸引力,若想在着装上发挥其效果,必须充分了解色彩的特性。浅色调和艳丽的色彩具有扩张感,深色调和灰暗的色彩则具有收缩感。恰到好处地运用色彩,不但可以修正、掩饰身材的不足,而且能强调和突出优点。总的来说,服装的色彩搭配分为两大类:一是对比色搭配;二是协调色搭配。

(一)对比色搭配

对比色搭配分为强烈色搭配与补色搭配。

强烈色搭配是指两个冷暖相隔较远的颜色配合,如黄色与紫色、红色与青绿色。

补色搭配是指两个相对的颜色配合,如红与绿、青与橙、黑与白等。补色相配能形成鲜明的对比,有时会收到意想不到的良好效果。

(二)协调色搭配

协调色搭配可分为同类色搭配与近似色搭配。

同类色搭配是指深浅、明暗不同的两种同一类颜色相配,如青色配天蓝,同类色配合的服装显得柔和而文雅。近似色搭配是指两个比较接近的颜色相配,如红色与橙红或紫红相配。

(三)职业装常用的几种色彩搭配举例

1. 白色的搭配

白色可与任何颜色搭配,但要搭配得巧妙,也需要一番心思。在强烈对比下,白色的部分越多,整体看起来越柔和。例如,白色下装配带条纹的淡黄色上衣,是柔和色的最佳组合;下身着象牙白长裤,上身穿淡紫色、淡蓝色、粉红色西服或衬衫,显得温柔而贤淑;红白搭配是大胆的结合,上身着白色西服或休闲衫,下身穿红色窄裙,显得热情而潇洒。

2. 蓝色的搭配

在所有颜色中,蓝色服装最容易与其他颜色搭配。如藏蓝色、深蓝色,而蓝色具有收缩身材的效果,极富魅力。例如,男士着藏蓝色合体外套,配白衬衫,再系上领带出席一些正式场合,会显得神秘且不失浪漫;女士着曲线鲜明的蓝色外套和及膝的蓝色裙子,再配以白衬衣会透出一种轻盈而妩媚的气息。

3. 褐色的搭配

褐色与白色搭配,给人一种清纯的感觉。栗子色、金褐色配褐色短裙,增添优雅气息。褐色毛衣配褐色格子长裤,可体现雅致和成熟。

4. 黑色的搭配

黑色是百搭的色彩,无论与什么色彩搭配,都会别有一番风情。

5. 黑、白、灰与其他颜色的搭配

日常生活中常看到黑、白、灰与其他颜色的搭配。无论它们与哪种颜色搭配，通常都不会出现大的问题。一般来说，如果一个颜色与白色搭配时会显得明亮，与黑色搭配时就显得比较暗。因此，在进行服饰色彩搭配时，应先考虑是为了突出哪部分的衣饰。

第三节　男士的服饰礼仪

男士的服饰礼仪

西装(也称西服)在造型上表现出线条活泼而流畅，使穿着的人显得潇洒自然，风度翩翩，富有健美感；并且西装结构造型与人体活动相适应，使人的颈、胸、腰等部位平展舒坦，富有挺括之美；胸前饰以领带，色彩夺目，更给人以一种飘逸的美感。西装男女皆宜，因为它既正统又简练，且不失气派风度，所以在各种礼仪场合被广泛穿着。正是具有以上特点，西装的穿着有相当统一严格的模式和要求。人们常说西装七分在做，三分在穿，可见穿着西装是很有讲究的，一些看似不起眼的细节常常会影响整体效果。

一、西服的选择

选择西服应注意面料、色彩、图案、款式、版型、尺寸六个方面的主要细节。

(一)面料

鉴于西装在商务活动中往往充当正装或礼服之用，其面料的选择应力求高档。在一般情况下，毛料应为西装首选的面料。具体而言，纯毛、纯羊绒面料以及高比例含毛的毛涤混纺面料，皆可用作西装的面料。而不透气、不散热、发亮的各类化纤面料，则不适合用作西装面料。

目前，以高档毛料制作的西装，大都具有轻、薄、软、挺四个方面的特点。轻，指的是西装重量轻，不显笨重，穿在身上轻飘犹如丝绸；薄，指的是西装面料单薄，不过分厚实；软，指的是西装穿起来柔软舒适，既合身又不会给人以束缚感；挺，指的是西装外表挺括雅观，不易起褶皱，不松垮。

(二)色彩

商界男士往往将西装视作自己在商务活动中的制服。因此，西装的色彩必须显得稳重、正统，不能过于轻浮和随便。因此，男士在商务交往中所穿的西装色彩应当为单色套装，且首推藏蓝色。在世界各地，藏蓝色的西装往往是每一位商界男士的首选。

此外，还可以选择灰色或棕色的西装。黑色的西装适合在庄严肃穆的礼仪性活动中穿着。日常工作中，一般不穿黑色西装。穿西装时，应遵守"三色原则"，即全身色彩不宜超过三种。最好是选择深色西装、白色衬衫、黑色鞋袜。领带的色彩最好与西装色彩协调。

(三)图案

商界男士所推崇的是成熟、稳重,所以其西装一般以无图案为好。不要选择绘有花、鸟、虫、鱼等图案的西装,更不要在西装上绘制或刺绣图案、标志、字母、符号等。

通常,上乘西装的特征之一,便是没有任何图案。唯一的例外是,商界男士可选择以"牙签呢"缝制的竖条纹西装,以条纹细密者为佳。在着装考究的欧洲国家,商界男士最体面的西装,往往就是深灰色的、条纹细密的竖条纹西装。用"格子呢"缝制的西装,一般只有在非正式场合里才可以穿它。

(四)款式

与其他任何服装一样,西装也有不同款式。区别西装的具体款式,主要有两种方法。

方法一,按照西装的件数来划分。根据此项标准,西装有单件与套装之分。依照惯例,单件西装,即一件与裤子不配套的西装上衣,仅适用于非正式场合。商界男士在正式的商务交往中应首选西服套装。通常,西服套装又有两件套与三件套之分。前者包括一件上衣和一条西裤。后者则包括一件上衣、一条西裤和一件背心。按照传统看法,三件套西装比起两件套西装来要更加正规。

方法二,按照西装上衣的纽扣数量来划分。根据这一标准,西装上衣有着单排扣与双排扣之分。一般认为,单排扣的西装上衣比较时尚,而双排扣的西装上衣则较为庄重。单排扣西装上衣,最常见的有一粒纽扣、两粒纽扣、三粒纽扣三种。一粒纽扣、三粒纽扣这两种单排扣的西装上衣穿起来比较时髦,而两粒纽扣的单排扣西装上衣则显得更为正统。双排扣的西装上衣。最常见的有两粒纽扣、四粒纽扣和六粒纽扣三种。两粒纽扣、六粒纽扣这两种款式的双排扣西装上衣属于流行款式,而四粒纽扣的双排扣西装上衣则具有传统风格。

(五)版型

西装的版型,又称西装的造型,指西装的外观形状。目前,世界的西装主要有欧式、英式、美式、日式四种版型。

欧式西装的主要特征:上衣呈倒梯形,多为双排两粒扣式或双排六粒扣式,并且纽扣位置较低。衣领较宽,强调肩部与后摆,不甚重视腰部,垫肩与袖笼较高,腰身中等,后摆无开衩。其代表品牌有"杰尼亚""阿玛尼""费雷""夏蒙""杉杉"等。

英式西装的主要特征:不刻意强调肩宽,讲究穿在身上自然、贴身。它多为单排扣式,衣领是V形,并且较窄。腰部略收,垫肩较薄,后摆两侧开衩。"登喜路"牌西装是典型的英式西装。

美式西装的主要特征:外观上方方正正,宽松舒适,较欧式西装稍短。肩部不加衬垫。领型为宽度适中的V形,腰部宽大,后摆中间开衩,多为单排扣式。知名品牌有"布鲁克斯兄弟""卡尔文·克莱因"等。

日式西装的主要特征:上衣的外观呈现为H形,即不过分强调肩部与腰部。垫肩不高,领子较短、较窄,不过分收腰,后摆不开衩,多为单排扣式。常见的品牌有"斯丽爱姆""仕奇""顺美""雷蒙"等。

第四章　商务人员的服饰礼仪

上述四种版型的西装,各有特色:欧式西装洒脱大气,英式西装剪裁得体,美式西装宽大飘逸,日式西装贴身凝重。男士可根据自身条件和偏好进行选择。

(六)尺寸

要使自己所选择的西装真正合身,宽松适度,有必要注意以下三点。

第一,了解标准尺寸。西装的衣长、裤长、袖长、胸围、腰围等都有一定标准,了解这些标准有助于选择合体的西装。

第二,最好量体裁衣。市场上的西装多为批量生产,尽管尺寸标准,但穿在身上的效果会因人而异。

第三,认真试穿。购买成衣时,应反复试穿,确保西装合身。

二、西服的搭配

(一)衬衫

穿西装时,衬衫是重点,很有讲究。一般来说,与西服配套的衬衫必须挺括、整洁、无皱褶,尤其是领口。衬衫在穿着过程中要特别注意以下几点:一是衣扣要系好,穿西装所搭配衬衫的所有纽扣都必须系上,只有在穿西装而不打领带的情况下,才需要解开衬衫的领扣;二是袖长要适度,穿西装时,最美观得体的穿法是衬衫的袖口恰好长出2~3cm,领子高出西装上衣领子1cm;三是下摆要放好,即无论是否穿西装外衣,都要将衬衫下摆均匀地放进裤腰之内;四是大小要合身,衬衫以正好合体为佳。

衬衫选择。搭配西装的衬衫应为正装衬衫。商务人员选择的衬衫应以单色为主,无任何图案为佳。衬衫的颜色与花色要与西装外套协调一致。穿深色西装时宜搭配浅色衬衫。当然,目前商界中以白衬衫为最佳选择,白色搭配各种色彩都会很适宜,特别是在国际性的正式商务场合中,参与人员都应选择白色衬衫。穿着素色西装时可以搭配细纹直条的衬衫,太花哨的衬衫不适合正式的商务场合。带有圆点或方格图案的衬衫给人以轻松、平易近人的感觉,适于轻松、舒适的氛围与环境。如果需要表现专业感与权威感,则应该选择单一色系,不带图案的衬衫为宜。如果西装上衣是带有格子或条纹图案的,则最好搭配素色衬衫。

(二)领带

1. 领带的用法

领带是西装配件中"画龙点睛"之物,正式场合必须穿西装打领带。领带的面料是影响其品质的关键。一般好的领带都是选择真丝的软缎、桑波缎、采芝绫等,因其柔软的质地易于打结,飘在男士宽阔的胸前,使男士更具魅力,当然还可选择毛织物、棉织物、混纺织物等。天然织物固然很好,但如果没有过高的要求,化纤织物易着色的特点,会使领带彰显金属般的光彩。

拓展阅读　领带

2. 领带夹的用法

领带夹应在穿西服时使用，也就是说仅仅单穿长袖衬衫时没必要使用领带夹，更不要在穿夹克时使用领带夹。穿西服时使用领带夹，应将其别在特定的位置，即从上往下数，在衬衫的第四粒与第五粒纽扣之间，将领带夹别上，然后扣上西服上衣的扣子，一般应当看不见领带夹。因为按照着装礼仪的规定，领带夹这种饰物的主要用途是固定领带，如果稍许外露还说得过去，如果把它别得太靠上，甚至直逼衬衫领扣，就显得过分张扬。

(三)西裤

西裤作为西装整体的另一个主体部分，要求与上装互相协调，以构成和谐的整体。西裤立裆的长度以裤腰正好通过胯骨上边为宜，裤腰大小以合扣后插入一手掌为标准，裤长以裤脚接触脚背最为适合。穿着西裤时，裤扣要扣好，拉锁全部拉严。天气较热、温度较高时可以脱掉西服外套，单穿西裤与马甲或衬衫，但系领带时必须扣上袖口的扣子，决不能卷起袖口，更不得卷起裤边；否则将被认为是极不文雅的行为。

(四)皮带

穿西装裤时要系上皮带，皮带要选择质量好的，颜色要与衣服和鞋子相配。通常穿藏蓝色、灰色或黑色的西装裤适合配黑色皮带；米色或棕色的西装裤适合配棕色的皮带。皮带扣的金属颜色可以是金色或银色的。原料的选择可以是优质的皮革、真正的鳄鱼皮。皮带宽度一般在 2.5～3cm 较为美观，皮带系好后留有皮带头的长度一般为 12cm 左右，过长或过短都不符合美学要求。休闲的穿着可以搭配编成麻花状的皮毛、小山羊皮或者帆布。避免花哨的带扣、明显的缝纫痕迹和其他痕迹。

吊带裤可以不必搭配皮带，能支撑裤子，又能帮助胸部保暖。但要和领带相配。

(五)皮鞋

正装离不开皮鞋，西装必须与皮鞋配套穿，古人有"西装革履"之说，即除皮鞋外，其他任何鞋子如运动鞋、布鞋、球鞋、旅游鞋等，都不适宜与西装配套。最为经典的正装皮鞋是系带式的。

传统的皮鞋是牛津式，鞋尖带有双弧线花纹，或不带花纹。鞋不能与整体的穿着有明显的反差，并且颜色上也要搭配：黑色鞋配灰色裤子，棕色鞋配茶色裤子。

(六)袜子

着西服时可选择单色且深色的袜子；使袜子和裤子与皮鞋同色或接近的颜色相搭配，切忌配正装穿白色袜子；确保袜子足够长以至于在坐下时不露腿；纯棉、羊毛这种天然面料的袜子要比合成面料的袜子好，因其绝缘性比较好，并且透气，可以使脚保持温暖干燥预防脚臭。

(七)大衣与风衣

目前最为流行的大衣是风雨衣。传统并且最常见的大衣长度应该盖过膝盖。短些或者是刚好及膝的帽衫、风雪大衣、连帽粗呢大衣与休闲装或者正装相配都是不错的选择。特别是在寒冷的冬天，这种连帽外衣更有用。

(八)西装手帕

西装手帕的整理也很重要。西装手帕能起到画龙点睛、锦上添花的效果。装饰性的手帕一般要求熨烫平整，根据不同场合需要折叠成各种样式，分别插于西装的上衣袋。

三、男士着正装的原则

商务人员在工作时原则上应着正装，特别是在国际性商务活动中。这些正装通常包括西装、套裙、制服及礼服。商务人员在选择及穿着正装时要严守礼仪。西装美观大方、穿着舒适、造型优美、做工讲究，是职场上公认的首选着装。在各类服装中，西装穿着的讲究最多。男士着装的基本要求：注意服装的干净整洁、熨烫平整、扣子齐全、拉链完好，不应有油渍和其他污迹，不可有漏缝、破边。要遵循整洁、雅致、和谐、恰如其分的原则，在服装式样和色彩搭配上忌杂乱，职业装忌过于鲜艳，服装质地忌粗糙。

(一)三色原则

"三色原则"在国内外经典商务礼仪规范中经常强调。简单说来，就是男士身上的色系(包括西服、衬衫、领带、鞋子、腰带及其他配饰的颜色)不应超过三种。

(二)三一定律

"三一定律"指在正规场合，男性一定要穿西服套装。穿西服套装时，鞋子、腰带、公文包应为同一颜色，黑色为首选。

"三色原则"和"三一定律"是穿西服套装最重要的规则。

(三)有领有袖的原则

正装必须是有领有袖的，无领无袖的服装，如 T 恤、运动衫等不能称为正装。男士正装中的领通常体现为有领衬衫。

(四)有纽扣的原则

绝大部分情况下，正装应当是纽扣式的西服，拉链服装通常不能称为正装，某些比较庄重的夹克事实上也不能称为正装。

四、男士着正装的注意事项

对于商务人员来说，仪表非常重要。质于内而形于外，仪表是否端庄、大方体现了一个人的内在素养和品位风格。商务人员的仪表，应与企业、公司的要求一致，与自己所担当的社会角色一致，在国际商务往来中，还应与国家的要求一致，总体上要能维护和改善商务人员在客户群及公众群心目中的职业形象。

商务人员在工作时原则上应着正装，穿着注意事项有以下几个方面。

第一，区分场合。穿着西装要合时、合地、合景。在正式场合如谈判、会见、宴会等，应穿素雅的西服套装，以深色、单色为首选。在一般场合可着单装或套装，白天可选择浅色装，晚上要着深色装。

第二，拆除商标。买回西装后第一件事就是拆除上衣领边、袖口的商标。商标外露既不合礼节，也显不雅。

第三，熨烫平整。西装正式穿之前一定要注意熨烫平整，给人以美观、利落、笔挺之感，方能展现西装的整体美。

第四，慎穿毛衣。天冷时，男士在西装内加穿一件毛衣是可以的，但要注意选择适于搭配西装外套的毛衣，多选择薄V形领的单色羊毛衫或羊绒衫。

第五，系好纽扣。单排扣上衣讲究"系上不系下"；三粒扣上衣则讲究或只系上面两粒扣或只系中间一粒扣。双排扣西装上衣无论何种情况下都必须系上所有纽扣。

第六，勿装东西。穿着西装时要特别注意口袋里少装东西或者不装东西。通常，上衣外侧胸前口袋只放装饰手帕或装饰性胸花；上衣内侧口袋只能用来装钢笔、钱夹或少量名片；上衣外侧下方的两只口袋不放任何东西；西装裤子两侧口袋只可放少量纸巾；裤子后侧两只口袋不放任何东西。

第七，正装皮鞋。穿西装一定要配上正装皮鞋，不可穿布鞋、旅游鞋、休闲鞋等。传统上，系带皮鞋更显正式。皮鞋以黑色为最佳选择，一般场合也可穿其他深色皮鞋。正式场合皮鞋上要少装饰物，应选择传统、保守的款式，不可穿过于时尚、另类的款式。黑色或深色皮鞋必须搭配深色袜子，不可搭配浅色袜子，特别是忌穿白色袜子。

第八，定期保养西服。保养存放的方式对西服的造型和穿用寿命影响很大。高档西服要吊挂在通风处，注意防虫与防潮。有皱褶时可挂在浴后的浴室里，利用蒸汽使皱褶展开，然后再挂在通风处。

【案例阅读4-2】

郑经理新潮的打扮

郑伟是一家大型国有企业的总经理。有一次，因他获悉有一家著名的德国企业的董事长正在本市进行访问，并表示有寻求合作伙伴的意向。他便想尽办法，请有关部门为双方牵线搭桥。令郑总经理欣喜若狂的是，对方也有兴趣同他的企业进行合作，而且希望尽快与他见面。到了双方会面的那一天，郑总经理对自己的形象刻意进行一番修饰。他根据自己的理解，上穿夹克衫，下穿牛仔裤，头戴棒球帽，脚穿旅游鞋。无疑，他希望自己能给对方留下精明强干、时尚新潮的印象。然而，事与愿违，郑总经理自我感觉良好的这一身时髦的"行头"，却偏偏坏了他的大事。

(资料来源：本书作者整理编写.)

五、男士着正装禁忌

(1) 忌裤腿太短。裤腿过短会给人造成视觉上的错误，使腿显得更短，矮个子的人穿上会显得更矮；对于高个子而言，则会给人重心不稳的错觉，而且缺乏庄重感，略显滑稽。

(2) 忌裤裆太肥、裤腿太宽。裤裆太肥会使人显得不整洁、拖沓、缺乏挺拔利落感。裤腿太宽不仅会造成视觉上的不适，更会导致行动不便。

第四章 商务人员的服饰礼仪

(3) 忌衬衫领子太大。衬衫领子太大使脖子细长的人显得更加羸弱。

(4) 忌衬衫领口敞得太大。穿西服如果不系领带,衬衫领口可解一粒扣子,但如果领口敞得太大会显得缺乏修养或太过随意。

(5) 忌衬衫太紧,紧绷在腹部。这对腹部及肥胖的人尤为不利,会突显腹部的赘肉。

(6) 忌透视。不可透过衬衫隐约看到里面的穿着。

(7) 忌领带颜色刺眼。领带的色彩应与整体着装相协调,否则显得突兀,破坏整体的和谐美。

(8) 忌用涤纶面料做正装。涤纶面料质感欠佳,表面的"浮光"显得档次不高;此外,其透气性和吸湿性均不佳,长期穿着对人体不利。

(9) 忌西装配运动鞋。西装是十分讲究的正式服饰,应搭配正式皮鞋以保持和谐;而运动鞋太显随意,这样搭配会给人以不懂得着装整体性和配套性的印象,显得缺乏品位。

(10) 忌在皮带上挂钥匙、手机等。会显得杂乱无章,不符合正装的整洁要求。

【知识小链接4-2】

穿衣的态度和做法

无论你的工作氛围是保守还是随意,关于穿着打扮,有几条标准是永恒不变的。

(1) 穿着应适合所处的工作环境。这么做可以让你的衣着既顺应工作环境又不显得张扬,这已经成为穿衣的标准。也许一身衣服在保守的律师事务所里穿起来会显得很扎眼,但换在录音棚里穿反而会显得不够靓丽。无论这些工作环境对衣着的要求区别有多大,总有一点是相同的:从双方的观点来看,如果雇员的衣着和老板的衣着太相似,那么在别人眼里这将被视为对老板的蔑视、轻率的表现。这种表现在哪里都是不受欢迎的。

(2) 穿着应能代表你所想要的职位,而不是代表现在的职位。如果想去销售部工作就要观察销售部同事的衣着。你的衣着向老板表明,你希望与公司一同成长而不是安于现状。

(3) 衣着代表着公司。无论何时,只要与外界人士接触,你的衣着就代表着公司。无论你在办公室中穿着多随便,都应在办公室中准备几件更换的衣服,以备随时以最好的形象面对客户。

(4) 保持衣着整洁。有破口的衬衫和有污点的裤子,在它们被缝补好和洗干净前都应该一直挂在衣柜中,而不是穿出来。鞋也同样要保持干净,哪怕是休息日,肮脏的帆布鞋也不能穿出来,它只能被用在修剪花园时穿或者干脆留在家中。

(5) 保持衣服清洁。比起某些公司对穿着的严格要求,有些公司的要求就显得宽松多了(如从事IT和音乐产业的公司),在这些公司中,工作服装的清洁就显得更加重要了,这一点是显而易见的。肮脏的牛仔裤和没有熨平整的T恤代表的不是你的叛逆和酷,而是你的懒惰和糟糕的个人习惯。

(6) 穿着不要太暴露。无论是有意还是无意,在任何场合穿着太暴露都是不合适的。穿着低胸衬衫、过紧的裤子和薄如蝉翼的衬衣都带有不恰当的暗示。明智的商务人员都知道选择商务服饰的关键是要正式并能体现出个人的能力。

(7) 穿着要适合白天的工作。一上班就穿好晚礼服不是明智的选择。如果你正在为某个午宴或是晚宴选择一些平常不穿的礼服准备上班时,请别去考虑黑色燕尾服。你可以在下班后再换上它。知道白天上班应穿什么衣服是商务人员要学习的第一课。

(8) 不要做时尚潮流的牺牲品。购买商务服装是一种投资,每一件衣服都应穿上几年,不要让时尚潮流误导了你。如果这些服装根本就不适合你,那么这种投资就得不偿失了。

(资料来源:本书作者整理编写.)

第四节 女士的服饰礼仪

商界女士在服装方面有更多的选择,但传统的着装规则目前还在使用——无论是颜色、面料、样式、配饰、发型或化妆,好的品位永远是不花哨。"云想衣裳花想容",相对于偏向稳重单调的男士着装,女士们的着装则亮丽丰富得多。得体的穿着不仅可以显得更加美丽,还可以体现出一个现代文明人良好的修养和独到的品位。

女士服饰礼仪

一、遵循着装的 TPO 原则

遵循着装的 TPO 原则,即女士着装应该与时间、地点和场合相协调。

(一)时间原则

不同时段的着装规则对女士尤其重要。男士有一套质地上乘的深色西装或中山装足以对应各种场合,而女士的着装则要随时间而变换。白天时,女士应穿着正式套装,以体现专业性;晚上出席鸡尾酒会就需多加一些修饰,如换一双高跟鞋,戴上有光泽的佩饰,围一条漂亮的丝巾;服装的选择还要适合季节气候特点,保持与潮流大势同步。

(二)地点原则

在家里接待客人时,可以穿着舒适且整洁的休闲服;如果是去公司或单位拜访,穿职业套装会显得专业;外出时要顾及当地的传统和风俗习惯,如去教堂或寺庙等场所,不能穿过于暴露或过短的服装。

(三)场合原则

衣着要与场合协调。与顾客会谈、参加正式会议等,衣着应庄重考究;听音乐会或看芭蕾舞,则应按惯例穿正装;出席正式宴会时,则应穿中国的传统旗袍或西方的长裙晚礼服;而在朋友聚会、郊游等场合,着装应轻便舒适。

二、套裙的选择

套裙是商界女士出席正式场合的首选服装。它是上身为女士西装,下身为半截式裙子的组合。职业套装是白领丽人的最佳伴侣。精心设计的套装大多优雅、干练又不失女性的柔美。并且保证了服装的礼仪正规性。穿着得体的话,不仅会看起来干练而成熟,还能衬托出女性自身独特的韵味。

商界女士在正式场合要想显得衣着不俗,不仅要注意选择一身符合常规要求的套裙,更要注意的是,套裙的穿着与搭配一定要得法。

(一)西装套裙的面料

西装套裙所选用的面料质地应当上乘。上衣与裙子应使用同一种面料。除了女士呢、薄花呢、人字呢、法兰绒等纯毛面料之外,也可选择高档的丝绸、亚麻、府绸、麻纱、毛涤面料来制作西装套裙。应当注意的是,用来制作西装套裙的面料应当匀称、平整、滑润、光洁、丰厚、柔软、挺括、富有弹性,而且不易起皱。

(二)西装套裙的色彩

西装套裙的色彩应当淡雅、清新、庄重,不宜选择过于鲜亮、"扎眼"的色彩。其应当与具体的工作环境协调在一起,比如炭黑、藏蓝、烟灰、雪青、黄褐、茶褐、蓝灰等较冷的色调,体现着装者的端庄与稳重。在此基础上,有时也可稍有变化。以两件套西装套裙为例,上衣与裙子可以一色,也可以采用上浅下深或上深下浅的搭配,使之形成对比。

(三)西装套裙的造型

西装套裙的造型变化主要集中于长短与宽窄两个方面。长短没有明确的规定,但造型有上长下长、上短下短、上长下短、上短下长四种形式,在视觉上都能取得较好的效果。

(四)西装套裙的式样

女士裙子的式样可以有很多选择,如西装裙、一步裙、筒裙等,式样端庄、线条优美;百褶裙、人字裙等,飘逸洒脱、高雅漂亮。但是西装套裙一般不宜添加过多的花边或饰物。因此,在选择裙子时,应当首先从自己实际出发,不要一味追求时髦。穿西装套裙,特别是穿丝、麻、棉等薄型面料或浅色面料的西装套裙,一定要内穿衬裙。

(五)西装套裙的尺寸大小

一套面料优质做工精良的套裙,穿在一位白领丽人的身上,无疑会为之平添魅力。但是,如果真的想让套裙美丽而生动,就必须大小相宜。他人的套裙,过大或过小、过肥或过瘦的套裙,通常都不宜贸然穿着。

通常认为,套裙之中的上衣最短可以齐腰,而其中的裙子最长则可以达到小腿的中部。但是,在一般情况下,上衣不可以再短,裙子也不可以再长;否则,便会给人以勉强或者散漫的感觉。

应当特别注意,上衣的袖长以恰恰盖住着装者的手腕为好。衣袖如果过长,甚至在垂手而立时挡住着装者的大半个手掌,往往会使其看上去矮小而无神;衣袖如果过短,动不动就使着装者"捉襟见肘",甚至将其手腕完全暴露,则会显得滑稽而随便。

还应注意,上衣或裙子均不可过于肥大或紧身。如果说过于肥大的套裙易于使着装者显得萎靡不振的话,那么过于紧身的套裙则往往会给着装者带来不便。

【案例阅读 4-3】

注意形象的外交官太太

一位记者去采访一位外交官的太太。当这位美丽的夫人为记者开门时,她身着一套红色的运动装。她把客人让进客厅后,道了一声"抱歉",就消失在一扇白门之后。几分钟后,夫人换了衣服化了妆,并坦诚地说,刚才穿着那套与孩子玩耍的衣服在客厅中与客人交谈有些不妥。此刻,她的装束细腻而不奢华,俨然是一位准备迎接客人的主人形象,也更正了记者第一眼见到她时留下的随意印象。

(资料来源:黄剑鸣. 现代商务礼仪[M]. 北京:中国物资出版社,2012.)

三、女士着正装应遵循的要点

(一)穿着套裙要求

1. 成套着装

一定要成套着装,并配上与之相协调的衬衫、线衫或 T 恤。在正式的商务场合中,无论什么季节,商务套装都必须是长袖的。与衬衫搭配时,领口应系上领结、领花或丝巾。与西服上装配套,多以一步裙为宜。职业裙装应该长及膝盖,坐下时直筒裙会向上缩短,如果裙子上缩后离膝盖的长度超过 10cm,就表示这条裙子过短或过窄。太松的衣服显得人不干练。

2. 穿着得法

在穿套裙时,必须依照其常规的穿着方法,将其认真穿好,处处到位。尤其要注意:上衣的领子要完全翻好,衣袋的盖子要拉出来盖住衣袋;不允许将上衣披在身上,或者搭在身上;裙子要穿得端端正正,上下对齐之处务必好好对齐。

需要特别指出的是,在正式场合露面之前,一定要仔细地检查一下自己所穿衣裙的纽扣是否系好、拉锁是否拉好。在大庭广众之下,如果上衣的衣扣系得有所遗漏,或者裙子的拉锁忘记拉上或稍稍滑开一些,都是失礼的。

按照规矩,在正式场合穿套裙时,上衣的衣扣需全部系上。不允许将其部分或全部解开,更不允许当着别人的面随便将上衣脱下来。

3. 衬衫的选取

在出席正式商务场合时,女士也应穿着正装衬衫,衬衫面料应以轻而薄、柔而滑的质地为首选,如真丝、麻纱、罗布、府绸、涤棉、花瑶等面料。色彩以单色为主,并有意识地将衬衫色与外套色搭配好,通常遵循"外简内繁,内简外繁"的搭配原则。

衬衫除了用于搭配西装外套之外,在一般工作场合也可穿着在外。项链、丝巾腰链的适当搭配,可以减去衬衫的拘谨与严肃感,更能显现穿衣品位。

衬衫在穿着上要注意:一是衬衫不直接外穿。在出席正式的商务活动时,必须穿着西装套裙,搭配正装衬衫。此时,必须保证成套穿着,无论多忙、多累、多热,都不可以在他人面前脱下西装外套,直接将衬衫暴露于人;二是衬衫下摆放入裙内。衬衫与西装套裙搭配穿着时,其下摆必须放在裙内,不可露于裙外;三是衬衫纽扣全部系好。商界女性要特别注意,穿着衬衫时,所有纽扣要全部扣好,显示出严谨认真、传统而稳重。

4. 衬裙的搭配

从礼节上而言,穿着套裙必须穿衬裙。尤其夏季。衬裙颜色以单色为主,还应与外裙色调一致。穿着衬裙时裙腰不可高出外裙裙腰,下摆不可长于外裙下摆。正式、庄重的场合不宜穿皮裙、迷你裙、吊带衫(裙)、七分裤、运动服、纪念T恤、嵌入水晶或者破洞的牛仔裤等服饰。

5. 慎穿内衣

商界女士在穿着内衣时要特别注意这三点:一是内衣不可不穿,无论在正式场合还是在一般工作场合,无论选择何种着装,都必须要穿着内衣,不穿内衣是不文雅的,也是对他人的不礼貌与不尊重;二是内衣不可外露,内衣在穿着时,要注意不可外露于他人,特别是炎炎夏日,女性在一般工作场合多选择半袖甚至无袖上衣,因此,一定要加以注意,并提早做好防范;三是内衣不可外透,在工作场合中,不可穿着过于薄、露、透的上衣,甚至将内衣外显出来,这是失礼且不文雅的,会有损商界女士得体的形象。

6. 皮鞋的搭配

套裙最好与皮鞋搭配,以深色船型皮鞋为宜,中跟或高跟均可。配以肉色长筒袜或连裤丝袜。正式、庄重的场合不宜穿凉鞋或靴子、人字拖鞋等,袜口不可暴露在外。

穿带跟鞋可让人亭亭玉立、充满朝气。布鞋、旅游鞋、轻便鞋与西服套裙搭配不相适宜。任何有亮片或水晶装饰的鞋子都不适合商务场合,这类鞋子只适合正式或半正式的社交场合。露出脚趾和脚后跟的凉鞋并不适合商务场合。没有后帮的鞋子也只能在非商务场合穿着。夏天,后帮为带状的露跟鞋子很受职业女士欢迎,但对职员服装要求比较严格的公司,并不把这种款式的鞋子列入公司的着装要求中。冬天,很多女士喜欢穿长筒的皮靴。在商务场合,尤其是参加正式的商务活动时,应该避免穿着靴子。鞋子的颜色最好与手提包一致,并且要与衣服的颜色相协调。

(二)穿制服的要求

当前,许多国内外的公司、企业专门为自己的员工提供工作所用的制服。制服就是商务人员在其工作岗位上按照规定必须穿着的,由所在企业、公司统一设计、制作并下发,在面料、色彩、款式等方面一致的服装。

商务人员身着统一制服,可以体现本职工作的特色,也已经成为行业特有的标志。制服给人以整体感和统一感,有助于体现企业、公司的共性,展现员工团结一致的合作精神,有助于在公众和客户心目中树立良好的企业形象。穿着制服时有以下几点要求。

1. 制服要保持干净

在公共场合，商务人员所穿着的制服必须无异味、无脏物、无汗迹。制服虽然是单位统一设计并定做，不可能让每位职员都喜欢，但是在穿着过程中，也要像爱护自己的衣服一样，努力保证制服干净、整洁，及时更换和清洗。

2. 制服要保持平整

商务人员穿着制服也要像在正式场合穿着西服套装一样，保持制服的外观平整、完好。为了防止制服出现褶皱，可适当采取一些小措施。例如，洗净之后的制服要熨烫平整；脱下来的制服不要随手乱扔乱放，最好叠放好或垂直悬挂等。

3. 制服要保证无损

穿着制服时，商务人员要小心护理，不要轻易让制服受损。当然，随着工作年限的增长、工作强度的加大，制服不可避免地会出现损坏，如掉扣、开线、磨破、磨毛等。如果制服出现这些情况，要及早发现并及时处理好。

(三)穿礼服的要求

礼服是在隆重的场合所穿的服装。女士礼服一般为露背、低胸、无袖等，也可以中式旗袍代替。有晚礼服和午后礼服之分。晚礼服用于晚间宴会或外交场合，有正式、非正式之分，在款式上不固定，但都有高格调和正统感。欧洲女性晚礼服的特点是露出肩、胸、背，有无袖，也有紧领、长袖的式样，长至脚边。多选用丝绸、软缎、麻丝、花瑶等面料加工制作。如果装饰搭配合理，会显得格外漂亮、高雅。晚礼服只能在特定时间、场合穿着。午后礼服是在下午比较正式的拜访、宴会场合穿着的礼服，有正式、非正式之分。正式的用于参加婚礼、宴会等场合，非正式可用于外出或拜访。裙长一般较长，款式不固定，格调高雅、华贵。典型的午后礼服要佩戴帽子、提包，还要佩戴项链。

四、女性着正装注意事项

(一)保持整洁平整

服装并非一定要高档华贵，但必须保持干净，并熨烫平整，穿起来才能大方得体，显得精神焕发。整洁并不仅为了自己，更是尊重他人的需要，这是良好仪态的第一要务。

(二)注重色彩技巧

不同色彩会给人不同的感受，如深色或冷色调的服装让人产生视觉上的收缩感，显得庄重严肃；而浅色或暖色调的服装会有扩张感，使人显得轻松活泼。因此，可以根据不同需要进行选择和搭配。

(三)配套齐全相协调

除了主体衣服之外，鞋袜手套等的搭配也要多加考究。如袜子以透明近似肤色或与服装颜色协调为好，带有大花纹的袜子不宜出现在正式场合。着正装忌搭配渔网、暗花之类过于性感的丝袜,忌穿裙子时搭配短丝袜,忌三节腿(即半截裙、半截袜子、露一截腿)。

(四)饰物点缀相协调

巧妙地佩戴饰品能够起到画龙点睛的作用,给女士们增添色彩。但是佩戴的饰品不宜过多,否则会分散对方的注意力。佩戴饰品时,应尽量选择同一色系。佩戴首饰最关键的就是要与整体服饰搭配统一起来。

(五)与场合相协调

商务礼仪规定:在各种正式的商务交往之中,女士一般以穿着套裙为好。在出席宴会、舞会、音乐会时,可酌情选择与此类场合相协调的礼服或时装,如果依旧穿套裙,则会使自己与现场"格格不入",并且还有可能影响他人的情绪。外出观光旅游、逛街购物,或者进行锻炼健身时,一般以穿着休闲装、运动装等便装为宜。

(六)与妆饰相协调

高层次的穿着打扮,讲究的是着装、化妆与佩饰风格统一,相辅相成。因此,在穿着套裙时,必须具有全局意识,将其与化妆、佩饰一起加以考虑。

就化妆而言,商界女士在穿套裙时的基本规则是:既不可以不化妆,也不可以化浓妆,应当只化淡妆。"妆成有却无",恰到好处即可。不可以化浓妆,在工作岗位上突出的是工作能力、敬业精神,而非自己的性别特征和靓丽容颜。

【案例阅读 4-4】

> **小张同学的装扮**
>
> 某公司招聘文秘人员。由于待遇优厚,应聘者很多。文秘专业的小张同学前往面试,她的背景材料很可能是最棒的:大学期间,在各类刊物上发表了约 3 万字的作品,内容涵盖小说、诗歌、散文、评论等,还为一家公司策划过周年庆典,英语口语表达也极为流利,书法也堪称佳作。小张五官端正,身材高挑、匀称。面试时,小张穿着迷你裙,上身是露脐装,涂着鲜红的唇膏,轻盈地走到一位考官面前,不请自坐,随后跷起了二郎腿,笑眯眯地等着问话,孰料,三位考官互相交换了一下眼色,主考官说:"张小姐,请回去等通知吧。"她喜形于色:"好!"挎起小包飞跑出去。你觉得她会被录取吗?

(资料来源:本书作者整理编写.)

第五节　我国的民族服装

一、旗袍

(一)旗袍独具的魅力

旗袍,作为中国灿烂辉煌的传统服饰代表之一,虽然其定义和产生的时间至今还存有诸多争论，但它仍然是中国悠久的服饰文化中最绚烂的形式之一，也是最为当今世人所认可和推崇的中国服饰代表。旗袍不仅拥有独特的形式美感和装饰美感，更是传统中国多民族和多元文化不断交流、融合的例证与产物。20世纪三四十年代后，旗袍造型完美成熟，家喻户晓，堪称经典之作，是旗袍的顶峰时期。

1. 旗袍的婉约美

旗袍穿在女性身上，可以体现婀娜多姿的身段，加上小碎步走，配上优雅的手势，扭动的腰肢，款款的前行，女性的柔美就表露无遗。

2. 旗袍的曲线美

旗袍的特点是上紧下松，凹凸有致，这样的设计正好显现了东方女人的体态美。高而紧的立领，突出了女子精致的面庞和纤细的脖颈。而腰身处贴身的线条恰好隐藏了东方人稍窄的肩膀，又突出了东方女人特有的圆润。

3. 旗袍的含蓄美

旗袍的高开衩，伴随着轻盈的步履，摇曳生姿，若隐若现，东方的含蓄、内敛发挥到极致，处处显得精致、典雅、温柔、飘逸，越发神秘与高贵。

(二)旗袍穿着要领及礼仪要求

旗袍是合身要求极高的服装。穿着旗袍前，必须准确测量出"三围"然后试穿，并观察"三围"是否贴体舒适，并且还须检查领子、衣身、袖长等细节之处，以求精准、一丝不苟。谨记，旗袍的选购不同于连衣裙等服装，要求十分严格，否则将会失去旗袍的独到之处：脖子要细长，高立领衬长脖子，有一种亭亭玉立的美感；肩膀要圆润，宽肩阔背穿旗袍会显得雄壮、伟岸，有了阳刚却缺少柔美；胸部太凸与太平都不适宜，骨感是穿不出旗袍的味道来的；腰身要细，小肚腩厚脂肪会影响旗袍的视觉美；臀部要稍丰满，略微有点翘才显得女性的曲线美；身高1.60～1.70m的女性最合适穿着旗袍。

职业旗袍是指职业女性上班时所穿的旗袍。它开衩不宜过高，宜在膝盖以上10～15cm。裙长短在膝盖以下10cm，过长做事不利索，过短则不庄重。花色适宜端庄素雅一些，选用单色或小花、素格、细条。面料夏季可用棉布、丝绸、麻纱等，秋冬季可采用毛料、丝绒、五彩缎制作。穿着之前检查所有纽扣，不管天气多热，旗袍所有的纽扣都必须全部扣上。穿旗袍时搭配的丝袜应是连裤袜，鞋要选与旗袍风格相配的半高跟鞋。

二、中山装

中山装是我国男士的传统礼服，中山装是孙中山先生在广州任大元帅时，感到西装样式烦琐，穿着不便，而中国服装在实用上亦有缺点，亲自主持设计的。一般应为上下身同色的深色毛料精制。中山装前门襟有五粒扣子，领口为带风纪扣的封闭式，上下左右共有四个贴袋，袋盖外翻并有盖扣。

中山装本身具有简便、实用等特点，正面的四个口袋象征中国传统文化中的礼、义、廉、耻；口袋盖的"倒笔架"形状表明"以文治国"的坚定决心；前身的五枚纽扣象征五权分立的政体设计；袖口后面的三粒纽扣标志着三民主义的立国精神；下翻封闭式衣领显示了严谨治国的管理理念；后身没有西装式缝线，隐含着和平统一的民族大义。

穿着中山装时，应注意系好全部纽扣，风纪扣不能敞开，有人图一时的舒适而敞开领扣，这样会有失风雅和严肃。口袋内不宜放置杂物，以保持平整挺括；同时配黑色皮鞋。着中山装可以出席各种外交、社交活动。

中山装的颜色以藏蓝、深灰、浅灰为主，庄重、沉着、严肃、威武是它的特点。

中山装面料宜选用纯毛华达呢、驼丝锦、海军呢等，这些面料的特点是质地厚实、手感丰满、呢面平滑、光泽柔和，与中山装的款式风格相得益彰。

第六节　配饰礼仪

配饰指的是人们在着装时所选择佩戴的装饰性物品。它们对于人们的穿着打扮起到陪衬、辅助、美化的作用。配饰分为服饰和首饰两大类。鞋、帽、围巾、手提包、胸针等属于服饰类；耳环、项链、戒指、手链等属于首饰类。

人们佩戴配饰的目的主要是弥补衣着打扮上的不足，点缀自己。不论是女性还是男性，在其选择和佩戴配饰时，都应有所讲究。配饰要简洁、大方、高雅，并力求同色同质，符合职业身份及场合。

一、配饰佩戴的基本原则

千姿百态的配饰具有独特的魅力。从人类早期的树叶、骨制、石制配饰到今天的各种材料的配饰，它们五彩缤纷、造型各异，能体现人类经济文化发展的水平，反映出不同国家或地区的风俗习惯和民族的审美心理。配饰不仅是财富的象征，更是一个人文化素养、气质风度、审美情趣和格调的外在表现。人们佩戴配饰，主要是为装饰美化自己。因此，美观、实用、配套成为人们选择配饰的基本指导思想。

配饰的流行和佩戴习俗，是一个国家、地区、民族、风俗习惯甚至历史的反映。配饰集实用性、装饰性、艺术性于一体，对服装起增色、点缀、陪衬，甚至画龙点睛的作用。因此，着装时应力求服装与配饰的整体和谐，以获得完美的效果。

(一)适体原则

配饰要供使用者个人使用，适体即适合使用者个人的情况，这是配饰佩戴应遵循的第一个原则。

适体主要指两点，一是要适合人的体型、年龄、脸型等；二是要适合人的个性。人的体型有高矮胖瘦之分，年龄有老、中、青、幼之别，脸型有长、方、圆之不同，适体首先要适合这些情况。例如，圆脸或戴眼镜的女士，应少戴大耳环和圆形耳环，戴得过多或戴得不合体则有画蛇添足之嫌；年轻女士应选择质地佳、颜色好、款式新潮的配饰，以显妩媚可爱；相反，年长的女士则应戴一些比较贵重、精致的配饰以衬托自己的庄重。

配饰的个性是通过配饰使用者的个人气质表现出来的，要善于利用各种配饰的点缀为人增色，来衬托个人的特质。例如，书生型女性应佩戴一些较为端庄素净的配饰，以树立起自己在社会中理智的形象;天真型女性所用配饰的式样最好不要过于复杂;魄力型女性佩戴的配饰应以刚直抽象的为好,才显得练达,节奏感强;娇娆甜美型女性应该佩戴线条造型不那么冷峻,色彩柔和、充满暖意的配饰,方显得温情脉脉,富有吸引力。

(二)适度原则

为了美化,服装要有装饰品,人要佩戴配饰,但必须注意适度。适度是指佩戴配饰要有分寸,符合美化的要求。一般来说,太简单则易流于粗陋,太复杂则易流于杂乱。为了达到服饰的整体效果,各种配饰的配套作用是必不可少的。一件漂亮的衣服,配以恰如其分的装饰品,会使衣服锦上添花,更加富有魅力。如果配饰佩戴得不合适,则会喧宾夺主,破坏服饰的整体美。配饰的品种、形态、材质各不相同。适度就要求在品种的采用、形态的确定、材质的选择等方面都与消费者本身情况相符,恰如其分。

(三)适用原则

配饰的适用原则主要是指不同场合应佩戴不同质地、款式的配饰。社交场合需要佩戴豪华瑞丽、线条明快的宝石或金配饰方能引人注目;结伴出游时,不宜佩戴贵重的高档配饰,应该选择题材活泼、造型简单、色彩鲜明的配饰,以显得活泼、自然;庄重严肃的场合如商务谈判,只可以佩戴简单、素色的饰品,以显得稳重而又不失身份。

(四)适时原则

适时是配饰佩戴十分重要的原则。适时的配饰是美的,过时的配饰则难以体现当代人的美感。适时有时尚问题和季节问题。例如,在柳枝抽芽的初春,佩戴绿色系的宝石配饰,如绿宝石、翡翠、孔雀石等,会显得生机勃勃;满山红叶的秋天,黄金、琥珀、玛瑙、鸡血石的配饰使人感到深沉瑰丽;雪花飘落的冬天,戴上银饰品或白金饰品,或镶紫英水晶及月光石等配饰,会给人一种安静的神秘感。

二、配饰的主要种类和佩戴要点

(一)戒指、手镯和手链

戒指、手镯、手链均为环状,没有开始也没有结束,象征爱情和情谊的浪漫与永恒。佩戴时除注意它们与指型、手臂的协调外,还应遵循一定的佩戴规范。

【知识小链接4-3】

首饰--戒指

首饰本意是指男女头上的配饰。《后汉书·舆服志下》记载:"后世圣人……见鸟兽有冠角髯胡之制,遂作冠冕缨蕤以为首饰。"又载:"秦雄诸侯,乃加其武将首饰为绛袙以表贵贱。"首饰的含义在后来扩展为指人们身上的配饰,包括耳环、项链、手镯、戒指等。在人类生活中,首饰作为一种美的标志或象征友谊、爱情的信物,牵动着人们的情思。

戒指,又名"指环",史书中称"约指""驱环""手记""代指"等。《三余赘笔》记曰:"今世俗用金银为环,置于如女指间,谓之戒指。"从字面分析,"戒"字含有禁戒之意。因此，妇女在当时戴指环，并非为了炫美和装饰，而是以示警示，起着禁戒的作用。

最初，戒指是宫廷中后妃群妾用以避忌的一种特殊标记，当有了身孕或其他情况不能接近君王时，皆以金指环套在左手，以禁戒帝王的"御幸"，平时则用银指环，套在右手。后来，戒指传到民间，去除了其本义，而以美观为主，久之便蔚成风气。

戒指的起源究竟属于哪一国家的发明创造，目前还无定论。在中国，戒指的使用至少有两千多年的历史。从大量文献来看，秦汉时期，我国妇女已普遍佩戴戒指。戒指传至民间后，其作用就不仅是简单的装饰品了。男女互爱，互相赠送戒指，山盟海誓，以此为证。在今天，戒指已脱离了原来的含义而变为纯粹的装配饰品，它象征着友谊、爱情和幸福。

(资料来源：本书作者整理编写.)

1. 戒指

戒指具有明显的象征意义，不可随意佩戴。作为一种无声的语言，戒指既向他人传达某种含义，又展示佩戴者的品位和修养：食指戴戒指——表示想要结婚，已有求婚对象；中指戴戒指——表示正在恋爱或订婚；无名指戴戒指——表示已订婚或结婚；小指戴戒指——表示不想涉足婚恋，奉行独身主义；中指和无名指同时戴着戒指——通常表示已婚，且夫妻感情很好。拇指一般不戴戒指。

在西方，未婚少女将戒指戴在右手中指上，而修女习惯把戒指戴在右手的无名指上，意味着"把爱献给上帝"。

戒指通常应戴在左手上。订婚和结婚戒指必须用纯金、白金或纯银制成，以示爱情的纯洁无瑕。一般戴一枚即可，两枚足够。

佩戴戒指要看手指形状，手指短且粗的女性应选择椭圆形或橄榄形的戒指；手指长而细的女性可选择宽边或方圆形的戒指。

2. 手镯、手链

佩戴手镯、手链很有讲究，不能随意佩戴。选择得体的佩戴方法，要点如下。

戴在左臂上或左右同时佩戴，表示已婚。

戴在右臂上表示未婚，一般表明佩戴者是自由而不受约束的。

在公务交往场合，一般只戴一只手镯或手链，且不宜同时戴手表。

镶嵌宝石的手镯应紧贴在手腕上部。

手镯的佩戴应根据手臂的形状而定。手臂细长者可佩戴较宽或多个细线形的手镯；手臂短粗的，可佩戴较细的手镯。

手镯一般只戴在左手上，只有成对的手镯才同时戴在两个手腕上。

一只手上不能同时戴两只或两只以上的手镯或手链。

(二)项链

项链也是深受女性青睐的主要饰品之一，项链品种繁多，形状和颜色多种多样，坠子挂件有属相、人物像等。根据质地，可将其分为两大系列：一种是以金、银等贵重金属制成的项链；另一种是以钻石、玛瑙、水晶、珍珠等为材料制成的珠宝项链。按长短，可分为短项链、长项链、特长项链。不同系列、不同长度的项链适合不同人群。因此在选择和佩戴项链时，必须注意以下几个方面。

1. 选戴项链应与自己的年龄、脸型相适应

年轻女性宜佩戴细型、花色丰富的项链，可使之显得秀美和文静；中年女性宜佩戴粗型、传统设计的项链，可使之显得庄重；年长女性宜佩戴金银项链系列中的马鞭链。

项链还应根据自己的脸型来选戴。脖子长的人宜戴颗粒大的短项链或佩戴方丝链，不宜戴过长的项链；脖子短的人选择尺寸较大的项链，宜戴颗粒小而长的项链，不宜戴多层或短而宽的项链；圆脸且身材矮小的女性，最好戴细长且有坠子的项链。

2. 选戴项链应与服装的色彩、款式、质地相协调

一般而言，穿单色或素色服装，宜戴色泽鲜艳的项链；黑色长袖连衣裙，配以金项链，会显得耀眼而有风韵；红色套装配以象牙色的项链，将会异常醒目且雅致。穿低领口衣服宜选用短项链；穿套装或衣裙宜选用长项链；衣领较高时，项链的尺寸不宜过长；穿高领羊毛衫、绒线衫时，项链应戴在衣服外面。衣着较薄时以金银项链为佳；穿柔软、飘逸的丝绸衣裙，宜佩戴精致、细巧的项链。

3. 项链佩戴应根据场合选择

在正式、隆重场合，穿女式礼服时，宜选择金银、钻石的特长项链，可以增添华贵高雅的气质；休闲或旅游场合，宜选择仿金、贝壳、陶质等项链，以显轻松活泼；上班时应选择体积不大的金或银项链，以免给人以招摇的感觉。

此外，男士佩戴项链应贴身戴，造型上要粗犷一些，不可太纤细。

(三)耳环

中国古代有"穿耳明目"的说法，从中医理论上讲，这具有一定的科学性。但现代耳环的明目作用似乎已不重要，重要的是装饰美化的作用。

耳环是女性的主要首饰之一，佩戴者较普遍，使用率仅次于戒指。耳环形式多样，有带坠子的、方形的、三角形的、菱形的、圆形的、双股扭条圈的等。耳环的材料有黄金、白金、银等贵重金属，还有钻石、玛瑙、翡翠、珍珠等宝石。佩戴耳环需根据个人特点，选择合适的款式才能达到美化的效果。佩戴耳环时，应注意的问题如下。

1. 与脸型相协调

圆形脸的女性宜佩戴长方形、叶形、"之"字形等各种款式的长耳环及有坠耳环，不宜戴纽扣形或圆圈形耳环；瓜子脸是一种比较理想的脸型，适合佩戴各种造型的耳环，尤以扇形、奶滴形耳环更显秀丽妩媚，佩戴大耳环或有坠耳环显得俏丽多彩；方脸型的女性应选择精致细巧、造型柔和的中小型耳环，宜戴富有卷曲线条或圆形、纽扣形、螺钉形耳环，使脸型具有曲线之美；三角形脸型的女性宜佩戴星点状的贴耳式耳环，这样可使头部的发型更加生动，使下颌的宽度不太显眼。

第四章　商务人员的服饰礼仪

2. 与脖子、肤色相协调

脖子长的女性不宜戴小长坠子的耳环，耳朵纤细瘦小的人应戴小巧玲珑的耳环。肤色偏黑的女性宜选用色调柔和的银色耳环；肤色白皙的女性，适合戴淡红色、暗红色、绿红色、翡翠绿等色彩鲜艳的耳环；肤色黄的女性，宜戴白色或铜色耳环。金色耳环适合各种肤色的女性。

(四) 头饰

头饰包括头花、发夹、簪子等，在正式场合，头发上最多只能有一件装饰品。

(五) 胸针和领针

1. 胸针

胸针的佩戴是有讲究的。男士的胸针佩戴方式一贯是严格的，穿带领的衣服时，胸针要佩戴在左侧；穿不带领的衣服时，则佩戴在右侧；发型偏左时佩戴在右侧，反之则戴在左侧；而且，胸针的上下位置应该在第一粒纽扣及第二粒纽扣之间的平行位置上。

女士们可以随心所欲地创造属于自己的佩戴方式。传统的扣法是将胸针扣在外套的翻领上，但花卉胸针可以戴在任何地方，甚至在外套的口袋或牛仔裤的口袋上佩戴也会令人耳目一新。穿正装时，可以选择较大胸针，材料也要优质，色彩要纯正。穿衬衫或薄羊毛衫时，可以佩戴款式新颖别致、小巧玲珑的胸针。

如果将小小的水晶胸针别在翻领的一角，素雅的上衣便具有时尚风范了。人们佩戴珠宝的技巧已日渐成熟，当胸针佩戴于颈部的一侧或是肩头时，就会成为女性身上最精致艳丽的点缀。无论是艳丽的花卉形胸针还是细致闪烁的彩石胸针，只要花点心思，发挥想象力，再配上简洁的服饰，足以令人一见难忘。胸针不一定别在衣领上，别到宽边颈巾上，颈巾就变成一件美丽的项圈，显得清丽脱俗，渗透出女性的温婉娇媚。

2. 领针

领针，即专用于别在西式上装左侧领上的饰物。严格地讲，它是胸针的一个分支，但男女皆可选用。佩戴领针，数量以一枚为限。不宜与胸针、纪念章、奖章、企业徽记等同时使用。在正式场合，不要佩戴有广告作用的领针。不要将其别在右侧衣领、帽子、书包、围巾、裙摆、腰带、裤腰、裤管等不恰当的位置上。

(六) 丝巾和围巾

1. 丝巾

丝巾是女士的钟爱。不管在什么场合，用飘逸柔媚的丝巾稍作点缀，就能让穿着更有味道。可以用丝巾调节脸部气息，如红色系可映衬面颊红润；或是突出整体打扮，如衣深巾浅、衣冷色巾暖色、衣素巾艳。

佩戴丝巾时要注意，如果脸色偏黄，不宜选用深红、绿、蓝、黄色丝巾；如果脸色偏黑，不宜选用白色或有鲜艳大红图案的丝巾。

在娱乐场合，将丝巾在胸前打上个花结，显示端庄淑美；在正式场合，将大丝巾披在肩上，展示华丽与优雅；在休闲场合，将花丝巾系在颈后，便多了几分飘逸的动感。

此外，丝巾扣、胸针都是丝巾的好拍档，材料为水晶、贝壳、铂金、钻石都可以。

2. 围巾

围巾一般在春冬季节使用得比较多。它的搭配要和衣服、季节相协调。厚重的衣服可以搭配轻柔的围巾，但轻柔的衣服却绝不能搭配厚重的围巾。围巾和大衣一般都适合室外或部分公共场所穿着，到了房间里面就应及时摘掉。

(七)帽子和手套

1. 帽子

帽子的历史源远流长，据说是由头巾演化而来。中国古代称帽子为"冠"，男子成年时还要行"冠礼"。"冠"在中国古代，不仅具有实用性，还是身份、地位、权力的标志，因而很受人们重视。在现代，帽子的作用则在其实用和装饰功能之上，即除具有遮阳御寒功能之外，装饰作用日渐突出，一顶合适的帽子，可以为你锦上添花。

选择和佩戴帽子的要求如下。

(1) 帽子的式样、质地、颜色要与自己的装束、年龄、职业相协调。一般来说，帽子的式样要与服装的款式相协调，如男士着西装时应戴礼帽而不宜戴其他便帽；帽子的质地要与服装的质地相同或相仿；帽子的颜色也应与服装颜色相近或相同；帽子能恰当地衬托出戴帽者的社会地位、精神状态和风度修养。

(2) 帽子的式样要与自己的脸型相协调。一般来说，胖脸人适合宽边高顶帽子，而瘦脸人适合窄边平顶帽子。

(3) 帽子的戴法不同，产生的效果也不同。端端正正显得正派；稍向前倾显得时髦；稍偏且帽檐略下压显得俊俏；帽檐遮着眉眼显得忧郁；扣在后脑勺上则显得呆头呆脑、滑稽可笑。帽子的戴法要合乎规范，不要给人留下衣冠不整的印象。

(4) 帽子的脱戴要注重场合。在庄重场合，如重要集会、奏国歌、升国旗时，除军人行注目礼外，其他人应该脱帽；在观看电影戏剧时，为了不遮住后排观众的视线，无论男女，都应该自觉脱帽；男性在社交场合，可以脱帽向对方表示尊敬。遇到熟人，如果双方相隔较远，不能握手时，可以轻轻脱下帽子，向对方微微颔首。

2. 手套

在西方的传统服饰中，手套曾经是必不可少的配饰。现在，手套除了御寒以外，无非就是为了保持手臂的清洁和防止太阳曝晒了。和别人握手，不管冬夏，都要摘掉手套。女士在握手时，有时可以不脱手套，但摘掉手套显得更加礼貌。进入室内一般要马上摘下手套。吃饭的时候，手套必须摘下。

(八)腰带

男士的腰带一般比较简单。质地大多是皮革的，没有太多的装饰。穿西服时，通常要扎腰带，而穿其他类型的服装(如运动装、休闲装)时，可以不扎腰带。夏季只穿衬衫并把衬衫扎到裤子里，也要系上腰带。

女士的腰带样式很丰富，质地包括皮革、编织物及其他纺织品，装饰性作用更多，款式也多种多样。

女士使用腰带时要注意以下几方面。

1. 要和服装协调搭配

与服装协调搭配，包括款式和颜色，例如穿西服套裙时一般选择皮革或纺织的、花样较少的腰带，以便和服装的端庄风格相搭配；暗色服装不宜配浅色腰带，除非出于修正身形的需要。

2. 要和体型搭配

如果个子过于瘦高，可以用显眼的腰带形成横线，增加横向宽度；如果上身长下身短，可以适当提高腰带位置以改善上下身比例，给人以更好的视觉效果；如果身体矮胖，应避免使用大的、花样多的腰带扣(结)，也不要用宽腰带。

3. 要和场合协调

职业场合不宜使用装饰过多的腰带，应显得干净利落；参加晚宴、舞会时，腰带可以更花哨。

总之，无论男女，扎腰带时都要注意：出门前检查腰带是否合适，是否有异常；在公共场合或别人面前不宜动腰带；进餐时不要当众松腰带，以免不礼貌和不雅观；必要时可到洗手间去整理。经常检查腰带是否有损坏，及时替换，避免意外。

(九)公文包

包的实用性很强，是人们外出的必备物品；同时，包的装饰性也很强，在现代服饰上能起画龙点睛的作用。包的款式很多，主要有肩挎包、手拿夹包、手提包、背包等。包的制作材料也有很多种，包括真皮、仿皮、毛麻化纤或其他织物的。

男士的包通常比较简单，一般为公文包。公文包的面料应该是牛皮或羊皮制品，以深色为宜，黑色、棕色最为正统。公文包不宜塞得过满。从色彩搭配角度来说，公文包色彩和皮鞋色彩一致，看上去更完美和谐。公文包外表不宜带有图案、文字，包括真皮标志；以免有失身份。手提式的长方形公文包是最标准的款式。

女士会根据不同的服装或心情选择不同的包。首先选择大而结实的包，用于上下班和工作时间，必须实用，甚至可以放文件；其次是中等大小的包；再次是小巧的手包，用于放置少量的化妆品、钥匙、钱等，可适合晚礼服和正式场合。选择时要考虑到颜色，与平时穿着的大部分衣服色彩相配。

(十)眼镜

眼镜既实用又具有装饰功能，不仅能矫正视力，还能体现佩戴者的风度、气质和身份。在选择和佩戴时，应注意实用和装饰相结合。实用指镜片屈光度、与瞳孔的距离要合适，使佩戴者感到舒适；装饰镜架的造型、颜色、质地，要适合脸型、肤色、体型、身份、年龄和着装。例如，方脸型适合偏圆形或圆形镜架，肤色深的人不宜戴洁白镜架，身材清瘦者宜戴浅色细边镜架。

墨镜，也称太阳镜，有修饰五官、提高相貌总体效果的功能，还能美化人的肤色。需注意，在室内礼仪活动时不宜戴墨镜，否则是不礼貌的；确有眼疾需要戴墨镜时应向人说明并表示歉意。

(十一)香水

香水是无形的装饰品，能快速、有效地改变形象，增添魅力。适当使用香水，令人神清气爽，充满信心和活力。西方人普遍使用香水，无论男女，尤其在社交场合。欧洲人偏好浓郁气味的香水，美国人喜欢淡雅幽香的香水，中东人所用的香水浓烈，而多数中国人则欣赏清淡如花(如茉莉花香型)的香水。

(十二)手表

早期的手表非常昂贵，除了计时功能以外，主要是被用来炫耀身份和地位。现在随着人们生活水平的提高和科技的发展，手表已经普及，并迅速成为时尚焦点或者成功的象征。

1. 手表的选择与佩戴礼仪

与首饰相同，在社交场合人们所戴的手表往往体现其地位、身份和财富状况。因此，在人际交往中，尤其是男士所戴的手表，通常引人注目。在正规的社交场合，手表常被视作首饰，对于平时只有戒指一种首饰可戴的男士来说，更备受重视。有人甚至强调："手表是男人最重要的首饰。"在西方国家，手表与钢笔、打火机曾被称为成年男子的"三件宝"，是每个男人须臾不可离身之物。

佩戴手表要正确无误，首先要了解，并善于选择手表。选择手表时，通常应注重种类、功能、形状、图案、色彩等五个方面的问题。

(1) 手表的种类。在社交场合中，人们通常依据价格区分。手表种类，如豪华表、高档表、中档表、低档表等。选择手表种类时，首先要量力而行，同时考虑个人职业、场合、交往对象和其他服饰。

(2) 手表的功能。计时是手表的主要功能。正式场合所用的手表，应精确到时、分，能精确到秒更佳。只精确到时的手表，不符合要求。附加的功能，如温度、湿度、风速、血压、步速等，可有可无，以无为好。手表的功能要少而精，有实用为上。

(3) 手表的形状。手表造型往往与其价格、档次有关。正式场合所戴手表应庄重、保守，避免怪异、新潮。尤其是年长者更要注意。正圆形、椭圆形、正方形、长方形及菱形手表，造型庄重、保守，适合正式场合。

(4) 手表的图案。手表上除数字、商标、厂名、品牌外，不应有其他图案。正式场合使用的手表，尤其需要牢记此点。

(5) 手表的色彩。正式场合所戴的手表，其色彩应避免繁杂，宜选择单色或双色手表，不应选择三种及以上颜色的手表。金色、银色、黑色的手表，色彩清晰、高贵、典雅，是最理想的选择。

2. 不符合礼仪规范的手表

在正式交际场合，成年人通常不应佩戴以下不符合礼仪规范的手表。

(1) 失效表。即计时不准确，或不能计时的手表。戴这种手表，不仅无用且可能误事，还会给人留下没有时间观念的印象。

(2) 劣质表。即质地与做工低劣的手表。这种手表日常佩戴尚可，但在正式场合不宜佩戴，以免影响整体形象。

(3) 怀式表。又叫怀表、袋表、链表，具有古典风格，但与现代气息不符，也难以与日常服装搭配。

(4) 广告表。佩戴广告表，有可能被误解为在替人宣传，或给人以爱占小便宜之嫌。

(5) 卡通表。以卡通图形为主，适合少女、儿童，不适合成年男子或庄重场合。

(6) 世界表。即可显示多地时间的手表。戴这种手表的人，可能被认为不切实际、见异思迁。

【知识小链接 4-4】

表针为什么都是右旋的？

在金属钟以前，人们用沙漏和水钟测量时间，更早以前，古人依靠立杆测日。太阳升起后，长杆子的影子会倒向西边，随着太阳向天顶的移动，影子逐渐缩短，并且绕着杆子转动。到了中午，太阳达到最高点，影子最短。中午过后，太阳位于杆子的西侧，杆子的影子则倒向东边，并逐渐变长。杆子的影子无时无刻不在移动，且始终是围绕着立杆点，形成右旋的方向。之所以是右旋，是因为立杆测日的古人是位于北半球，一年中，太阳始终偏向南方。如果古人在南半球立杆测日，影子的转动将与北半球的观测结果相反，即影子会左旋。当人们制造机械表时，已经习惯了以右旋方向来测定时间的流逝，因此自然选择了我们现在使用的开始指针式旋转方式，即右旋方式。

(资料来源：本书作者整理编写.)

三、配饰佩戴的注意事项

(一)恰到好处、点到为止

配饰的佩戴最忌过多、过繁，美上加美并不一定等于最美，过于繁杂的修饰反而可能产生反作用。除了让人感觉张扬与庸俗外，并无真正的美感。例如，戒指一般只戴在左手，而且最好只戴一枚，至多戴两枚。戴两枚戒指时，可戴在左手两个相连的手指上，也可戴在两只手的对应手指上。

商务人员佩戴首饰时，女性选择种类可多一些，但在公共场合一次性佩戴首饰不应超过三件，且场合越正式，配饰越少。配饰的款式应朴素、大方，不宜过于夸张式另类。此外，还要特别注意避免犯忌。例如，在参加葬礼时，女士只适宜佩戴结婚戒指和珍珠项链。男士无论在何种场合，都只适合佩戴结婚戒指。

(二)去粗取精、扬长避短

配饰可起到"画龙点睛"的作用，通过佩戴配饰来突出自己的优点，弥补缺点，突显美感。

例如，耳环是女性的主要首饰，使用率仅次于戒指。佩戴时应根据脸型特点选择耳环。圆形脸不宜佩戴圆形耳环，因为耳环的小圆形与脸的大圆形组合在一起，会突出"圆"的感觉；方形脸也不宜佩戴圆形和方形耳环，因为圆形和方形的对比，会使方形更显方正，圆形更显圆润。

(三) 突显个性、展现优势

佩戴配饰要尽量突出自己的个性，不要盲目跟风。别人戴着好看的东西，并不一定适合自己。例如，西方女性一般嘴大、鼻子高、眼窝深，戴大耳环显得漂亮；东方女性最适合戴小耳环，可展示东方女性的含蓄和儒雅。佩戴项链也应和服装相呼应。例如：身着柔软、飘逸的丝绸裙装时，宜佩戴精致、细巧的项链，显得妩媚动人；穿单色或素色服装时，宜佩戴色泽鲜明的项链。使服装色彩显得丰富、活跃。

(四) 掌握寓意、避免出错

很多人并未意识到配饰佩戴还有一些特殊寓意。无意中戴错，如果被他人按习俗理解，可能在国际交往中造成尴尬场景，导致失礼和误会。手镯和手链的戴法也有不同的暗示寓意，戴在右臂，表示"我未婚"；戴在左臂或两只手臂都戴，表明已婚。

本 章 小 结

服饰是指人的服装穿着与饰品，是人的外在表现，由服装本身及其延伸配饰构成，服装行业中常将其称为人的"第二肌肤"。服饰是一种文化，也是一种文明，作为自然环境和社会环境综合作用的产物，具有多种价值，并发挥着多重功能，其主要功能是保护功能、展示功能和审美功能。

商务人员的服饰打扮应遵循以下原则：TPO原则、服饰整洁正式的原则、服饰展现个性的原则、协调性原则、重视服饰美的完整统一原则。

商务人员在工作时原则上应着正装，特别是在国际性商务活动中。这些正装通常包括西装、套裙、制服及礼服，在选择及穿着正装时，商务人员要严守礼仪。西装美观大方、穿着舒适、造型优美、做工精细，是职场上首选的正式着装。相对于稳重单调的男士着装，女士们的着装则更为丰富多彩。得体的穿着，不仅可以显得更加美丽，还可以体现出一个现代文明人良好修养和独特品位。

配饰指人们在着装时所选择佩戴的装饰性物品。它们在人们的穿着打扮中起着陪衬、辅助、美化的作用。配饰分为服饰和首饰两大类。鞋、帽、围巾、手提包、胸针等属于服饰美；耳环、项链、戒指、手链等属于首饰美。人们佩戴配饰的目的主要是弥补着装上的不足，起"画龙点睛"的作用。配饰要简洁、大方、高雅，并力求同色同质，以符合职业身份和场合要求。

复习思考题

1. 简述 TPO 原则。
2. 请结合实例,谈谈服饰搭配的技巧和经验。
3. 简述男士西装的穿着要求与禁忌。
4. 简述女士着装的注意事项与禁忌。
5. 简述配饰佩戴时的注意事项。

第五章　商务日常见面礼仪

【学习目标】

通过对本章内容的学习，使学生了解称呼礼仪的日常用法与禁忌；掌握问候礼仪的特点与礼貌用语；掌握介绍礼仪的要求与禁忌；掌握握手礼仪规范与要求；掌握名片使用规范。

【重点与难点】

掌握在商务活动中相互介绍、握手、名片使用等礼仪规范的要求与注意事项。

【教学方法】

理论教学、案例分析、课堂示范。

【引导案例】

握手的魅力

玫琳凯·艾施最初是一名推销员，她在一次会议结束后，想和经理握手，但由于和经理寒暄的人太多，她排队等候了三个小时。后来终于轮到她了，可经理在握手时却瞧都不瞧她一眼，而是用眼睛去看她身后的队伍还有多长。善良的玫琳凯很伤心，虽然她知道经理一定很累，可自己也等了三个小时，同样也很累。她的自尊心受到了伤害。于是玫琳凯暗下决心：如果有那么一天，有人排队等着同自己握手，自己一定要把注意力全部集中在对方身上，不管自己有多累。

1963年，玫琳凯自己创办了一家公司。之后，她曾多次站在队伍的尽头同数百人握手，每次都要持续好几个小时。可是无论多累，她总是牢记当年自己握手时受到的冷遇，握手时总是设法同对方说句话，哪怕只有一句，如"我喜欢你的发型"或"你穿的衣服很好看"。她在同每一个人握手时，总是全神贯注，不允许任何事情分散自己的注意力。玫琳凯让与她握手的每人都觉得自己是世界上最重要的人。玫琳凯公司能很快发展壮大，成为世界著名的化妆品公司，这或许也是重要因素之一吧。

(资料来源：王玉苓.商务礼仪案例与实践[M]. 人民邮电出版社，2021.)

日常见面礼仪是指人们在社会交往活动中应具有的相互表示尊重、敬意、亲善和友好的行为规范与惯用形式。好礼如春风，一个会心的微笑、一句温馨的问候，始终是人际交往中怡情悦性的需要。作为一名商务人员，应该了解和掌握人际交往中的基本礼仪，这是加强人际沟通与社会交往、提高员工素质和促进社会文明的需要。在社交活动和日常工作中，人们按照固定的程序，采取适当的行为方式，遵循共同的礼节和仪式，形成了一系列日常交往中的基本礼仪。本章将着重介绍称呼礼仪、问候礼仪、介绍礼仪、握手礼仪和名片使用规范等基本礼仪。

第五章 商务日常见面礼仪

第一节 称呼礼仪

人际交往，礼貌当先；与人交谈，称呼当先。使用称呼，应当谨慎，稍有差错，便贻笑于人。恰当地使用称呼，是社交活动中的一种基本礼貌。

称呼，也叫称谓。称呼指的是人们在日常交往过程中，彼此之间的称呼用语，属于道德范畴。礼仪是在对亲属、朋友、同事或其他有关人员称呼时所使用的一种规范性礼貌语，它能恰当地体现出当事人之间的关系。人们以前对称呼十分讲究，不同的身份、不同的场合、不同的情况有不同的称呼。在当今商界，人们见面后彼此之间的称呼越来越简单化、实用化，反映了快节奏商业生活的要求。

一、称呼的功能

称呼，是人们日常交往中的第一个礼节。一般来讲，它具有三种功能：一是明确功能，其目的是明确打招呼的对象，同时引起对方的注意，如"小张，请来一下"；二是体现双方之间的关系，如"刘经理，您来了"，表明上下级关系；三是明确对方的态度与情感，如"小李""李峰""李峰同志""小峰"等不同称呼就反映了对对方的不同态度和不同情感。在公共关系活动中，更看重第三种功能。

二、日常称呼的用法

在人际交往中，选择正确、适当的称呼，反映着自身的教养、对对方尊敬的程度，甚至还体现着双方关系发展所达到的程度，因此不能随便乱用。正确掌握和运用称呼礼仪，是人际交往中不可缺少的环节。

(一)姓名称呼

我国常用的是姓名称呼。姓名，即一个人的姓氏和名字。姓名称呼是使用比较普遍的一种称呼形式。称呼用法大致有以下几种。

1. 全姓名称呼

全姓名称呼即直呼其姓和名，如"李春明""王国华"等。全姓名称呼有一种庄严感、严肃感，多用于学校、部队或其他郑重场合。一般来说，在年纪、职务相差不大的情况下，可以直呼其名，但是，如果对方比你年长许多或职务相差较大的情况下，指名道姓地称呼对方是不礼貌的，甚至是不尊重的。

2. 名字称呼

名字称呼即省去姓氏，只呼其名字，如"春明""国华"等，这样称呼显得既礼貌又亲切，运用场合比较广泛。

3. 姓氏加修饰称呼

姓氏加修饰称呼即在姓之前加一修饰字，如"老李""小刘"等，这种称呼亲切、真挚。一般用于在一起工作、劳动和生活中相互比较熟悉的同事之间。

过去，除了姓名之外还有字和号，这种情况直到新中国成立前还很普遍。这是相沿已久的一种古风。古时男子20岁取字，女子15岁取字，表示已经成人。平辈之间用字称呼既尊重又文雅，为了尊敬不甚相熟的对方，一般宜以号相称。

【知识小链接5-1】

亲属称呼

亲属称呼是对有亲缘关系的人的称呼，中国古人在亲属称呼上尤为讲究，主要有以下几种。

对长辈、平辈决不称呼姓名、字号，而按与自己的关系称呼，如祖父、父亲、母亲、胞兄、胞妹等。

有姻缘关系的，前面加"姻"字，如姻伯、姻兄、姻妹等。

称别人的亲属时，加"令"或"尊"，如尊翁、令堂、令郎、令爱、令侄等。

对别人称自己的亲属时，前面加"家"，如家父、家母、家叔、家兄、家妹等。

对别人称自己的平辈、晚辈亲属，前面加"敝""舍"或"小"，如敝兄、敝弟，或舍弟、舍侄，小儿、小婿等。

对自己亲属谦称，可加"愚"字，如愚伯、愚岳、愚兄、愚甥、愚侄等。

随着社会的进步，人与人之间的关系发生了巨大变化，原有的亲属、家庭观念也发生了很大的改变。在亲属称呼上已没有那么多讲究，只是书面语言上偶用。现在日常生活中，使用亲属称呼时，一般都是称自己与亲属的关系，十分简洁明了，如爸爸、妈妈、哥哥、弟弟、姐姐、妹妹等。

(资料来源：本书作者整理编写.)

(二)职务称呼

职务称呼就是用所担任的职务作为称呼。这种称呼方式，古已有之，目的是不称呼其姓名、字号，以表尊敬、爱戴，如对杜甫，因他当过工部员外郎而被称"杜工部"，诸葛亮因是蜀国丞相而被称为"诸葛丞相"等。现在人们用职务称呼的现象已相当普遍，目的也是为了表示对对方的尊敬和礼貌。主要有以下三种形式。

1. 职务称呼

为表示尊敬一般称呼为姓加职务，如"李局长""张科长""刘经理""李书记"等。在机关职务称呼中，对姓付的正职领导一般都只称呼职务而不加姓，如姓付的正厅长只称呼厅长而不称呼付厅长或付正厅长，但是对姓郑的副职往往一定要加上姓和职务，如在非正式场合，姓郑的副处长一般称呼郑处长，而不称呼郑副处长。在内部公文行文称呼中，一般名字后加同志二字，名字是两个字的只称呼名字，不加姓，名字是一个字的连名带姓一起称呼，如毛主席称呼周恩来同志为"恩来"、刘少奇同志为"少奇"。

2. 专业技术职务称呼

称呼对方的专业技术职称，如"李教授""张工程师""刘医师"。对工程师、总工程师还可简称为"张工""刘总"等。

3. 职业尊称

职业尊称即用其从事的职业工作当作称呼，如"王老师""韩大夫"，不少行业可以用"师傅"相称。

除了姓名称呼还可以用"您"和"你"。二者有不同的界限，"您"用来称呼长辈、上级和熟识的人，以示尊重；而"你"则用来称呼自家人、熟人、朋友、平辈、晚辈和儿童，表示亲切、友好。

(四)性别称呼

一般按性别的不同可以称呼为"小姐""女士""先生"。其中，未婚者称"小姐"，不明确婚否者则可称"女士"。

对女性未婚者(不论年轻年长)，一般称"小姐"，并冠以她的姓名，如"张丽丽小姐""张小姐"；对已婚者，可以称"夫人"，并冠以丈夫的姓名，如宋庆龄被尊为"孙夫人""孙中山夫人"；不论婚否，对女性的通称是"女士"，一般冠以她自己的姓名，如"宋庆龄女士""陈女士"。当不清楚对方的婚姻情况时，千万不要贸然称她为"夫人"，以免引起不快。

对男性，最普遍的称呼是"先生"，并冠以姓名或职称、衔称等，如"闻一多先生""王先生""行长先生""董事长先生""史密斯先生"。

三、正式场合使用的称呼

在正式场合所使用的称呼，应注意以下两点。

(一)称呼规范

在正式场合中，人们所使用的称呼有其特殊性。通常有五种称呼方式被广泛使用。

(1) 称呼行政职务：在人际交往中，尤其是在对外界的交往中，此类称呼最为常用。意在表示交往双方身份有别。

(2) 称呼技术职称：对于具有技术职称者，特别是具有高级、中级技术职称者，在工作中可直称其技术职称，以示对其敬意有加。

(3) 称呼职业名称：一般来说，直接称呼职业名称，往往都是可行的。

(4) 称呼通行尊称：也称为泛尊称，通常适用于各类被称呼者，如同志、先生等，都属于通行称呼。

(5) 称呼对方姓名：称呼同事、熟人，可以直接称呼其姓名，以示关系亲近。但对尊长、外人，显然不可如此。

(二)称呼禁忌

1. 庸俗的称呼

在正式场合有些称呼不适合使用。假如采用低级庸俗的称呼,既失礼,又失自己的身份。例如,"死党""铁哥们儿"一类的称呼,显得层次不高。

2. 称呼他人的绰号

在任何情况下,当面以绰号称呼他人,都是不尊重对方的表现。对于关系一般的,不要自作主张给对方起外号,更不能用道听途说来的外号去称呼对方,也不能随便拿别人的姓名乱开玩笑。

3. 地域性称呼

有些称呼,如师傅、小鬼等,具有地域性特征,不宜滥用。比如山东人喜欢称呼"伙计",但在南方人听来"伙计"肯定是"打工仔"。

4. 简化性称呼

在正式场合,有不少称呼不宜随意简化。例如,不宜把张局长、王处长称为张局、王处,这样就显得既不伦不类,又不礼貌。

5. 称呼错误

常见的错误称呼包括误读或是误会。

误读也就是念错姓名。为了避免这种情况的发生,对于不认识的字,事先要有所准备;如果是临时遇到,就要谦虚请教。

误会,主要是对被称呼人的年纪、辈分、婚否以及与其他人的关系做出了错误判断。比如,将未婚妇女称为"夫人",就属于误会。

【案例阅读 5-1】

> **服务人员的不当称呼**
>
> 一天,有位斯里兰卡客人来到南京的一家宾馆准备住宿。前厅服务人员为了确认客人的身份,在办理相关手续及核对证件时花费了较多的时间。看到客人等得有些不耐烦了,前厅服务人员使用中文跟陪同客人的女士作解释,希望能够通过她使对方谅解。谈话中他习惯地用了"老外"这个词来称呼客人。谁料这位女士听到这个称呼,立刻沉下脸来,表示了极大的不满,原来这位女士不是别人,而是客人的妻子,她认为服务人员的称呼太不礼貌了。见此情形,有关人员及这位服务人员随即赔礼道歉,但客人的心情已经大受影响,并且始终不能释怀,甚至对这家宾馆产生了不良的印象。

(资料来源:本书作者整理编写)

四、国际交往中的称呼习惯

由于世界各国文化背景不同,称呼语会有一些不同的要求。必须掌握不同的称呼,以

第五章 商务日常见面礼仪

减少冲突和摩擦。例如,法国的高露洁公司,员工反映他们与总公司在1999年指定的美国经理之间无法沟通,其中一条理由是美国经理直接称呼法国工联主义者们的名字,拍他们的肩膀,让他们有被亵渎的感觉。在法国,只有最亲近的人之间才直呼其名,才有这样的亲近表示。

(一)国际商务交往中一般的称呼礼俗

在国际交往中,对地位高的官方人士,按国家习惯可称"阁下"或以职衔加先生相称,如曼丽小姐、维尔逊夫人、市长先生等。对医生、教授、法官、律师及博士等,可单独称之,同时可加上姓氏或先生。

与法国人的社交中,称呼对方时直称其姓,并冠以"先生""小姐""夫人"等尊称。唯有区别同姓之人时,方可姓与名兼称。德国人在交谈中很讲究礼貌。他们比较看重身份,特别是看重法官、律师、医生、博士、教授一类具有社会地位的头衔。对于普通的德国人,应多以"先生""小姐""夫人"等称呼相称。

【知识小链接5-2】

不同国家的姓名组合和排列

不同的国家其姓名的组合和排列很不一样,有的名在前、姓在后,有的姓在前、名在后,有的中间还夹有父名和祖父名,有的带有冠词、称号等,必须弄清楚,以免称呼错了,冒犯人家。例如,英美人是名在前,姓在后,妇女在婚前一般用自己的名字,婚后一般是自己的名加丈夫的姓。如玛丽•怀特女士与约翰•维尔逊先生结婚后,女方姓名便为玛丽•维尔逊。书写时,名字可缩写为首字母,而姓不能缩写。西班牙、葡萄牙人姓名常有三四节,前两节为本人名字。西班牙人倒数第二节为父姓,最后一节为母姓;葡萄牙人正相反,倒数第二节是母姓,最后一节为父姓。简称时一般用个人名加父姓。

(资料来源:本节作者整理编写.)

(二)国际商务交往中正确称呼的注意事项

第一,正确使用教名。例如美国、法国、英国等国家的人,喜欢叫别人的教名或爱称,但在非常正式的场合,还是用正式称呼最恰当。在平时,除非被告知如何称呼,否则不可直接称别人的教名。

第二,专业职务与行政职务的对比。在欧洲,专业职务比公司行政职务更重要。专业职务,即通过学术地位而赢得的头衔,如工程师等,行政头衔是公司授予的头衔,如经理。

第三,在德国诸如"先生""夫人"的称呼置于头衔之前,且两者兼用,在意大利,如果你有博士学位,就可以在你的姓名之前加"Doctor"的头衔,如果是女性,则加"Doctresses"。菲律宾人也把职务、头衔与他们的姓氏一起使用。此外,公司内的头衔在不同国家含义也是不同的,如英国人所说的公司总经理相当于美国的公司总裁。

第四,注意发音。问别人的名字怎么念似乎会使人尴尬,但是在大多数场合,人们认为这样做很正常并且显得恭敬。为了防止念错,还不如嘴勤快一点,多请教对方该怎么念。

第五,仔细倾听别人的介绍。别人的介绍也会提示称呼他的正确方式。

第二节 问候礼仪

问候，也称问好。见面问候是向他人表示尊重的一种方式。通常认为，一个人在接触他人时，不主动问候对方，或者对对方的问候不予回应，便是十分失礼的。

问候是对他人友好或者关心的表示，目的是使人际关系融洽。见面问候虽然只是打招呼、寒暄或是简单的三言两语，却代表着我们对他人的尊重。在向他人问候时需要注意以下几个方面。

一、问候的次序

问候可分为两种：一种是当面问候致意，又称打招呼；另一种是远方的问候。主动地向人打招呼，这是尊重他人的表示。熟人相遇，朋友相见，都离不开相互问候，如果毫无表示，或漫不经心，无意间造成无礼行为，会使双方不快。

正式会面时，宾主之间的问候，在具体的次序上有一定的要求。一般男性应先向女性问候(双方年龄、职务相仿)，年轻的应先向年长的问候，下级应先向上级问候。

两人间的问候，通常应为"位低者先行"，即双方之间身份较低者首先问候身份较高者。

一个人问候多个人时，既可以笼统地加以问候，比如说"大家好"；也可以逐个加以问候。当逐一问候许多人时，既可以由"尊"而"卑"、由长及幼地依次而行，也可以由近及远地依次而行。

二、问候的内容

问候的内容按问候的方式可分为直接式问候内容和间接式问候内容。

一是直接式问候，就是直接以问好作为问候的主要内容。它适用于正式的交往场合，特别是在初次接触的陌生商务及社交场合，如"您好""大家好""早上好"等。

二是间接式问候，主要适用于非正式、熟人之间的交往，是以某些约定俗语成的问候语，或者在当时条件下可以引起的话题，如"最近过得怎样""忙什么呢""您去哪里"等，来替代直接式问好。

三、问候的态度

问候是对他人表示敬意的一种行为，在态度上要注意以下几点。

一是要主动。问候他人时，要积极、主动。同样，当别人首先问候自己之后，要立即予以回应，千万不要摆出一副高不可攀的样子。

二是要热情。问候他人时，要热情、友好、真诚。毫无表情的问候是不礼貌的。

三是要大方。问候他人时，不仅要有主动、热情的态度，而且要表现得大大方方。

四是要专注。问候他人时候，要面含笑意，与他人有正面的眼神交流，以做到眼到、口到、意到。不要在问候对方的时候，目光游离、东张西望，这样会让对方不知所措。

四、问候的种类

问候的种类有如下两种。

一是语言问候。一般熟人相见，使用频率最高的问候语首推"您好！"，另如"好久没见，近来可好？"等。问候语应根据不同场合、不同对象而灵活变化。总的原则是越简单越好。随着社会的发展进步，人们越来越多地使用"您好！"来表达见面时的问候。

二是动作问候。动作问候有点头、微笑、握手、拥抱、吻礼、鞠躬等。与外国人见面时，视对象、场合不同，礼节也不同。对日本等多数东方国家来说，鞠躬是最常见的。对日本、韩国人的鞠躬礼，必须同样还礼。欧洲人则更喜欢拥抱的礼节，有时还伴以贴面和亲吻，要注意不可吻出声音。在商务活动中，一般不行此礼。对德国和意大利客人，握手很正式。对英国客人，最好不要有身体接触。对美洲客人，握手和拥抱很频繁。阿拉伯等伊斯兰国家在社交场合中握手后还要在对方脸颊上亲吻，需同样回敬。印度人双手合拢放在胸前表示欢迎客人。美洲人都很喜欢小孩子，见到孩子时都会拍拍他的头或抚摸一下作为问候。但在其他一些国家，如日本、印度，只有很亲密的人才会有这种体语。在东南亚的国家，如泰国、马来西亚和一些伊斯兰国家，头被认为是神圣的，是智慧和精神力量的源泉，拍头部意味着侮辱，即使拍背部也是不恰当的。

五、问候时常用的礼貌用语

在商务活动问候过程中，商务人员应多用、善用礼貌用语。它是尊人与尊己的手段，是展示个人风度与能力必不可少的途径之一。一般来说，主要的问候语有下列这些：早上好、下午好、晚上好、你好等。这些问候语一般在一天当中适时使用。其他问候语有：拜托语，如"请多关照""拜托了"；慰问语，如"您辛苦了""受累了"；同情语，如"真难为你了""让你受苦了"；挂念语，如"你现在还好吗？生活愉快吗？"；初次见面，说"久仰"；好久不见，说"久违"；看望别人用"拜访"；宾客来临说"欢迎光临"。

第三节　介绍礼仪

介绍礼仪

人际交往，特别是初次交往中，介绍是一种最基本、最常规的沟通方式，是商务活动开始的标志，是建立关系的起点。同时也是人与人之间相互了解沟通的出发点。介绍，是人际交往和商务活动中与他人进行沟通、增进了解、建立联系的一种最基本的社交形式。恰当地利用介绍，不仅可以缩短人们之间的距离，扩大自己的交际圈，而且有助于自我展示、自我宣传，促进工作的顺利展开。

成功的介绍会给整个商务交际营造融洽的气氛，并为进一步交谈做好铺垫。所以，关于介绍礼仪，最重要的还是要掌握介绍的原则、方法和技巧，它们会帮助你应对复杂的介绍场面。在日常生活、工作与商务活动中，应掌握的介绍主要有以下三种形式。

一、自我介绍

自我介绍是指在社交活动和商务交往中欲结识对方而又无人引荐时,自报家门,将自己介绍给对方。自我介绍是跨入社交圈、结交更多朋友的第一步。学会自我介绍,可以树立自信、良好的个人形象。如何介绍自己,如何给他人留下深刻的印象,可以说是一门艺术。自我介绍前,应先向对方点头致意,得到回应后再进行自我介绍。

(一)进行自我介绍的要求

1. 自我介绍的内容要真实、形式要标准

介绍自己时所表述的各项内容,首先应当实事求是、真实可靠。介绍自己时,既没必要自吹自擂,也没必要过分自谦。

自我介绍形式之一是应酬型的自我介绍,它仅含本人姓名这一项内容,主要适用于一面之交、不用深交者;形式之二是公务型的自我介绍,它通常由本人的单位、部门、职务、姓名等内容构成,并且不可缺少其中之一,这种形式主要适用于正式的因公交往。

2. 恰当地选择自我介绍的方式

根据不同的目的和场合,常见的介绍方式主要有以下几种。

(1) 应酬式。适用于一般性的社交场合,内容简洁明了,可根据不同的场合而有所侧重,如参加校友会:

"您好,我叫王明,是2019级会计学专业的。"

"您好,我叫李月,是2019级金融学专业的。"

参加工作性的洽谈会:

"您好,我叫王明,是××银行苏州分行的业务经理。"

"您好,我叫李月,是××保险公司苏州分公司总经理秘书。"

(2) 交流式。用于希望与对方进一步交流与沟通时,介绍内容包括自己的姓名、工作职务、兴趣爱好甚至籍贯、熟人等。例如:

"您好,我叫王明,在××银行苏州分行上班。我是扬州人,同李月是老乡。"

"您好,我叫张可,是李月的同事,也在××保险公司苏州分公司。和您一样,是从事业务工作的。"

(3) 礼仪式。若在讲座、报告、参观访问、庆典、仪式等正规隆重的场合向出席人员介绍自己时,除基本要素外,内容中还可以加一些适当的谦辞和敬语。

例如,"尊敬的各位来宾,大家好!欢迎来本公司参加业务洽谈。我叫李月,是××保险公司苏州分公司总经理秘书。请允许我代表本公司热烈欢迎大家的到来……。"

此外,自我介绍还可以借助赠送名片进行。

(二)自我介绍时需注意的事项

1. 善于观察,把握时机

在进行自我介绍时,应首先考虑时机是否适合进行自我介绍,要注意对方是否空闲,

第五章 商务日常见面礼仪

情绪如何，有无交谈的兴趣，正在休息、用餐、忙于处理事务时，切忌去打扰，以免尴尬。还要注意，如果有介绍人在场，那自我介绍将被视为不礼貌的。

2. 言词简洁、时间简短

在介绍自己时，理当有意识地抓住重点，语言要简洁，语义要明了，努力节省时间。自我介绍的时间一般控制在半分钟左右，若无特殊原因，是不宜超过 1 分钟的。内容较多时，可借助简历、名片、介绍信等作辅助说明。

3. 态度诚恳、内容真实

自我介绍的态度要自然、友善、亲切、随和，给人的感觉是落落大方、彬彬有礼、不卑不亢。同时自我介绍的内容要实事求是、真实可信，千万不要夸大其词。

二、介绍他人

介绍他人，是经第三方为彼此不相识的双方进行引荐、介绍的一种交际方式。介绍他人经常是双向的，介绍人要将被介绍人双方各做一番介绍。恰当地介绍他人是商务人员必备的礼仪技巧，如果你在商务场合中不善于介绍他人，那么就会面临一种尴尬的场面，让客人拘谨，让你的朋友不舒服，不利于社交和商务活动的顺利进行。

在以下情况时，需要考虑为他人进行介绍。

- 与某人外出，路遇与其不相识的同事或朋友。
- 在固定场所，接待彼此互不相识的来宾。
- 推荐、介绍某人加入某一方面的交际。
- 陪同亲友去拜访其不相识者。
- 受邀为他人做介绍时。

(一)介绍的顺序

从礼仪上来讲，介绍他人时，最重要的是确定被介绍双方的先后顺序。也就是说，在介绍他人时，介绍者具体应当先介绍谁、后介绍谁是十分重要的。标准的做法是，"尊者居后，即为他人作介绍时，先要具体分析一下被介绍双方身份的高低，应首先介绍身份低者，然后介绍身份高者。一般介绍的顺序如下：

- 先把男士介绍给女士(双方年龄、职务相仿)。
- 先把晚辈介绍给长辈。
- 先把职位低者介绍给职位高者。
- 先把主人介绍给客人。
- 先把晚到者介绍给早到者。
- 先把家人介绍给外人。
- 先把未婚的介绍给已婚的。
- 先把下级介绍给上级。

介绍别人时，还要注意体态语和副语言的文明礼貌，手势动作要文雅，无论介绍哪一方，都要面带微笑，仪态从容大方，口齿清晰，语音适中。注意斜伸出右手，五指并拢，掌心向上，指向被介绍的一方。

(二)介绍他人的方法

为他人作介绍，首先应了解双方是否有结识的愿望，切不可冒昧引见，尤其在双方职位或地位相差悬殊的情况下。最客气的介绍方法是以询问的口气问，如"王总，我可以介绍李明和您认识吗？"等。如对方同意，那么正式介绍时，先向双方打招呼，然后用"李总经理，请允许我介绍一下……""刘老，请允许我向您介绍……"的句式打头；在非正式的场合，也可用"来，和张行长见个面"，"宋经理，这位是……"的句式。在介绍时先提某人的名字是对他或她的一种敬意。

介绍时，双方都应起立，以示尊重和礼貌。介绍完毕，被介绍双方应微笑点头，由尊者主动握手致意，并说声"您好""幸会"一类的客套话。介绍如在会议桌、宴会桌旁进行，可不必起立，被介绍双方点头微笑或举右手致意即可。

介绍男女宾客相识时，如果双方年龄，职业相仿，介绍人应将男性先介绍给女性，不可把女性拉到男性面前介绍。男性被介绍给女性时，不论女性是站还是坐，男性应该先点头、欠一下身子，然后等女方反应，如女方不主动伸出手来，那么男方不宜先伸手去握。

积极地介绍他人。体现为两点：第一，在介绍别人时，对其个人情况应做出客观或积极的评价。可以将被介绍人的爱好、兴趣、特长等能代表其独特个性的方面介绍一下，让别人更容易记住他的名字和个性，这也是人际交往的艺术；第二，可以积极地表扬被介绍人或肯定其某项特长，如"李博士是我们这儿的公关专家"，这是建立良好商务交往关系的秘诀。

(三)介绍他人时的注意事项

介绍的信息量要适当，言简意赅，太简单不行，太繁杂也让人不得要领。只要你所提供的信息能使交谈继续进行下去即可。一般来讲，除姓名、身份外，可简单说明双方见面的目的，等双方彼此问候，开始交谈时，介绍人再借故走开。

介绍时，注意掌握分寸，不要涉及被介绍者的私人生活及隐私问题，也不要涉及人际纠纷。同时设法记住对方的姓名，以便交谈时称呼；人数较多的场合，在接到别人的名片时，可以将名片放在桌子上，以便随时能叫上来对方的名字，让人感到你的尊敬之意。

做介绍时，动作不宜很夸张，如果过于夸张，别人就会认为你缺乏诚意，或者比较虚伪，容易产生误会。同时，应该礼貌地对待双方，不能厚此薄彼。介绍一方时，应微笑着用自己的视线把另一方的注意力引导过来。介绍时，语速不要过快，声音要尽量清晰，让人听明白你在说什么。要热情、大方，不要扭扭捏捏。

不要在双方忙着工作或者心情不好的时候做介绍，这样会影响介绍的效果。不要使用不恰当的称呼，更不要说错被介绍者的姓名、身份、职位等。不要对被介绍者过度吹捧，也不要有意贬低被介绍者，要实事求是。

介绍不同国籍的人士相识时，要注意双方所属国家的邦交情况及风俗文化的不同。介绍时要注意用正确的手势。

三、介绍集体

　　介绍集体，实际上是介绍他人的一种特殊情况，它是指被介绍的一方或者双方不止一人而是多人时的情况。介绍集体时，被介绍双方的先后顺序至关重要。可分为两种基本形式。

　　一是单向介绍。当被介绍双方中的一方为一个人，另一方为集体时，往往可以只把个人介绍给集体，而不必再向个人介绍集体。

　　二是双向介绍。双向式是指被介绍的双方皆为集体，在进行具体介绍时，双方的全体人员均应被正式介绍。在公务交往中，常规做法是，应由主方负责人首先出面，依照主方在场者具体职务的高低，自高而低地依次对其进行介绍。接下来，再由客方负责人出面，依照客方在场者具体职务的高低，自高而低地依次对其进行介绍。

第四节　握 手 礼 仪

握手礼仪

　　在商务交往中，常用的见面礼节是握手。握手是在人际社交活动中使用频率最高、适用范围最广泛的一种礼仪。无论认识与否、年长或年轻、见面或道别、感谢或祝贺、鼓励或慰问，都可以施行握手礼，这是人们见面互相致意的最普通、最常用的方式。

　　据说，握手起源于古代，人们见面时伸出右手，表明自己没有握着武器，是一种友善的表示，象征着信任。如今，握手也象征着信任和尊敬。握手通常是与他人的第一次身体接触，它给人带来的感觉，以及由此引发的认识和评价，与握手的礼仪有直接关系。即在轻轻一握之中，可以传达出热情的问候、真诚的祝愿、由衷的感谢，也可以传达出虚情假意、敷衍应付、冷漠与轻视。所以，我们应予以重视。应掌握握手的正确方式、次序、力度、时间和禁忌等，避免不礼貌的握手方式。

一、握手的伸手顺序

　　握手的先后顺序很有讲究。一般情况下，讲究的是"尊者在先"，即通常应由握手双方中身份较高者首先伸出手来；反之则是失礼的。

　　握手的伸手顺序具体如下。

- 女士同男士握手时(双方年龄、职务相仿)，应由女士首先伸手。
- 长辈同晚辈握手时，应由长辈首先伸手。
- 上级同下级握手时，应由上级首先伸手。
- 已婚者与未婚者握手时，应由已婚者首先伸手。
- 年长者与年轻者握手时，应由年长者首先伸手。年龄、身份相仿时，双方伸手可不分先后。
- 宾主之间的握手则较为特殊。正确的做法是：客人抵达时，应由主人首先伸手，以示欢迎之意；客人告辞时，则应由客人首先伸手，以示主人可就此留步。

- 社交场合的先至者与后来者握手，应由先至者首先伸手。
- 在正规场合，当一个人有必要与多人一一握手时，既可以由"尊"而"卑"地依次进行，也可以由近而远地逐渐进行。

二、握手的规范要求

第一，握手时的神态。与他人握手时，应当神态专注、认真、友好。在正常情况下，握手时应热情友好地目视对方双眼，面含笑容，并且同时问候对方。最好边握手边问候致意："您好！""见到您很高兴！""欢迎您！""非常感谢！"等。

第二，握手的姿势。与人握手时，一般均应起身站立，迎向对方，在距其1米左右伸出右手，一般双方之间的距离为一步，两足立正，上身稍向前倾，伸出右手，四指并齐，拇指张开，虎口与对方的虎口相对，肘关节微屈与对方相握，并且目视对方，上下微微起伏两三次后，双方的手分开恢复原状。单手相握是最普通的握手方式，有时也可用双手，表示特别热情或尊敬。双手握一般只适用于年轻者对年长者、身份低者对身份高者，男子对女子一般不用这种礼节。

第三，握手的力度。握手时最佳的做法是要稍微用力，以表示热情友善。用力既不可过轻，也不可过重。若用力过轻，有怠慢对方之嫌；不看对象而用力过重，拿出要把别人的手给捏碎的水准，会使对方难以接受而生反感。

第四，握手的时间。一般来讲，握手要坚定有力，上下晃动两三下即可。在普通场合与别人握手的时间以3～5秒为宜，最长不超过30秒。如初次见面，以不超过5秒为宜。与女士握手时间不宜过长，握住女士的手不放，是很不礼貌的。如果是交情好的朋友，时间可以适当长一点，以示热情。如初次见面，礼节性地握一下就可以了。

第五，握手的场合。通常下述所列举的情况都是适合握手的场合。
- 遇到较长时间没见面的熟人。
- 在比较正式的场合和认识的人道别。
- 在以本人作为东道主的社交场合，迎接或送别来访者时。
- 拜访他人后，在辞行的时候。
- 被介绍给不认识的人时。
- 在社交场，偶然遇上亲朋好友或上司的时候。
- 别人给予你一定的支持、鼓励或帮助时。
- 表示感谢、恭喜、祝贺时。
- 对别人表示理解、支持、肯定时。
- 得知别人患病、失恋、失业、降职或受其他挫折时。
- 向别人赠送礼品或颁发奖品时。

此外，有两种情况不适宜握手。第一种情况：当对方(或自己)双手满是东西时，不宜握手；第二种情况：当对方职务、级别比你高许多，而你又没有什么话要对他说，这种情况下，如果刻意上前与之握手并介绍自己，便显得别有用心或有巴结之嫌了。

三、握手禁忌

忌用左手与人握手。握手宜用右手，以左手握手被普遍认为是失礼之举。尤其是和阿拉伯人、印度人打交道时要牢记，因为在他们看来左手是不洁的。

忌交叉握手。在和基督教信徒交往时，要避免两人握手时与另外两人相握的手形成交叉状，这种形状类似十字架，在他们眼里这是很不吉利的。

忌戴手套、墨镜与人握手。只有女士在社交场合戴着薄纱手套与人握手，才是被允许的。握手时一定要提前摘下墨镜，不然就有防人之嫌。

忌手脏与人握手。一般情况下，与人相握的手应保持干净，以脏手与人相握是不当的。

忌握手时左手插在裤袋或手里拿着东西，不要边握手边拍人家的肩头，不要在握手时眼看着别处或与他人打招呼。

忌握手时面无表情、不置一词或长篇大论、点头哈腰、过分客套。

忌坐着握手，要站着握手，年老体弱或者有残疾者除外。

忌握手时仅仅握住对方的手指尖，好像有意与对方保持距离。

忌握手时把对方的手拉过来、推过去，或者上下左右抖个没完。

忌拒绝握手，拒绝别人伸出来的手是非常失礼的，但如果是因为感冒或其他疾病，或者手脏、汗湿，也可以谢绝握手。要和对方解释一下，以免造成不必要的误会。

【知识小链接5-3】

世界各国的握手习惯

不同国家握手的方式、方法不太一样。握手时谁先伸手、用单手握还是用双手握以及是否应与女性握手都应依据各地风俗而定。握手的力量、时间也是因地而异。此外，各国对握手的重视程度也大不相同。当你出访异国时，最好遵循当地人习惯的问候方式。同样，在招待外国友人时，一个熟悉的问候会使他深感亲切和温馨。

在哥伦比亚，男性进屋或离开时，须与在场的每一个人握手，以示礼貌；女性也须与在场的每一位女性握手为礼。日本人习惯轻轻地握手，这并不代表虚弱，在日本，要注意他人的暗示，以决定是握手、鞠躬还是两者兼用。在韩国，握手就足矣。有力、稳健、上下摇动两至三次，这是标准的美式握手，而在欧洲并不适用。欧洲人只是用力适中地轻握一下就够了。为谨慎起见，握手时一定用右手，而不要用左手，因为在非洲、亚洲和中东一些地区，人们忌讳使用左手，认为它是"不洁净的手"。在阿拉伯国家，男性每天都要握好多次手，即使刚分手又见面也不例外，他们先与最重要的人握手，再与其他人依次握手，并始终注视着对方。此外，男子不主动与妇女握手，所以，女士要注意不要主动要求与阿拉伯人握手。不过在与女士握手时，一些男子会把手缩到袖子里面，隔着衣服将手伸出，这是为了避免肌肤的接触。女士她可以隔着垂下的袖子与他们握手。印度男子通常也不与女士握手。世界各地的犹太教虔诚派男子也是如此，因为教规规定他们不能触摸妻子以外的其他女士。在瑞典、俄罗斯、德国、法国、比利时和包括东欧在内的其他许多欧洲国家，当你到达和离开时必须与每一个人握手，切忌在中途停止。握手时应从地位最高或年岁最大的人开始。地位最高的人一般会先伸出手。特别是当你离开的时候，不要只简单地挥手道别，一定要握手。

握手是表示谈判成功的符号，但不具有法律效力。尽管握手是一种愿意缔结协议、合约的象征，但依靠法律文件达成共识正逐渐为更多的人所接受。以前人们认为，握手意味着谈判成功，现在，这种象征意义却被具有法律效力的协议和合同所取代。

(资料来源：本书作者整理编写.)

第五节 名片的设计及使用礼仪

初次相识，或是做自我介绍时，往往需要互递名片。名片是现代社交和商务活动中使用最为频繁的工具之一，名片被人称为自我的"介绍信"和社交的"联谊卡"，具有证明身份、广交朋友、联络情感、表达情谊等多种功能。

商务人员需要知道如何正确交换名片，因为所有的商业接触都需要名片。例如有的名片公司，要求员工"不带名片不要出门。"在商业交往领域，我们必须使用名片，并且还要有一定的规矩。

一、商务名片的设计

(一)设计与制作名片时的注意事项

1. 尺寸要规范

名片要按规范尺寸设计并制作，我国名片的规格是宽为 5.5cm、长为 9cm；国际通常是宽为 6cm，长为 10cm。颜色也可各异，一般以浅淡为好，宜用单色，如白色、浅黄、浅蓝等。名片上最好不要出现与本人从事职业无关的图案。不要印本人的照片。纸张质地可粗可细，只要字迹清楚且符合形象及行业特征即可。

双面名片对于经常出国做生意的人是很有帮助的。一面可以全用英文，另一面则使用所在国的文字。有些人在信函中附上铅印的名片，镌版印刷的名片则在亲自出示时使用或只赠予贵客。名片上的字体可横排也可竖排。总之，以简洁、雅致、美观为要。

商务人员的名片在设计与制作时应符合传统、得体、规范的标准，不可过于另类。

2. 不提供私宅电话

国际礼仪中有一条很重要的交往原则，那就是尊重他人的隐私权。这也是涉外礼仪和我国传统礼仪的一大区别。隐私权也适用于名片的设计与制作，即不公开提供个人私宅电话。有教养、有身份的人是不可以向他人索取私宅电话的。

3. 不提供两个以上头衔

规范的商用名片上最好不要出现两个以上的头衔，"闻道有先后，术业有专攻"，如果一张名片上的头衔过多，则会给客商以三心二意、用心不专、骗人之感。为此，很多外国商人，特别是那些有地位、有身份的人，身上会带有好几种名片，在对不同的交往对象强调自己不同身份的时候，使用不同名片。

第五章　商务日常见面礼仪

4. 不随意涂改

有些商务人员在手机号码更换后，为"节约"，图省事，直接在名片上划掉旧手机号再写新手机号码，十分影响名片的美观。在国际性商务往来中，重视名片如脸面，脸面当然是不可以任意涂改的，否则将会贻笑大方。

(二)名片上的基本内容

一张形象效果俱佳的名片应包括以下几项内容。
- 姓名、职务、公司名称。
- 公司标志、商标或徽记。
- 公司地址、电话号码、传真号码。
- 若有必要，可印上其他办事处的地址。
- 背面印上经营范围、项目等。

二、使用名片的礼仪

在商务场合，没有名片，将被视为没有社会地位。国际商务交往中若拿不出名片，很有可能被对方怀疑身份的真假。不随身携带名片，也常被商务人员看成是不懂得尊重别人。因此，名片不仅要有，而且要随身携带，更要注意名片的使用礼仪。

(一)把握好出示名片的时机

递送名片要掌握适宜时机，只有在确有必要时递送名片，才会令名片发挥功效。递送名片一般应选择初识之际或分别之时，不宜过早或过迟。不要在用餐、观赏戏剧、跳舞之时递送名片，也不要在大庭广众之下向多位陌生人递送名片。

商务活动中，一般在下列情况下可以递送名片。

当你与某人第一次见面时，要递送一张名片，表明你有与对方继续保持联络的意向。

展览会或展销会开始时，互换名片是一种传统，表示非正式的业务往来已经开始。

刚到办公室的访客也会向接待者出示名片，以便被介绍或引见给有关人员。等见到主人时，还应再递上一张名片。此时，商务名片实质上起到了社交名片的作用，既表明了你的身份，还显示了你有进行业务往来的意向。

在宾客较多的场合，一开始就接受名片可帮助你及早了解来客的身份。比如会议上来了许多代表，而你对他们的姓名职务都不太清楚，那么在会议开始前就应向他们索要名片，然后把名片摆放在桌上当座位图使用。

去拜访某人时，如果主人没有出示名片，客人可在道别前索要。如果主人的名片就放在桌上的名片盒中，应首先征求同意然后再取出一张。你可以递上两张名片，一张给主人，另一张给秘书。当然你也可以索要两张名片：一张存放在你自己的名片夹里；另一张可装订在客户卷宗里。

除非自己想主动与人结识，否则名片务必要在交往双方均有结识对方并建立联系的意愿下递送。这种愿望往往会通过"幸会""认识你很高兴"等一类谦语以及表情等非语言符号体现出来。如果双方或一方并没有这种愿望，则无须递送名片；否则会有故意炫耀、强加于人之嫌。

(二)递送名片的礼仪

商务人员在递送名片时，需掌握以下几个要点。

1. 递送名片的时机

应事先把名片准备好，放在易于取出的地方；同时要掌握好递送名片的时机。初见面时递送，表示介绍、认识；谈得较为融洽时递送，显得有诚意；道别时传送名片，表示希望与对方再次见面。不同的时间、目的、效果会不一样。

初次相识，双方经介绍后，则可送给对方。如果是事先约定好的面谈，或事先双方都有所了解，不一定忙着交换名片，可在交际结束、临别之时取出名片递给对方，以加深印象，表示愿意保持联络的诚意。

2. 递送名片的动作要领

向对方递送名片时，需站立，双手呈上，用双手的大拇指和食指拿住名片上端的两个角，名片的正面文字向着对方，以便对方阅读。一边递交，一边清楚地说出自己的姓名，并面带微笑，以恭敬的态度友好地目视对方，并用诚挚的语调说"这是我的名片，请多指教"等。切勿以左手持名片。递交名片的整个过程应当谦逊有礼、郑重大方。

3. 递送名片的顺序

双方交换名片时，遵循"尊者居后"的规则，通常的顺序应为位低者先把名片递交给位高者，晚辈应先把名片递交给长辈。不过，假如是对方先拿出名片来，自己也无须谦让，应该大方收下，然后再回送。同时向多人递名片时，可按由尊而卑或者由近而远的顺序，或顺时针或逆时针方向依次递送。以独立身份参加活动的来宾，都应该递送名片，切勿跳跃式进行递送，甚至遗漏其中某些人，以免使人产生厚此薄彼之感。

(三)接受名片的礼仪

接受他人名片时，应掌握以下几个要点。

1. 态度恭敬谦和

接受他人名片时，不论有多忙，都要暂停手中一切事情，并起身站立相迎，面含微笑，眼睛要友好地注视对方，并口称"谢谢"，然后双手并用或用右手将对方的名片郑重其事地接过来。在交往中最忌讳用左手递送和接受名片，如果单手也要用右手。一定要表现出自己的恭敬、重视、诚恳之意。

2. 认真阅读

接过名片后，先向对方致谢，不要立即收起来，也不应随意玩弄和摆放，应捧到面前，从头至尾认真地看一遍，最好能将对方的重要信息轻声地读出来，以示敬重，看不明白的地方可以及时向对方请教。接受了对方的名片，看也不看一眼就装入口袋，或者随手扔一边，甚至压上其他东西，都会被对方认为是一种不恭敬的行为。

第五章　商务日常见面礼仪

3. 妥善收存

接到他人名片后，应郑重收藏于自己的名片夹或上衣口袋里，或者办公室显眼的位置，且应与本人名片区别放置。切勿将其随意乱丢乱放、乱揉乱折，或拿在手里随便摆弄，更不要装入裤子后面的口袋或交予别人，这都是无礼的行为。

4. 及时回递

接受名片并妥善收好后，应随之递上自己的名片。如果自己没有名片，名片用完或者没带名片，应当先向对方表示歉意，再如实说明原因。例如，"对不起，今天我带的名片用完了"。如果接受了对方的名片，而不递上自己的名片，也不说明原因，是非常失礼的。

(四) 名片的存放、携带

1. 名片的存放

在国外，商务人员的名片放在什么地方是很有讲究的，通常应放在专用的名片包里，也可放少量名片在所穿着的西装上衣内侧口袋里。作为白领女性，一般应将个人名片放在随身携带的坤包里，与包里其他放物品的区域分开，最好是一伸手便可拿出来。在办公室时还可放于名片架或办公桌内。切不可随便放在钱包、裤袋之内。放置名片的位置要固定，以免需要名片时东找西寻，显得毫无准备。

2. 名片的携带

商务人员参加正式的商务活动之前，都应随身携带自己的名片，以备商务交往之用。应注意：一是足量够用，分门别类，根据不同交往对象使用不同名片；二是完好无损，可以使用名片夹，切不可出现褶皱、污损、涂改的情况。

(五) 熟知名片的特殊用途

在国际交往中，名片有多种特殊用途：如寄送礼物时可将名片附在其中，赠送鲜花或花篮时可将名片附在其上；在非正式的邀请中可用名片代替请柬；可以用名片向亲朋好友通知本人的有关变动；拜访好友或相识的人而未相遇时，可用名片作留帖；也可用于礼品或书信的收条；当朋友有重要的庆典活动时，可寄一张名片附上祝贺话语作为对朋友的祝贺等。

【知识小链接 5-4】

索要名片的技巧

依照惯例，基层人员最好不要直接开口向他人索要名片。但若想主动结识对方或者有其他原因有必要索取对方名片时，可采取下列办法。

1. 互换法：即以名片换名片。在主动递上自己的名片后，对方按常理会回给自己一张他的名片。如果担心对方不回送，可在递上名片时明言此意："能否有幸与您交换一下名片？以便今后联系。"这样，他如果有名片，一定会给你，如果确实没有，一般也会婉言说明。

2. 暗示法：即用含蓄的语言暗示对方。例如，向尊长索要名片时可说："请问今后如何向您请教？"向平辈或晚辈表达此意时可说："请问今后怎样联络？"面对他人的索取，商务人员不应直接拒绝。如确有必要这么做，则需注意分寸。最好向对方表示自己的名片刚好用完了。但若自己手里正拿着名片或刚与他人交换过名片，显然不说为妙。

(资料来源：本书作者整理编写.)

三、使用名片的注意事项

在递接名片时，以下这些情形务必避免。

- 从裤子后袋拿出名片。
- 没拿稳，掉在地上或来不及拾取就被风吹走了。
- 随意放在桌上或其他地方，结果离去的时候忘记带走。
- 随意把名片转交他人。
- 在不该表明身份的时候递送名片。
- 只知道递送名片却没有跟对方索要名片。
- 在一个群体中，跳跃式或不按辈分或顺序递送名片。
- 拿名片的时候表现出不在乎的样子或有任何不尊重的言行。
- 拿错名片给别人或给同一个人重复递送名片。
- 以任何方式拒绝他人递送的名片。

【案例阅读 5-2】

某公司新建的办公大楼需要添置一系列办公家具，价值数百万元。公司总经理已做了决定，向 A 公司购买这批办公用具。这天，A 公司的销售部负责人打电话来，要上门拜访这位总经理。总经理打算对方来了就在订单上盖章，定下这笔生意。不料对方比预定的时间提前了两个小时。原来对方听说这家公司的员工宿舍也要在近期落成，希望员工宿舍的家具也能向 A 公司购买。为了谈这件事，销售负责人还带来一大堆资料，摆满了台面。总经理没料到对方会提前到访，刚好手边又有事，便请秘书让对方等一会儿。这位销售员等了不到半小时，就开始不耐烦了，一边收拾资料一边说："我还是改天再来拜访吧。"这时，总经理发现对方在收拾资料准备离开时，将自己刚才递上的名片掉在了地上，对方并没发觉，走时还无意中从名片上踩了过去。这个不小心的失误，却令总经理改变了初衷。A 公司不仅没有机会与对方商谈员工宿舍的设备购买，连几乎到手的数百万元办公用具的生意也告吹了。

(资料来源：杨秀丽. 商务礼仪[M]. 上海：上海财经大学出版社，2015.)

第六节　其他形式的见面礼仪

一、鞠躬礼

鞠躬礼起源于中国，早在先秦时代就存在了，有人还追溯到商代古老的祭天仪式——鞠祭。鞠祭时，作为祭祀的猪、牛、羊，必须保持完整形状，并将其弯曲成鞠形，以表达祭

第五章 商务日常见面礼仪

者格外虔诚与恭敬的心意。后来这种形式应用于两人相见,以弯曲身体来表示一个人谦逊恭谨的姿态。在今天,鞠躬已成为一种交际的礼仪,在晚辈对长辈、下级对上级,或同级之间、初见的朋友、特殊公众都可以鞠躬行礼表达对对方的尊敬。

在社交和商务场合行鞠躬礼的规范:行礼时,立正站好,保持身体端正。面向受礼者,距离为两三步远。以腰部为轴,整个肩部向前倾15°以上,具体视行礼者对受礼者的尊敬程度而定,同时问候"您好""早上好""欢迎光临"等。在行礼过程中,不要低头,要弯下腰,但绝不能看到自己的脚尖;要尽量举动自然,令人舒适;切忌用下巴跟人问好。

鞠躬的深度视受礼对象和场合而定。一般问候、打招呼时行15°左右的鞠躬礼,迎客与送客分别行30°与45°的鞠躬礼。90°的大鞠躬常用于悔过、谢罪等特殊情况。

行鞠躬礼必须脱帽。用立正姿势。右手握住帽前檐中央将帽取下,左手下垂行礼,男士在鞠躬时,双手放在裤线稍前的地方,女士则将双手在身前下端轻轻搭在一起。注意头和颈部要梗住,以腰为轴上体前倾,视线随着鞠躬自然下垂,礼后起身迅速还原。敬礼时要面带微笑,施礼后如欲与对方谈话,脱下的帽子不用戴上。

拓展阅读. 鞠躬

受礼者应以鞠躬礼还礼,若是长辈、女士和上级,还礼可以不鞠躬,而用欠身、点头、微笑示意以示还礼。

二、拥抱

拥抱礼是西方国家社交中流行的见面礼,适用于官方或民间的迎送宾客、祝贺、致谢等社交场合,用以表示欢迎、庆贺或感谢。

正确的拥抱姿势是:两人相对而立,上身微微前倾,各自右臂偏上,左臂偏下,右手环拥对方左后肩,左手环拥对方右后腰,两人头部及上身都向左相互拥抱,然后再换位向右拥抱,同时可用手掌轻拍对方背部。拥抱时间的长短,视关系亲疏程度而定。礼节性的拥抱一般时间很短,拥抱时双方身体也并不贴得很紧,更不能用嘴去亲对方的脸颊。

在许多国家的迎宾场合,宾主往往以握手、拥抱、左右互贴面颊的连续动作,表示最真诚的敬意和热烈的欢迎。但女青年一般不宜和男外宾尤其是年轻的男外宾行拥抱礼,一般可主动伸出右手和对方施握手礼。

墨西哥男子见面时一般采用"热烈的拥抱",即紧紧地拥抱,并用手在对方背部轻轻拍打。与他们有过几次会面之后,他们也会拥抱你。在希腊、意大利、西班牙可能也会体验到这种风俗。巴西人感情外露,人们在大街上相见也热烈拥抱,妇女们相见时脸贴脸。此时,一定要自然地接受对方的拥抱,不要太拘谨,否则对方会很尴尬。

三、亲吻礼

依据双方关系的亲疏,相互亲吻的部位不尽相同。父母及长辈与子女、晚辈之间一般互吻额头;朋友、同事之间一般吻左右面颊;只有情侣或夫妻间才亲吻对方的嘴唇,以示爱慕倾心。在公共场合,男女间礼节性亲吻应短暂地互贴面颊,同性间拥抱并互吻面颊。

在不同的国家,亲吻礼的形式也有所不同。例如,欧洲和一些拉美国家,还延续着男性亲吻女性手背的礼仪,行这种礼的时候,女性可以不摘下手套,伸出右手,男性微微俯身，用右手握住对方的手指部位，捧起用嘴唇轻轻接触即可。这种礼节现在已不太流行，只有在比较隆重的场合，或对一些身份特别尊贵的妇女才行吻手礼。

【知识小链接5-5】

吻手礼

吻手礼由维京人(生活在8—10世纪)发明，维京人有一种风俗，就是向他们的日耳曼君主手递礼物，吻手礼也就随之出现。吻手礼流行于欧美上层社会，受礼者只能是女士，而且应是已婚女士。男子同上层社会贵族妇女相见时，如果女方先伸出手做下垂式，男方则可将指尖轻轻提起吻之；但如果女方不伸手表示则不吻。行吻手礼时，若女方身份地位较高，要屈膝做半跪式后，再握手吻之。吻手礼的正确做法是，男士行至已婚女士面前，首先垂首立正致意，然后以右手或双手捧起女士的右手，俯首用自己微闭的嘴唇，去象征性地轻吻一下其指背。

(资料来源：本书作者整理编写。)

四、拱手礼

拱手礼是见面或感谢时常用的一种礼节。拱手礼在我国已经有两三千年的历史了，从西周起便在同辈人见面、交往时采用。古人通过程式化的礼仪，以自谦的方式表达对他人的敬意。国人是讲究以人和人之间的距离来表现出"敬"的，而不像西方人那样喜欢亲近。这种距离不仅散发着典雅气息，而且也比较符合现代卫生要求。所以，很多礼学专家都认为，拱手礼不仅是最体现中国人文精神的见面礼节，而且也是最恰当的一种交往礼仪。

拱手礼的正确做法如下：行礼时，双腿站直，上身直立或微俯，双手互握合于胸前有节奏地晃动两三下，并说出自己的问候。一般情况下，表达问候时，男子应右手握拳在内，左手在外，女子则正好相反；若为丧事行拱手礼，则男子为左手握拳在内，右手在外，女子相反。

五、合十礼

合十礼流行于泰国、缅甸等东南亚、南亚信奉佛教的国家。此礼源自印度，最初仅为佛教徒之间的拜礼，后发展成全民性的见面礼。在泰国，行合十礼时，一般是低眉欠身，双手十指相互合拢，举至胸前，口念"萨瓦蒂"(系梵语，原意为如意)。

行合十礼的最大讲究是，合十于身前的双手所举的高度不同，给予交往对象的礼遇便有所不同。通常，合十的双手举得越高，表示对方越受尊重。目前，泰国人所行的合十礼大致可以分为四种规格。一是双手举于胸前，多用于长辈向晚辈还礼；二是双手举到鼻下，一般在平辈相见时使用；三是双手举到前额之下，仅用于晚辈向长辈行礼；四是双手举过头顶，用于平民拜见泰王之时。

六、举手礼

行举手礼时，要举右手，手指伸直并齐，指尖接触帽檐右侧。手掌微向外，右上臂与肩齐高，双目注视对方，待受礼者答礼后方可将手放下。

【知识小链接5-6】

举手礼的起源

举手礼的起源已经不可考证，通常有两种说法。一种是中世纪时，骑士们常在公主和贵妇们面前比式。在经过公主的座席时，骑士们要吟唱一首赞美的情诗，在诗里往往都把公主比作炫目的太阳，骑士们要把手举起来做挡住阳光的姿势，借此一睹芳容，表示虔敬。后来，这种动作便演变成为见到尊敬的人就把手举到眉上，形成举手礼，并一直沿用下来。另一种说法是与握手的用意相同，向对方显示自己手中没有武器。不过，比较有根据的说法是：中古时期的欧洲，当骑士在路上交会时，会以右手掀起头盔，让对方看清楚自己，以表示尊敬，这个动作进而演变为后来的举手礼。

(资料来源：本书作者整理编写.)

七、点头礼

点头礼是对他人表示友好的行为。微微点头对人表示礼貌，点头礼的做法是头部向下轻轻一点，同时面带笑容。注意不要反复点头不止，点头的幅度不宜过大。

点头礼适用的范围很广，如路遇熟人或与熟人、朋友在会场、剧院、歌厅、舞厅等不宜交谈之处见面，以及遇上多人而又无法一一问候之时，都可以点头致意，也适用于初次相遇。这是同级或平辈间的礼节，可以在行进中点头示意。

点头礼的应用注意事项：在涉外商务活动中遇见身份高的领导人，应有礼貌地点头致意或表示欢迎，切忌上前与之握手。如遇到身份高的熟人，应行点头礼，切忌径直去问候。在人多的商务洽谈会上，如果遇到面熟但又忘了对方姓名的商界朋友，应面带微笑，友好地点头，以示礼貌。男子戴礼帽时，可施脱帽礼，即两人相遇可摘帽点头致意，离别时再戴上帽子。

八、举手致意与挥手道别

举手致意和挥手道别礼作为商务礼仪的一部分，有着严格的规范和要求。两者均可伴以相关的言辞，但都有其标准的礼仪规范，具体做法如下。

(一)举手致意

举手致意的规范做法如下：全身直立，面带微笑，目视对方，略微点头；手臂轻缓地由下而上，向侧上方伸出，手臂可全部伸直，也可稍有弯曲，不要向左右两侧来回摆动；致意时伸开手掌，掌心向外对着对方，指尖指向上方。

在商务活动中，当举手致意并打招呼时，应该距离对方三四步，不宜太远，也不可过近。男士应摘去帽子欠身或点头。在商务用餐场所或其他商务场合遇到熟人，应当主动向对方举手致意、打个招呼，这是一种有礼貌的表示，显示出友好和善意，也是对别人的尊重。

在国际商务礼仪的举手致意礼中，与之相伴的言辞一般是"您好"，这句招呼语简洁明了，同时又是对他人的一种祝福，适用于任何社会群体的人。

(二)挥手道别

挥手道别的规范做法如下：身体站直，目视对方，可用右手，或双手并用，不要只用左手挥动。手臂尽力向前伸，左右挥动不要伸得太低或过分弯曲。掌心向外，指尖朝上；用双手道别，两手同时由外侧向内侧挥动，不要上下摇动或举而不动。用语多以"请回""请留步"等，对方则以"慢走"等回应。如果道别一方是远行，可说"祝你一路顺风""一路平安""代问某某好"等告别语。商务活动中最常用的挥手告别语是"再见"，适用于大部分场合。

九、脱帽礼

在公共场合行此礼时，男子摘下帽子向对方点头致意即可。若相识者侧身已过，双方也可回身补问"您好"，并将帽子略掀一下即可。若相识者在同一场合多次相遇，双方不必反复脱帽，只点头致意即可。当进入主人房间时，客人必须脱帽，以示敬意。在庄重场合，人们应自觉脱帽。例如，升挂国旗、演奏国歌的场合。

十、注目礼

注目礼的具体做法：起身立正，抬头挺胸，双手自然下垂或贴放于身体两侧，神情庄重、严肃，双目正视行礼对象，目光随之缓缓移动(右、左转头角度不超过45°)。在升国旗、游行检阅、剪彩揭幕、开业挂牌、迎送来宾等情况下，适用注目礼。

本 章 小 结

恰当地使用称呼，是社交活动中的一种基本礼貌。称呼礼仪是在对亲属、朋友、同事或其他有关人员称呼时所使用的一种规范性礼貌语，它能恰当地体现出当事人之间的关系。

问候，也称打招呼。一般而言，见面问候是我们向他人表示尊重的一种方式，是对他人友好或者关心的表示，目的是使人际关系融洽。见面问候虽然只是打招呼、寒暄或是简单的三言两语，却代表着我们对他人的尊重。

介绍，是人际交往和商务活动中与他人进行沟通、增进了解、建立联系的一种最基本的社交形式。恰当地利用介绍，不仅可以缩短人们之间的距离，扩大自己的交际圈，而且有助于自我展示，自我宣传，促进工作的顺利展开。

握手是在人际社交活动中使用频率最高、适应范围最广泛的一种礼仪。无论认识与否、见面或道别、感谢或祝贺等，都可以行握手礼，这是互相致意的最普通、最常用的方式。

名片是现代社交和商务活动中使用最为频繁的工具之一，被人称为自我"介绍信"和社交"联谊卡"，具有证明身份、广交朋友、表达情谊等多种功能。

复习思考题

1. 称呼的礼仪规范及主要禁忌是什么?
2. 简述介绍他人时的先后顺序。
3. 简述握手时伸手的顺序及禁忌。
4. 简述握手的规范要求?
5. 简述商务人员接受名片时的礼仪规范及递送名片时的注意事项。

第六章 商务拜访与接待的礼仪

【学习目标】

通过对本章内容的学习,使学生了解拜访、接待和位次礼仪的含义;掌握接待中3A原则和接待过程次序礼仪;掌握迎宾礼仪和拜访过程中的礼仪内容;掌握位次礼仪规范。

【重点与难点】

掌握接待中3A原则和接待过程次序礼仪;掌握迎宾礼仪的内容;掌握拜访过程中的礼仪;掌握位次礼仪规范。

【教学方法】

理论教学、案例分析、课堂示范。

【引导案例】

糟糕的第一次拜访

星期一早上,王经理如约拜访某公司李总,约好是九点,结果因为下雨迟到了。他湿漉漉地站在公司前台,对接待人员说:"你们头儿在吗?我们约好九点见面。"前台接待人员冷冷地看了他一眼说:"我们李总正在等您,请跟我来。"

王经理手拿滴水的雨伞和公文包进了李总的办公室。穿着比王经理正式许多的李总从办公桌后面走出来,热情地迎接王经理,并把前台接待人员又叫了回来,请她将王经理的雨伞拿出去。

两人握手时,王经理随口说道:"我刚才花了好长时间才找到地方停车,所以迟到了。"李总迟疑地说:"我们公司后面有专用停车场啊。"王经理说:"哦,我不知道。"随后,拉过一把椅子坐在办公桌旁,脚边的地板上全是泥水。然后,没等李总开口,他一边从公文包里拿资料一边说:"老李,非常高兴认识你,看来今后我们有很多机会合作。关于产品我有一些想法。"李总看着他,好像下定决心似地说:"这样吧,我看具体问题你还是跟我们销售部赵女士谈吧。我今天还有些事,就不陪你们谈了。有事你们先沟通。"

(资料来源:本书作者整理编写)

由上面案例可以看出,在商务接待拜访中,礼仪是非常重要的,掌握并正确运用好礼仪才能赢得来访者的尊敬和爱戴,才能与客户更好地交流信息、交流感情,从而取得商业上的成功。

第一节 商务拜访礼仪

商务拜访的礼仪

一、拜访前的准备

拜访是指亲自或派人到朋友家或与业务相关的单位去拜见访问某人的活动。拜访有事务性拜访、礼节性拜访和私人拜访三种,而事务性拜访又有商务洽谈性拜访和专题交涉性拜访之分。不管哪种拜访,都应遵循一定的礼仪规范。

(一)明确拜访目的

拜访必须明确目的,没有目的的突然拜访有时会令对方尴尬,所以出发前对此次拜访要解决的问题应做到心中有数。商务拜访是商务交往的一种重要形式,目的是加强商务联系、购销商品等。例如,你需要什么、你需要对方为你解决什么、你对对方提出什么要求、最终你要得到什么样的结果等,这些问题的相关资料都要准备好,以防万一。

(二)事先预约、避免唐突拜访

拜访对方,务必选好时机,事先预约,这是进行拜访活动的首要原则。一般情况下,应提前三天给被访者打电话,简单说明拜访的原因和目的,确定拜访时间,经过对方同意才能前往。也可以提前发出拜访函,邀约拜访的时间及地点。约定时间后,不能失约或迟到。如因特殊情况不能前往,一定要设法通知对方,并表示歉意。

(三)约定拜访时间和地点

约定时间和地点尤为重要,一个好的环境会让谈话双方感觉很舒服,从而促进拜访谈话顺利进行。不论因公还是因私而访,都要事前与被访者进行联系,说明拜访的目的,提出访问的内容,使对方有所准备,在对方同意的情况下确定具体的时间、地点。不要在客户刚上班、快下班、异常繁忙、休息时、用餐时间、正在开重要会议时去拜访。

(四)注意形象

形象在拜访中显得尤为重要,这是身份与性格的象征。可以不漂亮,但是一定要整洁。不得体的仪表,是对被拜访者的轻视,被拜访者会认为你不把他放在眼里,对拜访效果有直接影响。一般情况下,登门拜访时女士应着深色套裙、中跟浅口深色皮鞋配肉色丝袜;男士最好选择深色西装配素雅的领带,外加黑色皮鞋、深色袜子。

(五)物品齐备

1. 熟悉拜访对象的性格以及所在公司的基本资料

熟悉对方的性格在谈话中是尤为重要的,能使谈话朝着有利于己方的方向发展。在赴约前,需要对对方公司有一定了解,熟悉其基本情况,做到心中有数。

2. 准备拜访时可能用到的资料

商务拜访中不但要熟悉对方的情况,还要准备与拜访目的相关的资料。例如,如果商务拜访的目的是在对方的公司进行商品采购,就需要准备相关的合同等。

3. 检查各项携带物是否齐备

出发前一定要检查所带的东西是否齐备,包括名片、笔、记录本、计算器、公司和产品介绍、合同等。

4. 明确谈话主题、思路

出发前，脑海中一定要捋清谈话的思路，预测谈话的过程，必要时可预先做好谈话题纲。

5. 算好路线和时间

要提前算好时间和路线，确认谈话的地点，有几条路线可以到达，每条路线到达的时间是多少，有没有最短路线等，要确保提前 5～10 分钟到达。

二、拜访过程中的礼仪

(一)要守时守约

守时守约是商务拜访礼仪的第一准则。预约后准时拜访，很容易获得对方的信任，

(二)讲究敲门的艺术

进入办公室前，应轻轻叩门或按门铃，要用食指敲门，力度适中，间隔有序敲三下，等待回音。如无应声，可稍加力度，再敲三下，如有应声，再侧身隐立于右门框一侧，待门开时再向前迈半步，与主人相对。开关门时注意不要用力过猛，以免引起他人不悦。

(三)举止要得体

进入办公室前要敲门，经允许后方可进入。如果办公室的门是关着的，进来后应轻轻将门关上。随即问候"您好！"，并进行自我介绍，提起双方预约的事，让对方明白来意。主人不让座不能随便坐下。如果主人是年长者或上级，主人不坐，自己不能先坐；主人让座之后，要口称"谢谢"，然后采用规矩的礼仪坐姿坐下。主人递上烟茶要双手接过并表示谢意。如果主人没有吸烟的习惯，要克制自己的烟瘾，尽量不吸，以示对主人习惯的尊重。主人献上果品，要等年长者或其他客人动手后，自己再取用。

(四)把握好拜访的时间

到办公室拜访，一般选择工作时间，最好在上班半小时后，下班半小时前这个时间段去拜访。每次拜访时间一般在 15～30 分钟为佳。

(五)注重仪表

到办公室拜访，一般应着正装。男士穿西装、打领带，按社交场合的规范穿着打扮，或穿着比较庄重的服饰。女士应穿深色套裙及其他比较庄重的服装，不要穿袒胸露背的服装或休闲服装。具体着装规范要求参照第四章中的服饰礼仪，在此不再赘述。

三、拜访结束后的道别礼仪

总体来说，商务拜访的时间不宜过长。当宾主双方都已经谈完事情时，就要及时起身

第六章 商务拜访与接待的礼仪

告辞。

提出告辞的时候，被拜访者往往会说上几句"再坐坐"之类的客套话，那往往也只是礼节性客套。所以，如果没有非说不可的话，就要毫不犹豫地起身告辞。

准备告辞的时候，最好不要选择在被拜访者或其他人说完一段话之后起身离开，因为这会使人误以为对他的那段话听得不耐烦。所以最适合的告辞时间，是在自己说完一段话之后。同时，告辞前千万别打呵欠、伸懒腰。

告别前，应该对被拜访者的友好、热情等给予适当的肯定，并补充"打扰了""添麻烦了""谢谢"之类的客套话。如果必要，还可以说些诸如："这两个小时过得真快！""和您说话真是一种享受""请您以后多指教""希望我们以后能多多合作"等内容。

起身告辞的时候，如果还有其他客人，即使和这些客人不熟悉，也要遵守"前客让后客"的原则，礼貌地向他们打招呼。

当被拜访者相送时，几步之后，你可以说一句"请留步"之类的客套话，这时就可以主动向被拜访者伸出手相握，以示告别。

另外，如果遇到下面情况，也要及时"知趣"而退。

- 双方话不投机，或当你说话的时候，被拜访者反应冷淡，甚至不愿搭理。
- 被拜访者站起身来，或将谈话内容进行了总结，并表示以后可以再继续交流等。
- 被拜访者虽然看起来很"认真"，但反复看手表或时钟。
- 被拜访者双肘支在椅子的扶手上。
- 临近休息或就餐时间。

第二节 商务接待礼仪

迎来送往是社会交往、商务接待活动中最基本的形式和重要环节，是表达主人情谊、体现礼貌素养的重要方面。接待是指个人或单位以主人的身份招待客人，以达到某种目的的社会交往方式。无论是单位还是个人在接待来访者时，都希望客人能乘兴而来、满意而归，为达到这一目的，在接待过程中要遵守一定的工作原则，即平等、热情、友善、礼貌。在社会交往过程中，不论地位异同，不计单位大小，都应一视同仁、以礼相待、热情友善，只有这样才能赢得来访者的尊敬和爱戴，达到交流信息、交流感情、广交朋友的目的。商务接待一般建立在商业谈判或者商业合作基础上，其礼仪规格比较高。

一、商务接待礼仪概述

(一)商务接待礼仪的内涵

商务接待礼仪是指商务接待人员在接待中应该遵守的礼仪规则。在商务活动中，恰当地运用商务接待礼仪，体现着企业的经营思想、管理水平、企业形象。所以，在商务接待中，企业员工应根据不同的场合灵活得体地运用商务礼仪，面对客户、上司、同事以及外国客商展现出良好的职业风采，提升企业在公众心目中的形象，取得良好的社会效应，树立起优秀的企业社会形象，并赢得公众的信任和支持。

(二)商务接待礼仪的特征

商务接待礼仪具有规范性、对象性、时效性和礼仪性等特征。

1. 规范性

规范性指商务接待中的标准化要求。在接待范围、接待礼仪、接待程序、接待安排、接待经费、接待纪律等方面都有严格的规定和要求。

2. 对象性

对象性指商务接待要区分对象,因人而异。接待工作中经常会遇到一些特殊情况,由于来宾职务、宗教信仰、民族等方面的不同,其要求也各有所异,特别是接待重要来宾时,有时既定日程也会因来宾的要求而调整,这就要求接待人员要具有较强的应变能力,做到原则性和灵活性相结合,妥善处理好各类临时变化或突发的事情。

3. 时效性

时效性指要求所有接待人员必须守时,有较强的时间观念和超前意识,提前把活动日程告诉来宾,并做好准备工作。特别是重要接待任务的经过路线、参观点、重要活动等所用时间,必须做到准确无误。

4. 礼仪性

礼仪性指在接待工作中如接送站、领导会见、陪餐、陪同参观等都有必要的礼节。接待人员的言行举止、行走坐立、见面握手、介绍来宾都有学问。例如,进电梯或乘车时应让领导、来宾和女士优先。在仪态上,做到服装得体、化妆适度、端庄大方等。

(三)商务接待的原则和种类

1. 接待的原则

对交往对象要全方位地尊重,不能失礼于人。表达尊重的方式要灵活、得体,具体通过"3A 原则"得以体现。形式规范即商务接待活动有其约定俗成的行为要求,只有按照规范操作,才能取得预期效果。

(1) 布吉尼原则(3A 原则),由美国学者布吉尼教授提出。3A 原则的中文表述,就是在人际交往中要接受对方(Accept)、重视对方(Appreciate)、赞美对方(Admire),它是向交往对象表示尊重和友善的三大途径。3A 原则实际上是强调在商务交往中处理人际关系最重要的且需要注意的问题。

拓展阅读.3A 原则

(2) 对等对应。在接待客户时,要根据对方的身份、来访的性质及双方的关系,安排接待的规格,以便使来宾得到与其身份相称的礼遇,从而促进双方关系的稳定发展。要根据来访者的身份安排相应级别的领导和人员接待;按来访者所在单位性质及来访内容,请相应的主管领导和职能部门接待。对重要客人的接待 (VIP 迎宾) ,领导通常按约定时间在大楼入口处迎接。

接待方在与来宾进行礼节性会晤或举行正式谈判时,必须使己方到场的人数与来宾的人数基本相等。同时,接待方在为来宾安排宴请活动或准备仪式时,应尽量使之在档次、规格等方面与来宾的身份相称，并符合客人的生活习惯，体现东道主对客人的关心与照顾。特殊情况下，有的企业为了强调自己对宾、主双方关系的重视以及对于来宾的敬重，特意打破常规，提高对来宾的接待规格，也是可行的，但不宜多用。

(3) 不卑不亢。在竞争日益激烈的情况下寻找合适的合作伙伴尤为重要，但不可为了利益而丧失人格和尊严。无论对方是强是弱，应遵循平等的原则进行交往。面对强者，妥协退让是难免的，但自己的根本利益是最后底线；面对弱者，也不要以强凌弱。

(4) 一视同仁。无论对方是否与自己有过交往，规模与实力是否强大，来自何地，属于哪一个民族，生活习惯、宗教信仰是否与自己相同，作为合作方，不能以任何理由对客人有所歧视，应平等对待、热情接待、笑脸相迎。

2. 接待的种类

(1) 视察、访问接待。这包括各级领导到本地区、本单位视察、检查、指导工作时的接待。领导视察人数有多有少，有时轻车简从，只带一两个工作人员，有时规模较庞大；时间也有长有短，短则一天半日，长则十天半月；领导的任务也不一，可以是听取报告、听取意见、检查工作，也可以是了解情况、调查研究。因此，这类接待工作情况复杂，任务重、责任大，需要根据不同情况，做出妥善安排。

(2) 业务往来接待。商务交往过程中交流、沟通、洽谈等接待工作的好坏，直接影响交往合作的顺利与否。所以，业务往来接待是接待工作的重点，接待中相关工作人员要注重交往中的各项礼节，以赢得日后合作的主动权。

(3) 顾客投诉接待。接待顾客的投诉，是商业企业特别是零售企业经常遇到的问题。投诉的主要原因有两个：一是产品质量；二是服务态度。对于接待人员的要求是：认真倾听投诉者的倾诉，以热情的态度、温和的方式、委婉的语气来安抚客人的情绪，问题核实后应尽快给予满意的解决。

(4) 商务宣传活动接待。是指企业为与大众沟通、树立形象而进行的宣传，包括新闻发布会、展览会、开业庆典等宣传活动的接待，这些活动在营销和业务交往中发挥着重大作用，既可以为主办单位广交朋友，还可以借助各种传媒宣传企业，提升企业知名度和美誉度。

二、商务接待礼仪的程序

商务接待礼仪的程序分为三部分，迎接宾客、接待宾客、送宾客。

(一)迎接宾客的礼仪

迎宾，也称迎接、迎送。它是指在人际交往中约在先的情况下，由主人一方派专人前往来访者知晓的某一处所，恭候来访者的到来。有时，东道主一方为了表示对来宾的敬意，往往还会在迎宾时举行一种约定俗成的仪式，即迎宾仪式，也称欢迎仪式。

迎接主要包括礼节性迎接、事务性迎接和私人来访迎接三种。礼节性迎接一般时间较短，主人待客要热情、周到，事后还要注意"礼尚往来"；事务性迎接，一般时间略长些，主人要想方设法替客人节省时间，并尽可能地使客人满意而归；私人或消遣性来访迎接，通常伴有闲谈等，主人待客应尽量做到轻松愉快，时间一般不宜过长。不管是迎接哪一类型的来访者，事先都应做必要的准备。

迎接宾客的礼仪大体上分为两个主要部分：一是迎宾前的礼仪准备；二是迎宾时的礼仪操作。

1. 迎宾前的礼仪准备

在接待工作中，为了把迎宾工作做好，建议从以下几个方面着手。

(1) 了解客户基本情况。一定要充分了解迎宾对象的基本状况，尤其是主宾的个人简况，如姓名、性别、年龄、籍贯、民族、单位、职务、职称、学历、学位、专业、专长、偏好、知名度等。必要时，还需要了解其婚姻、健康状况、政治倾向与宗教信仰，此前有无正式来访的记录等。如果来宾，尤其是主宾此前进行过访问，则在接待规格上要注意前后协调一致。无特殊原因时，一般不宜随意在迎宾时升格或降格。将来宾情况和意图向有关领导报告，并根据对方意图和实际情况，如来访的目的、行程、要求等，拟出接待计划和日程安排的初步意见。来宾如能报出自己一方的计划，在力所能及的前提下，应当在迎宾活动中兼顾其特殊要求，尽可能多加照顾。

(2) 制订具体迎宾方案。一定要详尽制定迎接来宾的具体计划，有助于接待工作减少波折，更好地、按部就班地进行。根据常规，至少要包括迎送方式、交通工具、膳宿安排、工作日程、文娱活动、游览、会谈、会见、礼品准备、经费开支以及接待、陪同人员等基本内容。

单就迎宾而言，接待方也应有备在先，最为重要的有六项内容：一是迎宾方式；二是迎宾人员；三是迎宾时间；四是迎宾地点；五是交通工具；六是接待费用。分别介绍如下。

① 迎宾方式：明确是否需要组织迎宾活动，如何安排迎宾活动。一定要精心选择迎宾人员，数量上要加以限制，身份上要大致相仿，职责上要划分明确。

② 迎宾人员：迎宾人员要举止大方、口齿清楚，具有一定的文化素养，受过专门的礼仪、形体、语言、服饰等方面的训练。接待人员服饰要整洁、端庄、得体、高雅；女性应避免佩戴过于夸张或有碍工作的配饰，化妆应尽量淡雅。

③ 迎宾时间：要预先由双方约定清楚，在来宾启程前再次予以确认。必须准确掌握来宾乘坐的交通工具抵离时间，及早通知有关迎送人员。飞机、火车、船舶都可能不准时，如有变化，应及时通知，不能让客人等候。必须在客人下机、下车、下船之前到达机场、车站与码头等候客人，一般大城市，机场离市区较远，由于天气变化等意外原因，要提前到达迎宾地点，准确掌握客人到达时间。保证既要顺利地接送客人，又不过多耽误迎送人员的时间。

④ 迎宾地点：可以在交通工具停靠站，如机场、码头、火车站、长途汽车站等；也可以在来宾临时下榻之处，如宾馆、饭店、旅馆、招待所等；或是东道主的办公地点门外，如政府大院门口、办公大楼门口、办公室门口、会客厅门口等。

东道主一方在确定迎宾地点时，一要看对方的身份，二要看双边的关系，三要看自身的条件。前两类地点多用以迎接异地来访的客人，其中广场迎接，主要用以迎接贵宾。第三类地点也就是办公地点门外，则大多用以迎接本地来访的客人。确定迎宾地点后，要尽快、准确地通报给来宾一方。

第六章　商务拜访与接待的礼仪

⑤ 交通工具：商务接待选择车辆既要求舒适，也要注意档次，不得违规。要树立安全意识，采取安全措施，确保车辆安全、有效、有序运行。根据客人的人数选择车辆，可选择双排五座的轿车、三排七座的商务车和中巴车。同时要注意车辆座位安排礼仪。

⑥ 接待费用：从总体上讲，接待工作的方方面面均受制于接待费用的多少。在接待工作的具体开销上，务必要勤俭节约，严格遵守上级有关部门的规定。

某些需要接待对象负担费用的接待项目，或需要宾主双方共同负担费用的接待项目，接待方必须先期告知接待对象，或与对方进行协商，切勿单方面做主。

(3) 确定接待规格和礼宾次序。接待规格指的是接待工作的具体标准，它不仅事关接待工作的档次，而且与对来宾的重视程度直接相关。接待规格的基本要求体现为三点：一是接待费用的多少，要坚决压缩一切不必要的接待开支，提倡少花钱，多办事；二是级别高低，根据接待主要人员的身份确定级别；接待规格过高，影响领导的正常工作；接待规格过低，影响上下级的关系，所以确定接待规格时应慎重、全面地考虑；三是接待规模的大小。

接待过程中礼宾次序礼仪在本章第三节位次礼仪进行详细介绍，这里不再赘述。

【知识小链接6-1】

接待规格与礼宾次序

接待规格通常有以下三种情况。

第一，高规格接待。即主要陪同人员比来宾的职位要高的接待。做出这类接待安排主要出于以下几种情况的考虑：一是上级领导机关派工作人员来检查工作情况，传达口头指示；二是平级单位派工作人员来商谈重要事宜；三是下级机关有重要事情请示；四是知名人物来访谈或是先进人物来做报告。总的来说，之所以要高规格接待是由于重要的事情和重要的人物须有关负责人直接出面。

第二，低规格接待。即主要陪同人员比客人的职位要低的接待。如上级领导或主管部门领导到基层视察，只能低规格接待。

第三，对等规格接待。即主要陪同人员与客人的职位同等的接待。这是最常用的接待规格。

接待过程中，遵从礼宾次序礼仪的要求，能准确地突出来访者的身份，是对来访者的尊重。在商务活动场合，一般以右为大、为尊，以左为小、为次，一切服务均从尊者开始。

(资料来源：本书作者整理编写.)

2. 迎宾时的礼仪操作

迎接本市客人，若事先知道客人来访时间，一般应在大门口迎接，对于外地来访的宾客，应到车站或机场相迎。对规格比较高的客人或外国友人，需驱车到车站或机场迎接，并且车站、机场都要给予特殊的迎接礼遇。

在一般情况下，迎宾仪式包括以下内容。

(1) 迎宾。当有重要宾客来访，在确定接待方案后，接待人员应及时和相关部门联系，确认来宾抵达的实际时间，由有关人员提前到达机场、码头、车站等候。

确认来宾的身份，通常有四种方法，分别是使用接站牌、使用欢迎横幅、使用身份胸卡、自我介绍。在方便、务实的前提下，四种确认来宾的方法可以交叉使用。

(2) 介绍、寒暄。在迎宾之时向来宾施礼、致意，体现出东道主的欢迎之意。做法是：接到来宾后，应热情问候客人，并主动帮助客人提拿行李。不过，对于来宾手中的外套、提包或是密码箱，则没有必要为之"代劳"。

相互介绍双方成员，通常由迎宾人员或欢迎人员中身份最高者，将前来欢迎的人员按其身份从高到低依次介绍给来宾。

(3) 向来宾献花。迎接普通来宾，一般不需要献花。迎接十分重要的来宾，可以献花。如安排献花，须用鲜花，并注意保持花束整洁、鲜艳，忌用菊花、杜鹃花、石竹花等黄色花朵。献花通常由儿童或女青年在参加迎送的主要领导与主宾握手之后将花献上，可以只献给主宾，也可向所有来宾分别献花。

(4) 乘坐车辆。按照国际惯例，乘坐轿车的座次安排常规是：右高左低，后高前低。具体而言，轿车座次的尊卑自高而低如图 6-1 所示。

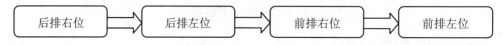

图 6-1 轿车座次的尊卑高低

上下车顺序：同女士、长者、上司或嘉宾乘双排座轿车时，接待者应先主动打开车后排的右侧车门，请女士、长者、上司或嘉宾在右座上就座，然后把车门关上，自己再从车后绕到左侧打开车门，在左座坐下。到达目的地后，若无专人负责开启车门，则自己应先从左侧门下车后绕到右侧门，把车门打开，请女士、长者、上司或嘉宾下车。

乘坐轿车时，通常有两种情况：一是如有专职司机驾驶车辆，座次一般以后排右边为尊，左边次之，前排司机旁坐工作人员或接待人员。如是中型面包车，上位是司机后坐靠窗的位置，陪同主宾的领导紧靠上位落座，其他人员依次在后排就位，司机旁边的位置应是工作人员。二是如主人自己驾车，则上位在主人右侧。

如果只有一位来宾，座次安排如图 6-2 所示。

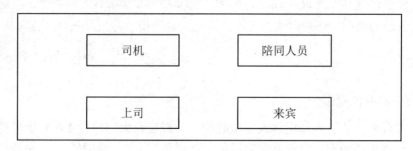

图 6-2 只有一位来宾时座次安排

如果有两位来宾，座次安排如图 6-3 所示。

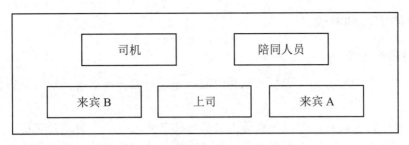

图 6-3 有两位来宾时座次安排

如果上司亲自驾驶轿车,车上有三位宾客,座次安排如图 6-4 所示。

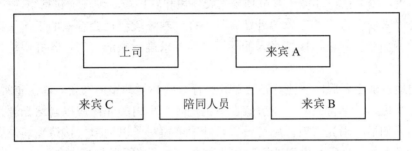

图 6-4 当上司亲自驾车且车上有三位宾客时座次安排

(5) 引导。如果陪客人、外宾参观访问,陪同人员应提前 10 分钟到达。参观过程中,陪同人员应走在宾客的侧前方两三步处,时时注意引导,遇进出门户、拐弯或上下楼梯时,应伸手示意;当参观结束后,应将客人送至宾馆再告别。

在引导过程中,女性的标准礼仪是手臂内收,手尖倾斜上推表示"请往里面走",显得很优美;男性要体现出绅士风度,手势要夸张一点,手向外推。同时,站姿要标准,身体不能倾斜。

引导宾客上楼时手要向上指引,眼神也要看向手指引的方向。然后再跟宾客说明,要去的地点所在楼层,要走的方向,或者搭乘的电梯。引导的礼仪动作要配套、完整,仪态优美,声音悦耳,使人感受到引导人员内在的职业素养和热忱,这样会使宾客感觉良好。

当宾主双方并排行进时,引领者走在外侧,让来宾走在内侧。单行进时,引导者应走在前,来宾走在其后,起到带路的作用。出入房门时,引领者主动开门、关门。出入无人控制的电梯时,引领者先入后出,操纵电梯。

在迎接宾客的时候,通常应该说"您好,欢迎您,里边请"等话语。在引导宾客的时候有一系列细微的肢体语言礼仪。迎宾与引导时手不是完全张开的,虎口微微并拢,平时手放在腰间。礼貌的服务和明确的引导手势,会让宾客感觉到更贴心。

(6) 安排来宾下榻。来宾下榻在宾馆,生活安排是否周到、方便,与宾馆的服务水平密切相关,来宾抵离宾馆时,具体事务较多,更应做好有关事项的协调衔接。

当重要来宾抵离时,接待人员应及时通知宾馆,以方便宾馆组织迎送、安排客房、就餐等。为了避免来宾抵达后聚集大厅长时间地等待,接待人员应提前与宾馆联系,在宾馆迎宾处设领钥匙处,来宾抵达时,根据他们自报的房号分发住房钥匙。也可以在保证安全的前提下,事先打开房门,使来宾抵达后直接进房。不论采用何种形式,来宾入住客房,应有专人陪同引导。来宾的入住登记或离店手续,可在适当时间由接待人员协助办理。

(二)接待宾客的礼仪

1. 接待前的礼仪

日常接待活动通常分为有无预约两种情况。无论是哪一种情况，对待来访者都要热情有礼。

(1) 准时等候来访者。守时是商务人员必备的素质之一。守时就是守信，它体现了一个人对商务交往中各方面应有的尊重。倘若不准时，就可能打乱来访者的计划。主人一定要准时，不要让客人扑空，如有急事，应与客人取得联系。

(2) 布置环境。接待环境一般可划分为硬环境和软环境。硬环境包括室内空气、光线、颜色、办公设备及会客室的布置等外在客观条件。软环境包括会客室的工作气氛、接待人员的个人素养等社会环境。接待客人的环境总体要求是：整洁有序，备好招待物品，待客仪表端庄。

接待的地点确定之后，往往有必要对其进行一些必要的室内布置。注意重视以下几点。

① 光线色彩。招待来宾，一般宜在室内进行。室内的光照应以自然光源为主，房间最好是面南。如担心阳光直射，则可设置百叶窗或窗帘予以调节。接待现场，通常应当布置得既庄重又大方。色彩有意识地控制在两种之内，最好不要超过三种。

② 温度湿度。有条件的话，要对待客房间的室温加以调控，以 24℃左右为最佳。室外气温较高时，室内外温差不宜超过 10℃。一般认为，相对湿度为 50%左右最是舒适宜人。

③ 安静卫生。为了使主客的正式会谈不受打扰，待客地点的安静与否至关重要。除了其具体地点的选择有一定之规外，在进行室内布置时，也须注意下列几点：地上可铺放地毯，以减除走动之声；可安放双层玻璃，以便隔音；茶几上可摆放垫子，以防安置茶杯时出声；门轴上可添加润滑油，以免开关门时出现噪声。在待客的房间之内，一定要保持空气清新、地面爽洁、墙壁无尘、窗明几净、用具干净。

④ 摆设。在布置专门用以待客的房间时，其室内的摆设一般来讲放置必要的桌椅和音响设备即可。必要时，还可放置一些盆花或插花，如奖状、奖旗、奖杯等奖品。

(3) 准备有关材料。客人来访前的准备工作，除了接待场合(办公室或会议室、会客室)精心布置外，还有一项重要任务就是材料的准备。客人无论是参观本单位某部门、了解、考察某项工作，还是商洽某方面的问题，研究相互合作事宜等，一般会提前告知，接待方应根据双方商定的会谈事宜，或客人的请求，让有关人员将相关数据、资料，事先准备好。

【案例阅读 6-1】

安娜的选择

一天上午，某公司前台接待人员安娜，像往常一样匆匆走进办公室进行上班前的准备工作。这时，一位事先有约的客人进来要求会见销售部李经理。安娜一看预约时间，他提前了半个小时，但安娜还是给李经理打了内部电话。电话中，李经理告诉安娜他正在接听一个重要客人打来的长途电话，请对方稍等。

安娜放下电话如实转告客人："李经理正在接听一位重要客人的长途，请您稍等一下。"

第六章 商务拜访与接待的礼仪

话音未落,旁边电话响起,安娜用手指了指一旁的沙发,就过去接电话了。客人非常尴尬地站在原地。几分钟后,等安娜接完电话转过身来,发现客人已经不见了踪影。

(资料来源:本书作者整理编写.)

2. 会见宾客时的礼仪

接待人员引导客人按时到达会见场所,主人应在会客厅门口或大楼正门迎候,如果主人不到大楼正门迎接,应由工作人员代替,将客人引入会客厅。

(1) 落座。当客人进门后,主人应马上放下手中的工作,起立向来客问候致意,做自我介绍、握手、寒暄、让座等,体现出主人的热情与周到。就座时,长沙发优于单人沙发,沙发椅优于普通椅子,较高的座椅优于较低的座椅,远离门的为最佳座位。

如果是多人来访,会见座位的安排就显得尤为重要。通常将客人安排在主人的右侧,其他人员按礼宾次序在主宾一侧就座,主方陪同人员在主人一侧就座。人员较多时,可在后排加座。双方人员的排序由双方按照每个人的职务、地位、本次会见的内容等综合排定。

【知识小链接 6-2】

主客之间的具体座次

按照接待礼仪的约定俗成之法,排列主客之间的具体座次时,主要有以下四种办法。

① 面门为上。主客双方采用"相对式"就座时,依照惯例,通常以面对房门的座位为上座,应让之于客人;以背对房门的座位为下座,宜由主人自己在此就座。

② 以右为上。主客双方采用"并列式"就座时,以右侧为上,应请客人就座;以左侧为下,应由主人自己就座。若主客双方参与会见者不止一人,则双方的其他人员可分别按照各自身份的高低,由近而远在己方负责人一侧就座。

③ 居中为上。如果客人较少,而主方参与会见者较多时,往往可以由主方的人员以一定的方式围坐在客人的两侧或者四周,而请客人居于中央。

④ 以远为上。当主客双方并没有面对房间的正门,而是居于房内左右两侧之中的一侧时,一般以距离房门较远的座位为上座,应请客人就座;而以距离房门较近的座位为下座,由主人就座。

(资料来源:本书作者整理编写.)

(2) 泡茶。客人坐定后,接待人员应为客人送上茶、咖啡等饮料。在接待时,按照中国传统的习俗,应端茶送水。泡茶是一项很重要的礼节。具体如下。

① 奉茶的方法。上茶应在主客未正式交谈前,奉茶时,一种是放在桌上,另一种是顾客顺手接过茶杯,这些过程都需要注意礼仪。正确的步骤是:遵照"左下右上"的口诀,即:右手在上扶住茶杯,左手在下托着杯底。这样,客户在接茶杯的时候也是左下右上,从而避免了两个人之间肌肤接触。

敬茶时,要将茶盘放在邻近客人的茶几上,然后右手拿着茶杯的中部,左手托着杯底,杯耳应朝向客人,从左后侧双手将茶递给客人同时要说"您请用茶"。

② 奉茶的顺序。上茶应讲究先后顺序,一般应为:先客后主;先女后男;先长后幼。

③ 奉茶的禁忌。尽量不要用一只手上茶,尤其不能用左手。切勿让手指碰到杯口。

为客人倒的第一杯茶，通常不宜斟得过满，以杯深的 2/3 处为宜，便于客人端用。把握好续水的时机，以不妨碍宾客交谈为佳，不能等到茶叶见底后再续水。续茶时将杯子拿离桌子，以免把水滴到桌上或客人身上。

(3) 接待时的谈话礼仪。交谈时，要用表情、动作或语言来对对方的谈话回应，让对方感受到你对谈话的态度。作为听者要懂得诱导对方继续话题，产生兴趣，全神贯注地倾听会让对方体会到倾诉的快乐，让对方对你产生好感。

交谈的态度，指的是在与别人交谈过程中的举止表情，以及由此而体现出来的个人修养和对待交谈对象的基本看法。从某种程度上讲，交谈的态度有时甚至比交谈的内容更为重要。

要想使自己交谈的态度符合要求，就必须注意以下几方面。

① 语态。语态特指交谈时的神态，即表情与动作。不准在客人面前有不文雅举动。交谈时，在神态上要亲切友善，注意不卑不亢，恭敬有礼。对方讲话时，要专心致志，尽量耐心地听对方讲话，不要随意打断对方。不要表现得心不在焉、敷衍了事。特别要注意自己的眼神与手势，不要举目四顾，也不要指手画脚。正在接待来访者时，有电话或有新的来访者，应尽量避免中断，安排其他人员先接待。

② 音量。它不仅被视为一个人教养与素质的直接体现，而且体现了对交往对象的尊重，与别人进行交谈时，必须有意识地压低自己说话时的音量。

③ 语气。与别人交谈时，一定要注意平等待人，谦恭礼貌。在不故作姿态的前提下，应当尽量多使用一些谦辞、敬语和礼貌用语。对来访者的无理要求或错误意见，应有礼貌地拒绝。

④ 语速，即讲话速度。在交谈中，自己的语速是否合乎常规，往往直接同交谈效果联系在一起。当你向对方讲述时，应该想好了再讲，讲话的语速要适度，应当保持相对稳定，这样做不仅可以使自己的语言清晰易懂，而且还可以显示出自己成竹在胸、有条有理。不要给人急促的逼迫感，除非你有意要这样做来影响对方。

交谈内容的选择。进行交谈时，应选择格调高雅的内容，一个人交谈时涉及的具体内容，自然与其思想境界相关。讲话的措辞要得当，赞美对方要适当，格调不高的话题不要讲，如果是敏感而又必须讲的内容，也要以善良真诚的心态和语言去谈论。

交谈中对方提出的问题应该有问必答，笑而不答甚至置之不理是不可以的。对于没有听懂的话，可以要求对方重复一遍。对方不愿意回答的问题不要追问，对方反感的话题应避免说起。若不小心说了，应该马上致歉，然后立即转移话题。

男士与女士谈话要谦让，不要随意与其开玩笑，争论问题也要有节制。在交谈中直接向交谈对象进行讨教，不仅可以找到对方感兴趣的内容，而且还可以借机向对方表达自己的敬意，令其倍感重视。在接待过程中，不能随便谈论别人的隐私或短处，不得在客人面前泄露企业机密。

禁忌的话题：涉及令对方不快的问题。类似病亡、穷困类以及对方私生活方面的话题不提为好。避免进入对方的"隐私区"和"敏感区"。在长辈、领导及师长面前，不可以指手画脚。在同事、同学面前不可妄加批评，特别要杜绝背后对人说长道短，这是最令人厌恶的事情。与女士交谈，不可以论及丑美胖瘦等。不要开低级庸俗的玩笑，那只会证明自己的格调不高。

第六章 商务拜访与接待的礼仪

在与客人会谈过程中，无关人员应自动退避。至于礼仪、服务人员，应定时敲门而进，倒茶续水，取换毛巾，进行热情服务；但服务不应影响主客双方会谈，要保持现场的安静，服务完毕应轻轻退出。交谈时应面对面，目光注视对方，距离最好在两米以内，这属于私人空间，超出两米，人的注意力会分散。

两位以上的人与你交谈时，不可以只与其中的一位交谈而冷落了其他人，必须兼顾在场所有的人。欲加入别人谈话要先打招呼，未征得同意不可凑上前。别人若欲参加你们的谈话，你应点头微笑，表示欢迎。谈话中遇到有急事需要离开，应向对方打招呼表示歉意。

(三) 送宾客的礼仪

送客礼仪是接待工作的最后一个环节。客人来访，要以礼相待；客人告辞，应以礼相送。当客人表示要走时，可以婉言相留，希望其多坐一会儿，但要尊重他们的意愿，不能强行挽留，以免贻误其安排。客人提出告辞后，应等其起身，自己再起身相送。

最为常见的送别形式有道别、话别、饯别、送行。

1. 道别

在道别时，应当特别注意下列四个环节。

(1) 应当加以挽留。按照常规，道别应当由来宾率先提出来，除非有十万火急的事必须马上处理，否则不宜主动结束或者暗示结束接待。

当客人准备告辞的时候，应礼貌地婉言相留，不应顺水推舟、不做任何表示。在道别时，来宾往往会说："就此告辞""后会有期"。而此刻主人则一般会讲："一路顺风"等。有时，宾主双方还会向对方互道"再见"，或者委托对方代问其同事、家人安好。

(2) 应当起身在后。和客人告辞，主人应等来客先起身，自己再站起来。不要客人刚说要走，主人马上站起相送，有下逐客令的嫌疑。

(3) 应当伸手在后。送客时要握手致意表达依依不舍之情，并表示希望再度见面的期待之意，握手就含有不忍离别的意义。待客人先伸出手来，方可以手相握，切不可在送客时先"起身"或先"出手"，免得有厌客之嫌。远客一般要送出房门，然后握手道别。不要客人前脚刚走出门，后脚就把门"砰"地关上，这非常失礼。

(4) 应当相送一程。送行时，应该看着对方离去，等客人消失在视线中再离开；否则，当客人走完一段再回头致意时，发现主人已不在，心里会很不是滋味。

对于重要客人，应送得稍远一点。可以送到电梯口、本楼大门口或交通工具旁。送到电梯口时，替客人按下电梯，等客人进电梯、关上电梯门后再离开。送到大门口时，等客人身影行将消失再转身离开。送到车边时，等轿车开出一段路后再转身离开。

2. 话别

话别，也称临行话别。一般是在远道而来的客人离去之前，主人专程前去探望对方，并且与对方聚谈一番。在正式的接待工作中，尤其是在规格较高的接待工作中，话别通常是需要做的一项重要工作。

(1) 话别的时间。与来宾话别的时间，要讲究主随客便，注意预先相告。在正常情况下，来宾临行前一天、来宾离开下榻之处前夕，都可选择话别时间。在确定话别时间时，不要打乱对方的安排，影响对方的休息，或者有碍对方的行程。

(2) 话别的地点。最佳的话别地点，是来宾的临时下榻之处。此外，在接待的会客厅、贵宾室里，或是在专门为来宾饯行的宴会上，也可与来宾话别。

(3) 参加话别的人员。参加话别的主要人员，应为宾主双方身份、职位大致相似者、对口部门的工作人员、接待人员等。按惯例，在贵宾离去之前，东道主一方的主要负责人或者其代表，应专程前去与对方话别。

(4) 话别的内容。话别的主要内容：一是表达惜别之意；二是听取来宾的意见或建议；三是了解来宾有无需要帮忙代劳之事；四是向来宾赠送纪念性礼品。

3. 饯别

饯别，又称饯行，指的是在来宾离别之前，东道主一方专门为对方举行一次宴会，以便郑重其事地为对方送别。这是对外地客人常用的送别方式。饯别宴可以视对方的情况和饮食喜好来安排，一切应该以客人为主。

在来宾离别之前，专门为对方举行一次饯别宴会，不仅在形式上显得热烈而隆重，而且往往还会使对方产生备受重视之感，进而加深宾主之间的相互了解。

(1) 饯别的时间。一般选择在宾客离开的前一天。主人应该预约来宾的时间，并以来宾的时间为主，不要打乱对方的行程安排或者影响到对方的休息。

(2) 参加人员的选择。参加饯别宴的人员应该选择与客户身份、职位相似者以及相关部门的工作人员。

(3) 饯别时的话题。饯别并不是以吃饭为主，有些话题是主人应该提到的。如主人可以谈及此次商务会面的深刻印象，以表达惜别之意；询问来宾此行的意见或建议；问候来宾有无需要帮忙的事情等。

(4) 送上公司的纪念品。在饯别宴的适当时机，应将精心准备的纪念品送给客户，以表示主人的热情。

4. 送行

送行，特指东道主在异地来访的重要客人离开本地之时，特地委派专人前往来宾的启程返回之处，与客人亲切告别，并目送对方离去。

(1) 送行的对象。主要有正式来访的外国贵宾、远道而来的重要客人、关系密切的协作单位的负责人、重要的合作单位的有关人员、携带行李较多的人士等，当来宾要求主人为之送行时，一般可以满足对方的请求。

(2) 送行的时间。在安排为客人送行时，时间上应兼顾两点：一是切勿耽误客人的行程；二是切勿干扰客人的计划。在时间上要有一定的提前量。

(3) 送行的地点。为客人正式送行的常规地点，通常应当是客人的启程之处如机场、码头、火车站、长途汽车站等。倘如客人自带车辆，也可以把客人临时下榻之处作为送行地点，如宾馆等。

(4) 送行的人员。安排送行人员时，一是要注意其身份，送行人员与送行对象在职务身份上要大体相同；二是要控制人数，为一般的客人送行时，东道主一方的主要领导不必亲自到场，而由适当的接待人员、办公室工作人员或者与客人专业、部门对口的人员出面即可。只有为重要客人送行时，才有必要由东道主一方的主要领导出现。

(5) 送行的语言。送行过程中要与客人亲切交谈，尤其不要表现得心神不宁或频频看表，以免客人误解你催他快快离开。在客人临行前，如果时间允许，送行人员应与客人进行亲切而友好的交谈，畅谈双方的友谊，展望合作的前景，预祝对方一帆风顺等。

(6) 握手、挥手送行。在来宾正式登上交通工具之前，送行人员应当同客人一一握手作别。对方所乘坐的交通工具驶离之时，送行人员应向对方挥手致意。

(7) 退场礼仪。送行人员通常应该在客人所乘坐的交通工具启动后，或是在交通工具离开自己的视线后，方可离去。

第三节 位次礼仪

位次礼仪

位次排列，有时也称座次排列。它具体所涉及的是位次的尊卑问题，在日常生活和工作中无所不在。

一、行进中的位次礼仪

行进中的位次排列，指的是人们在步行的时候位次排列的次序。在陪同、接待来宾或领导时，行进的位次引人关注。

一般情况下的行进中，并行时，中央高于两侧，内侧高于外侧，一般让客人走在中央或内侧；单行行进时，前方高于后方，如没有特殊情况的话，应让客人在前面走。

特殊情况下的行进位次有以下四种。

第一，引导。自己走在客人侧前方二三步，侧向客人走，用左手示意方向；要配合客人的行走速度；保持职业性的微笑和认真倾听的姿态；如来访者带有物品，可以礼貌地为其服务。途中注意引导提醒：拐弯或有楼梯台阶的地方应使用手势，并提醒客人"这边请"或"注意楼梯""有台阶，请走好"等。

第二，上下楼梯。一般而言，上下楼梯要单行行进；没有特殊情况要靠右侧单行行进。引导客人上下楼梯：上楼梯时，客人走前面，陪同者紧跟后面；下楼梯时，陪同者走前面，并将身体侧向客人。楼梯中间的位置是上位，但若有栏杆，就应让客人扶着栏杆走；如果是螺旋梯，则应该让客人走内侧。上下楼梯时，要提醒客人："请小心"。

第三，出入电梯。当电梯无人值守时，陪同人员在客人之前进入电梯，一手按住"开"的按钮，另一只手示意客人进入电梯；进入电梯后，侧身面对客人，可作寒暄；到目的地时，按住"开"的按钮，请客人先下。当电梯有人值守时，陪同人员在客人之后进入电梯，到目的地时，请客人先下。

第四，出入房门。若无特殊原因，位高者先出入房门；若有特殊情况，如室内无灯，光线较暗，陪同者宜先入门并开灯，然后请客户或领导进入；出门时陪同者后出，客人先出。

二、会议中的位次礼仪

商务交往时的会议按规模划分，有大型会议、小型会议和茶话会之分，座次排列规则如下。

(一)大型会议

大型会议,一般是指与会者众多、规模较大的会议。它的最大特点是会场上应分设主席台与群众席。前者必须认真排座,后者的座次则可排可不排。

1. 主席台排座

大型会场的主席台,一般应面对会场主入口。在主席台上的就座之人,通常应当与在群众席上就座之人呈面对面之势。在其每一名成员面前的桌上,均应放置双向的桌签。

主席台排座,具体又可分为主席团排座、主持人座席、发言者席位等。

(1) 主席团排座。主席团,是指在主席台上正式就座的全体人员。国内目前排定主席团位次的基本规则有三:一是前排高于后排;二是中央高于两侧;三是单数时,居中为上,然后先左后右,左侧高于右侧。双数时,右为上,左为次,然后按先右后左,一右一左的顺序排列。

(2) 主持人座席。会议主持人,又称大会主席。其具体位置有三种方式可供选择:一是居于前排正中央;二是居于前排的两侧;三是按其具体身份排座。

(3) 发言者席位。发言者席位,又叫发言席。在正式会议上,发言者发言时不宜就座于原处发言。发言席的常规位置有二:一是主席团的正前方;二是主席台的右前方。

2. 群众席排座

在大型会议上,主席台之下的一切座席均称为群众席。群众席的具体排座方式如下。

(1) 自由式择座。即不进行统一安排,而由大家自由择位而坐。

(2) 按单位就座。它指的是与会者在群众席上按单位、部门或者地位、行业就座。具体依据,既可以是与会单位、部门的汉字笔画的多少、汉语拼音字母的前后顺序,也可以是其平时约定俗成的序列。按单位就座时,若分为前排后排,一般以前排为高,以后排为低;若分为不同楼层,则楼层越高,排序便越低。

在同一楼层排座时,又有两种普遍通行的方式:一是以面对主席台为基准,自前往后进行横排;二是以面对主席台为基准,自左而右进行竖排。

(二)小型会议

小型会议,一般指参加者较少、规模不大的会议。它的主要特征,是全体与会者均应排座,不设立专用的主席台。

小型会议的排座,目前主要有以下三种具体型式。

1. 面门设座

一般以面对会议室正门之位为会议主席之座。其他的与会者可在其两侧自左而右地依次就座。

2. 依背景设座

依背景设座是指会议主席的具体位置,应当背依会议室之内的主要景致之所在,如字画、讲台等。其他与会者的排座略同于前者。

3. 自由择座

不排固定的具体座次,而由全体与会者完全自由地选择座位就座。

(三)茶话会

茶话会的座次排列方式主要有以下四种。

1. 环绕式

环绕式排位不设立主席台,把座椅、沙发、茶几摆放在会场的四周,不明确座次的具体尊卑,与会者在入场后自由就座。这一安排座次的方式,与茶话会的主题最相符,也最流行。

2. 散座式

散座式排位,常见于在室外举行的茶话会。座椅、沙发、茶几自由地组合,甚至可由与会者根据个人要求而随意安置。这样就容易营造出一种宽松、惬意的社交环境。

3. 圆桌式

圆桌式排位,指的是在会场上摆放圆桌,请与会者在周围自由就座。圆桌式排位又分下面两种形式:一是适合人数较少的,仅在会场中央安放一张大型的椭圆形会议桌,而请全体与会者在圆桌前就座;二是在会场上安放数张圆桌,请与会者自由组合就座。

4. 主席式

主席式排位是指在会场上,主持人、主人和主宾被有意识地安排在一起就座。

【案例阅读 6-2】

座位的排列

有一家分公司,准备召开一次重要的会议,请来了总公司总经理和董事会的部分董事,并邀请当地政府要员和同行业的重要人士出席。由于参会的重要人物很多,分公司领导决定用长 U 字型桌子来布置会场。分公司领导的座位设于长 U 字横头的下首。会议当天,参会贵宾进入会场,按座签指定的位置入场,当坐在横头下首的分公司领导宣布会议开始时,突然发现会场气氛有些不对,部分贵宾或交头低语或起身退场。分公司领导不知道发生了什么事情,场面非常尴尬。其实,造成这种尴尬场面的原因是没有按照严格的礼仪规范安排座次。

(资料来源:王玉芩.商务礼仪案例与实践[M]. 人民邮电出版社,2021.)

三、宴会中的位次礼仪

在正式的商务宴请中,位次的排列最为讲究。宴请位次的排列主要涉及两个问题,即桌次和座次。

(一)桌次的安排

主桌的确定：以面门为依据，居中为上、以右为上、以远为上。

按习惯，桌次的高低以离主桌位置远近而定。以主人的桌为基准，右高左低、近高远低；桌子之间的距离要适中，各个座位之间的距离要相等。

(二)座次的排列

面门居中为主人：座次以主人的座位为中心，如果女主人参加时，则以主人和女主人为基准，近高远低、右高左低，依次排列。把主宾安排在主人的右手位置，主宾夫人安排在女主人右手位置。主左宾右分两侧而坐。译员安排在主宾右侧，如图6-5所示。

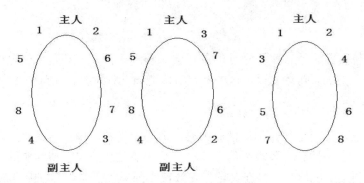

图6-5 宴会位次表示图

(三)西餐的位次礼仪

西餐的位置排列与中餐有相当大的区别，中餐多用圆桌，而西餐一般都用长桌。如果男女二人同去餐厅，男士应请女士坐在自己的右边，还得注意不可让她坐在人来人往的过道边。若只有一个靠墙的位置，应请女士就座，男士坐在她的对面。如果是两对夫妻就餐，夫人们应坐在靠墙的位置上，先生则坐在各自夫人的对面。如果两位男士陪同一位女士进餐，女士应坐在两位男士的中间。如果两位同性进餐，那么靠墙的位置应让给其中的年长者。西餐还有个规矩，即是：每个人入座或离座，均应从座椅的左侧进出。举行正式宴会时，座席排列按国际惯例：桌次的高低依距离主桌位置的远近而右高左低，桌次多时应摆上桌次牌。同一桌上席位的高低也是依距离主人座位的远近而定。西方习俗是男女交叉安排，即使是夫妻也是如此。

四、乘车中的位次礼仪

其内容见本章商务接待礼仪流程中的具体迎宾礼仪所述。

五、谈判中的位次礼仪

举行正式谈判时，有关各方在谈判现场具体就座的位次要求非常严格，礼仪性很强。从总体上讲，排列正式谈判的座次，可分为两种基本情况。

第六章 商务拜访与接待的礼仪

(一)双边谈判

双边谈判,指的是由两方人士所举行的谈判。在一般性的谈判中,双边谈判最为多见。双边谈判的座次排列,主要有两种形式可供酌情选择。

1. 横桌式

横桌式座次排列,是指谈判桌在谈判室内横放,客方人员面门而坐,主方人员背门而坐。除双方主谈者居中就座外,各方的其他人士则应依其具体身份的高低,各自先右后左、自高而低地分别在己方一侧就座。双方主谈者的右侧之位,在国内谈判中可坐副手,而在涉外谈判中则应由译员就座(见图6-6)。

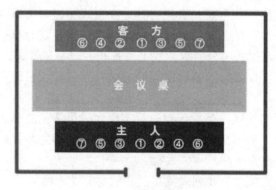

图6-6 横桌式会谈排位

2. 竖桌式

竖桌式座次排列,是指谈判桌在谈判室内竖放。具体排位时以进门时的方向为准,右侧由客方人士就座,左侧则由主方人士就座。在其他方面与横桌式排座相仿(见图6-7)。

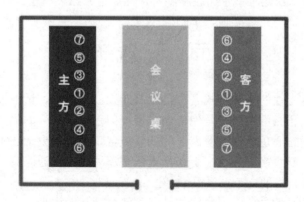

图6-7 竖桌式会谈排位

(二)多边谈判

多边谈判,是指由三方或三方以上人士所举行的谈判。多边谈判的座次排列,主要也分为两种形式。

1. 自由式

自由式座次排列，即各方人士在谈判时自由就座，而无须事先正式安排座次。

2. 主席式

主席式座次排列，是指在谈判室内，面向正门设置一个主席位，由各方代表发言时使用。其他各方人士，则一律背对正门、面对主席之位分别就座。各方代表发言后，亦须下台就座。

六、签字仪式时的位次礼仪

签字仪式，通常是指订立合同、协议的各方在正式签署时所举行的仪式。举行签字仪式，不仅是对谈判成果的一种公开化、固定化，也是有关各方对自己履行合同、协议所做出的一种正式承诺。签字仪式可分为双边签字仪式和多边签字仪式。

一般而言，举行签字仪式时，座次排列的方式共有三种，它们分别适用于不同的具体情况。

一是并列式。并列式排座，是举行双边签字仪式时最常见的形式。它的基本做法是：签字桌在室内面门横放。双方出席仪式的全体人员在签字桌之后并排排列，签字人员居中面门而坐，客方居右，主方居左。

二是相对式。相对式排座与并列式签字仪式的排座基本相同。二者之间的主要差别是，相对式排座将双边参加签字仪式的随员席移至签字人的对面。

三是主席式。主席式排座，主要适用于多边签字仪式。其操作特点是：签字桌仍须在室内横放，签字席设在桌后，面对正门，但只设一个，并且不固定其就座者。举行仪式时，各方所有人员，包括签字人在内，皆应背对正门，面向签字席就座。签字时，各方签字人应以规定的先后顺序依次走上签字席就座签字，然后退回原位就座。

第四节 交 谈 礼 仪

交谈是人们日常交往的基本方式之一。"酒逢知己千杯少，话不投机半句多"，言谈是一门古老的艺术，语言的礼仪正是使言谈成了一门艺术。言谈的优劣直接决定了言谈的效果。美国著名的语言心理学家多罗西·萨尔诺夫曾说道："说话艺术最重要的应用，就是与人交谈。"从广泛意义上来讲，交谈是人们交流思想、沟通感情、建立联系、消除隔阂、协调关系、促进合作的一个重要渠道。

商务人员在交谈时的具体表现往往与其工作能力、从业水平、个人魅力以及待人接物的态度紧密联系在一起。因此，交谈是商务人员个人素质的组成部分。美国前哈佛大学校长伊立特曾说："在造就一个有修养的人的教育中，有一种训练必不可少，那就是优美、高雅的谈吐。"交谈以语言为媒介，是传递信息、交流思想、表达感情、开展工作、建立友谊、增进了解的一种重要形式。人际交往中，因为不注意交谈的礼仪规范，用错了个词多说了一句话、不注意词语的色彩，或选错话题等而导致交往失败影响人际关系的事，时有发生。

因此，在交谈中须遵从一定的礼仪规范，才能达到双方交流信息、沟通思想的目的。在交往活动中要求以语言的"礼"吸引人，以语言的"美"说服人，才能赢得对方的好感，取得良好的交谈效果。

一、交谈的特点

交谈有以下几个特点。

第一，双向沟通、听说兼顾。交谈是双向活动，你说我听，我说你听。双方互相制约，听说并用。说话不要滔滔不绝，不给别人说话的机会；别人说你听，也不要心不在焉，东张西望或横加阻拦，抢着说话，双方都要善于听、说。

第二，灵活多变、话题易换。双方交谈肯定有共同的话题。在交谈时，不一定围绕着一个话题，大多数人在交谈时，话题较分散，由一个话题转到另一个话题，经常变换。这时就要灵活掌握，适当控制话题，明确目标，不要东扯西拉，更不要答非所问。

第三，反应迅速、思维敏捷。交谈中，双方都要把思想内容迅速地转换为口语，听、想、说都要快捷，听辨、思考、表达都要协调一致，才能"出口成章"、临场不慌。

第四，谦虚礼貌、适应对方。只有彼此谦虚礼貌，双方交谈才能谈得拢，越谈越融洽，才能有所收益、增进友谊。如果一方缺少谦虚或礼貌，就会使整场交谈陷于尴尬。同时，双方都要考虑对方的要求、兴趣、特点，去吸引对方，适应对方，创造"酒逢知己千杯少"的佳境，而不要陷入"话不投机半句多"的局面。

二、与人交谈时应遵循的规范和惯例

在一般场合与人交谈时应当遵循的各种规范和惯例主要涉及交谈的态度、交谈的语言、交谈的内容、交谈的方式四个方面。

(一)交谈的态度

在交谈时应当体现出以诚相待、以礼相待、谦虚谨慎、主动热情的基本态度，切不可逢场作戏、虚情假意、敷衍了事、油腔滑调。

1. 表情自然

表情通常是指一个人面部神态、气色的变化和状态。人们在交谈时所呈现出来的种种表情，往往是个人心态、动机的无声反映，交谈时目光应专注，或注视对方，或凝神思考，从而和谐地与交谈进程相配合。目光游离，漫无边际，则是失礼的表现。如果是多人交谈，就应该不时地用目光与众人交流，以表示彼此是平等的。

2. 举止得体

在交谈时往往会伴随着做出一些有意无意的动作。这些肢体语言通常是自身对谈话内容和谈话对象真实态度的反映。因此，商务人员必须要对自己的举止予以规范和控制。

适度的动作是必要的。例如，发言者可用适当的手势来补充说明其所阐述的具体事由。

倾听者则可以用点头、微笑来反馈"我正在注意听"等信息。可见，适度的举止既可以表达敬人之意，又有利于双方的沟通和交流。但动作幅度不可过大，更不要手舞足蹈。切勿在谈话时左顾右盼，或是双手置于脑后，不要在交谈时以手指指人，因为这种动作有轻蔑之意。交谈时应尽量避免打哈欠，如果实在忍不住，也应侧头掩口，并向他人致歉。

3. 遵守惯例

除了表情和举止外，交谈时一些细节能够体现自己的谈话态度。为表达自己的诚意、礼貌与热忱，商务人员在这些细节的处理上要遵守一定的惯例。

(1) 注意倾听。倾听是与交谈过程相伴而行的一个重要环节，也是交谈顺利进行的必要条件。切不可追求"独角戏"，对他人发言不闻不问，甚至随意打断对方的发言。

(2) 谨慎插话。交谈中不应随便打断别人的话，要让对方把话说完再发表自己的看法。如确实想要插话，应向对方打招呼："对不起，我插一句行吗？"但所插之言不可冗长，一两句点到即可。

(3) 礼貌进退。参加别人谈话之前应先打招呼，征得对方同意后方可加入。相应地，他人想加入己方交谈，则应以握手、点头或微笑表示欢迎。如果别人在单独谈话，不要凑上去旁听。若确实有事需与其中某人说话，也应等到别人说完后再提出要求。谈话中若遇有急事需要处理，应向对方打招呼并表示歉意。

(4) 注意交流。交谈是双向或多向的交流过程，需要各方的积极参与。因此，在交谈时切勿造成"一言堂"的局面。自己发言时要给其他人发表意见的机会，别人说话时自己要适时发表个人看法，互动式的交流方式有利于促进交谈的进行。

(二)交谈的语言

语言是交谈的载体，交谈过程即语言的运用过程。语言运用是否准确、恰当直接影响着交谈能否顺利进行。

1. 通俗易懂

商务场合会碰见不同行业的人，如电子、机械、医药等，当表达专业内容时应尽量通俗、简洁、深入浅出，这也代表一个人的业务水平和知识结构。

2. 文明礼貌用语

日常交谈虽不像正式发言那样严肃郑重，但也要讲究文明礼貌用语。

在交谈中，要善于使用一些约定俗成的礼貌用语，如"您""谢谢""对不起"等。尤其注意的是，在交谈结束时，应当与对话方礼貌道别，如"谢谢您，再见！"等。即使在交谈中有过争执，也应不失风度，切不可来上一句："我就是认为我对"等。

交谈中应当尽量避免一些不文雅的语句和说法，不宜明言的一些事情可以用委婉的词句来表达。例如，想要上厕所时，宜说："对不起，我去一下洗手间。"

在交谈时切不可意气用事，以尖酸刻薄的话对他人冷嘲热讽，更不可目中无人。

3. 简洁明确

在交谈时所使用的语言应当力求简单明了、言简意赅地表达自己的观点和看法。这样

第六章 商务拜访与接待的礼仪

不仅能提高工作效率，而且还可以体现自己的精明强干。

交谈时要要求发音标准，吐字清晰，让对方听清自己的话。否则根本谈不上交流。忌用方言、土语，要以普通话作为正式标准用语。

交谈时要求所说的话含义明确，不产生歧义，以免产生不必要的误会，如"张经理不在了！"（是调离了，而不是去世了。）

(三)交谈的内容

交谈的内容往往被视为个人品位、志趣、教养和阅历的集中体现。在社交场合，我们常常会看到有些人颇有人缘，备受关注，往往很快能成为谈话核心，而有些人则很难融入周围的谈话群体当中，要么谈话枯燥无味，要么无话可说，只能在一旁聆听。反差如此之大，主要在于是否擅长挑选合适的谈话主题。交谈话题的选择应当遵守一定的原则：一是切合语境；二是符合身份。一般要求如下。

1．选择既定话题

在进行较为正式的谈话时，应当有备而来，事先定好谈话的主要内容。此时，只要以既定内容为谈话重点，尽最大努力围绕这一重点为谈话核心，必然一击即中。

2．选择高雅话题

无论身在何种场合，都要自觉地选择高尚、文明的内容。可谈哲学、历史、文学、艺术、风土人情、社会发展等，不宜谈论庸俗低级的内容。

3．选择擅长的话题

交谈的内容应当是自己或者对方所熟知甚至擅长的内容。选择自己所擅长的内容，就会在交谈中驾轻就熟、得心应手，并令对方感到自己谈吐不俗，对自己刮目相看。选择对方所擅长的内容，则既可以给对方发挥长处的机会，调动其交谈的积极性，也可以借机向对方表达自己的谦恭之意。应当注意的是，无论是选择自己还是对方擅长的话题，都不应当涉及另一方一无所知的内容，否则便会使对方感到尴尬难堪，或者令自己贻笑大方。

4．选择轻松的话题

在参与非正式的谈话中，可有意识地找些轻松愉快的话题，如文艺、体育、娱乐、时尚、烹饪等这些人们容易接受的主题。活跃气氛的同时，也易于建立和谐的人际关系。除非必要，切勿选择那些让对方感到沉闷、压抑、悲哀、难过的内容。

5．要特别注意避免提及一些禁忌话题

每个人都有自己忌讳的话题。个人隐私的话题，如收入、婚姻家庭、信仰等都属于个人隐私，不可轻易谈及；令人反感的话题，在公共场合谈论死亡、鬼神会招人反感；非议他人的话题，有些人喜欢聚在一起对他人指指点点，说三道四，这也是非常不好的。

(四)交谈的方式

1．倾泻式交谈

倾泻式交谈，就是人们通常所说的"打开窗户说亮话"，知无不言，言无不尽，将自

己的所有想法和见解统统讲出来,以便让对方较为全面、客观地了解自己的内心世界。倾泻式交谈方式的基本特征是以我为主,畅所欲言。采用倾泻式交谈方式,易赢得对方的信任,而且可以因势利导地掌握交谈主动权,控制交谈走向。但此种交谈方式会给人以不稳重之感,有可能泄密,而且还会被人误以为是在和对方"套近乎"。

2. 静听式交谈

静听式交谈,即在交谈时有意识地少说多听,以听为主。当别人说话时,除了予以必要的配合外,主要是洗耳恭听。在听的过程中努力了解对方思路,理清头绪,赢得时间,以静制动。静听式交谈的长处在于它既是表示谦恭之意的手段,亦可后发制人,变被动为主动。但此种方式并非要人自始至终一言不发,而要求以自己的只言片语、神情举止去鼓励、配合对方,否则就会给人以居官自傲、自命不凡之感。

3. 启发式交谈

启发式交谈,即交谈一方主动与那些拙于辞令的谈话对象进行合作,在话题的选择或谈话地走向上多方引导、循循善诱,或者抛砖引玉,鼓励对方采用恰当的方式阐述己见。采取此种交谈方式时,切勿居高临下,企图以此控制对方,也不可存心误导对方。

4. 跳跃式交谈

跳跃式交谈,即在交谈中倘若一方或双方对某一话题感到厌倦、不合时宜、无人呼应时,及时地转而谈论另外一些较为适当的、双方都感兴趣的话题。跳跃式交谈的长处在于可使交谈者避免冷场的尴尬,使交谈顺利进行。跳跃式交谈虽可对交谈话题一换再换,但切勿单凭个人兴趣频繁跳换话题,让对方无所适从。

5. 评判式交谈

评判式交谈,即在谈话中听取了他人的观点、见解后,在适当时刻,以适当方法恰如其分地进行插话,来发表自己就此问题的主要看法。此种方式的主要特征是在当面肯定、否定或补充、完善对方的发言内容。在涉及根本性、方向性、原则性问题的交谈中,有必要采取评判式方式。但要注意适时与适度,重视与对方彼此尊重、彼此理解。

6. 扩展式交谈

扩展式交谈,即围绕着大家共同关心的问题,进行由此及彼、由表及里的探讨,以便开阔思路、加深印象、提高认识或达成一致,扩展式交谈的目标在于各抒己见,交换意见,以求集思广益。扩展式交谈方式能使参与交谈的有关各方统一思想,达成共识,或者交换意见,完善各自观点。在进行扩展式交谈时,一定要注意就事论事,以理服人,善于听取他人意见,切不可自命不凡、强词夺理。

三、商务人员交谈的方法与技巧

在商务交往中,对商务人员的口才有很高的要求。商务人员不一定要伶牙俐齿、妙语连珠,但必须具有良好的逻辑思维能力、清晰的语言表达能力,并在谈话中保持自己应有的风度,始终以礼待人。有道是,"有'礼'走遍天下",在谈话之中也是如此。

第六章　商务拜访与接待的礼仪

谈话技巧具有极强的可操作性，而且需要针对不同的人与事加以灵活地运用。例如，一位来企业参观的外商若突然问起了我方的产量、产值等问题，告之以"无可奉告"固然能行，但可能使对方感到尴尬。此时，可用另外的方式来表达"无可奉告"之意，如"我们能生产多少，就生产多少""有多大生产能力，就生产多少""每年创造的产值往往不尽相同"等。这种照顾对方情绪的"所答非所问"也是谈话技巧。以下介绍一些相关的交谈方法和技巧。

(一)心胸坦荡、以诚相待

在交谈中，首要的是心要诚，心胸坦荡。只有真诚才能让人抛开猜忌，互相信任；只有真诚，才不会转弯抹角，才能避免那些虚假的应酬；只有真诚，才能给对方一见如故、谈得拢的好感，才能使交谈在亲切友好的气氛中顺利地进行，并达到预期的目的；只有真诚，才能改变别人对你的成见或误解，配以行动去证明你的诚意，从而说服对方，使其愿意帮助你，乐于与你合作共事。不管对谁，只有真诚第一，才能使交流成功。

与领导交谈不必过分拘谨、局促不安，也不要阿谀奉承、唯唯诺诺、过分谦卑，而应心境宽松，坦然自若地本着对领导的尊重，真诚地、入情入理地谈自己独特的见解和改进工作的建议和想法，这样可以给领导留下深刻而不浅薄、感情真挚而不谄媚的好印象。对同事要一视同仁，不要对亲者热如火炉，对疏者冷若冰霜，表现出明显的倾向性。凡事不宜走极端，要善于克制、忍让。心诚才能感化对方，冷淡会使关系更加疏远。这样，交谈也就无法进行下去。与下级交谈要亲切随和，宽厚为怀，设身处地站在对方的立场上多为他人着想，以心换心。这样，才能创造一个上下级关系和谐、感情融洽的交谈环境，切不可居高临下、颐指气使。

(二)实话实说、不虚伪做作

只有说实话，不虚伪做作，才能使交谈深入下去，只有充满真情的实话，才能赢得理解与信任。例如，在买卖过程中，顾客对营业员或服务员常常怀有矛盾的心理：一方面，怕被欺骗，认为他们是王婆卖瓜自卖自夸，不说真话，对他们有戒备心；另一方面，又希望得到他们的指点，认为他们懂行情，了解商品特性，也有一定的信任感。真诚地提出自己的意见，为顾客做好参谋，这样就可促成交易成功。

【案例阅读6-2】

尼克松的真诚

1952年，艾森豪威尔竞选美国总统，当时年轻的参议员尼克松参加了副总统竞选。正当尼克松为竞选四处奔波时，《纽约时报》突然披露他在竞选中秘密受贿的新闻。为了摆脱困境，他采取了一个在政治史上少有的礼仪行动：他以一个普通人的形象出现在公众面前，与大家拉家常，把自己的财务状况全部公布于选民，财产、欠债、经济收入，甚至花掉的每分钱都告诉了大家，使人们感到既熟悉亲切，又真实可信。最后，他满含感情地说："帕特(他的夫人)没有貂皮大衣……还有一件事，也应该告诉你们，我们确实收到一件礼物，那是得克萨斯州一个人送给我小孩一只小狗，现在我只说一点，不管别人说什么，我们都要把它留下来。"尼克松富于人情味的大实话，既打动了选民的心，获得了信任，又澄清了事实，赢得了大批同情者，最后他竞选成功了。

(资料来源：本书作者整理编写.)

(三)亲切自然、神情专注

　　交谈时，如果虚情假意，言不由衷，搞"外交辞令"，就会出现"话不投机半句多"的尴尬局面。因此，交谈时不要装腔作势，夸夸其谈；不要胡乱恭维，不要向别人夸耀自己，转弯抹角地自我吹嘘，这样容易使对方产生厌恶感。交谈时，听到夸奖赞誉之言，要表示谦逊；听到批评的逆耳之言，不要表现出不高兴和过多的解释。回答问话时要表现出善良、友好的诚意。

　　交谈时，双方神情要自然、专注，应正视对方，认真倾听，切忌东张西望，似听非听或者翻阅书报，甚至处理一些与交谈无关的事务，这是极不礼貌的表现，会严重破坏谈话的气氛；也不要随意打哈欠、伸懒腰，做出一副疲惫不堪的样子；或是时不时看看钟，显得心不在焉，这会给对方留下轻率的印象。

(四)从必要的寒暄开始

　　寒暄即应酬之语。问候是人们相逢之际所打的招呼，所问的安好。在大多数情况下，二者应用的情景比较相似，都是作为交谈的"开场白"被使用。从这个意义上讲，二者之间的界限常常难以确定。

　　寒暄的主要用途是在人际交往中打破僵局，缩短人际距离，向交谈对象表示自己的敬意，或是借以向对方表示乐于与之结交之意。所以说，在与他人见面之时，若能选用适当的寒暄语，往往会为双方进一步的交谈做良好的铺垫。反之，在本该与对方寒暄几句的时刻，反而一言不发，则是极其无礼的。

　　在不同时候，适用的寒暄语各有特点。跟初次见面的人寒暄，最标准的说法是："您好！""很高兴能认识你"，比较文雅一些的话，可以说："久仰""幸会"。要想随便一些，也可以说："早听说过您的大名""某人经常跟我谈起您"，或是"我早就拜读过您的大作""我听过您做的报告"等。跟熟人寒暄，用语则不妨显得亲切、具体一些。可以说"好久没见了""又见面了"，也可以说"您气色不错"。

　　问候多见于熟人之间打招呼。西方人常说"Hi"，中国人则常问"去哪？忙什么呢？身体怎么样""家人都好吧"。问候语具有非常鲜明的民俗性、地域性的特征，如老北京人爱问"吃过了吗"，其实质就是"您好"。若以之问候南方人或外国人，常会被理解为"要请我吃饭""没话找话"，从而引起误会。

(五)善于赞美

　　心理学家曾经提出这样一个词，叫"偏好正性刺激"，指的是人际交往过程中，人们都有一个共性，那就是都喜欢听表扬，喜欢被他人欣赏。

　　什么样的人最招人喜欢？答案是懂得赞美别人的人。什么样的人最有礼貌？答案是得到他人帮助后，知道及时表示感谢的人。赞美别人有一定的技巧，应有感而发，诚挚中肯。它与阿谀奉承是有所区别的。

赞美别人的第一要则就是要实事求是，力戒虚情假意。有位西方学者说：面对一位真正美丽的姑娘，才能夸她"漂亮"。面对相貌平平的姑娘，称道她"气质甚好"方为得体。这位学者的话讲得虽然有些率直，但却道出赞美别人的第二要则，即需要因人而异。男士喜欢别人称道他幽默风趣，很有风度；女士渴望别人注意自己年轻、漂亮；老人乐于别人欣赏自己知识丰富，身体保养得好；孩子们爱听别人表扬自己聪明、懂事。适当道出他人内心之中渴望获得的赞赏，这种"理解"最受欢迎。

赞美别人的第三要则是话要说得自然，不要听起来过于生硬，更不能"一视同仁，千篇一律"。最后应当指出的是：在人际交往中，应当少夸奖自己，多赞美别人。

【案例阅读6-3】

赞美他人

1921年，美国钢铁大王安德鲁·卡内基擢升查理·夏布为"美国钢铁公司"第一任总裁，年薪100万美元。夏布是个不寻常的天才吗？他对钢铁比别人都懂得多吗？不是，最重要的原因是他能有效地管理组织人事。他说："我想，我天生具有引发人们热忱的能力。促使人将自身能力发挥至极限的最好办法，就是赞赏和鼓励……""我从不批评他人，我相信奖励是使人工作的原动力。所以，我喜欢赞美而讨厌吹毛求疵。如果我喜欢什么，那就是真诚、慷慨地赞美他人。"

夏布告诉我们，经常真诚地、慷慨地欣赏、赞美他人是多么重要且必要。人际交往中还有这样一个不等式：赞赏别人所付出的远远要小于被欣赏人所获得的。所以，请不要吝啬我们的赞美之词，我们的赞美会让身边的人更加幸福快乐，而这也正是我们生存的最大价值与意义！

(资料来源：本书作者整理编写.)

(六)专注地聆听

交流过程中擅于聆听，是谈话中必备的一项技能，更是一项重要的礼节。戴尔·卡耐基举过一个例子：一次，他在纽约参加一个晚宴，遇到了一位很优秀的植物学家。他从没有跟植物学家打过交道，于是凝神静听，听他介绍外来植物和交配新产品的许多实验，一直到了深夜。晚宴结束后，那位植物学家向主人极力恭维卡耐基，说他是"最能鼓舞人"的人，是"最有趣的谈话高手"。实际上卡耐基几乎没说几句话，他只是非常专注地倾听。可见，聆听也是一种很好的表达方式。

聆听有四方面要求：一是听时神情专注，聆听他人讲话时表情要认真，动作要配合，听后要有反馈；二是不打断他人谈话；三是不与谈话者抬杠；四是不轻易否定他人的谈话内容。

(七)及时的祝贺与慰问

1. 祝贺

祝贺就是向他人道喜。每当亲朋好友在工作与生活上取得了进展，或是恰逢节日喜庆之时，对其致以热烈且富有感情色彩的吉语佳言，会使对方的心情更为舒畅，双方的关系更为密切。祝贺的方式多种多样，如口头祝贺、电话祝贺、书信祝贺、贺卡祝贺、贺电祝贺、点播祝贺、赠礼祝贺、设宴祝贺等，这些方式都有特定的适用范围。在多数情况下，也可以几种方式同时并用。

祝贺的时机也需要审慎地选择。适逢亲朋好友结婚、生育、乔迁、获奖、晋职、晋级、过生日、出国深造、事业上取得突出成就之时，应当及时向其表示祝贺。碰上节日，出于礼貌，也应道贺。对于关系单位的开业、扩店、周年纪念、业务佳绩，亦予以祝贺。

2. 慰问

慰问就是在他人遭遇重大变故，如患病、负伤、失恋、丧子、丧偶、婚变、极感痛苦忧伤等，或遭受困难挫折之时，如破产、失业、休学、研究受阻、市场开拓失败，对其进行安慰与问候，使其少安毋躁，稳定情绪，放宽心，去除或减轻哀伤。在适当的时机，还可给予对方一定的支持与鼓励。

慰问，首先要表现出"患难与共"。不论是表情、神态，还是动作、语言，都应当真诚地显示出慰问者的同舟共济之心、体贴关心之意。

(八)巧妙的应对争执与论辩

在商务交往中，特别是在某些正式的场合，为了捍卫民族利益或单位利益，有时免不了要同交往对象针锋相对，寸土必争，争论某些问题，辨别谁是谁非。这也是人们所说的争执与论辩，通常也称为争辩。即使是进行必要的争辩，也须先礼后兵，礼让三分。在进行争辩时，还须注意："对事不对人，常存敬人之心。"

争辩不是争吵，所以在争执辩论的过程中，依旧要有文明礼貌，要始终如一地尊重交往对象，维护其自尊心，要晓之以理、动之以情。争辩时要注意以下三点。

第一，语气要自然、果断。这是维护自尊与自信的需要。

第二，说理要简单、明了。没有必要东拉西扯、高谈阔论。

第三，要多摆事实，以"理"服人。在争辩中，"摆事实、讲道理"。

(九)恰当的规劝与批评

规劝即在交谈中，对他人郑重其事地加以劝告，劝说其改变立场，改正错误。在这个意义上来讲，规劝与批评具有许多方面的共性，因为批评就是对他人的缺点提出意见。

在规劝与批评他人时，应注意以下几点。

第一，表达上要温言细语，勿失尊重。

第二，尽可能不当众规劝批评别人，尤其是以那些有身份、有地位的人士为批评对象的话，难免会让其自尊心备受伤害。

第三，规劝和批评最好与赞赏同时存在。卡耐基曾说过："当我们听到别人对我们的某些长处表示赞赏后，再听到他的批评，我们的心里就好受得多。"

(十)适当的表达拒绝与道歉

拒绝就是不接受。既可能是不接受他人的建议、意见或批评，也可能是不接受他人的恩惠或赠予的礼品。从本质上讲，拒绝即对他人意愿或行为的否定。在商务交往中，有时尽管拒绝他人会使双方一时有些尴尬难堪，但"当断不断，自受其乱"，需要拒绝时，就应将此意以适当的形式表达出来。

从语言技巧上说，拒绝有直接拒绝、婉言拒绝、沉默拒绝、回避拒绝等四种方法。

倘若自己的言行有失礼或不当之处，或是打扰、麻烦、妨碍了别人时，就要及时向对方道歉。有道是"知错就改"，人不怕犯错误，却怕不承认过失，明知故犯。道歉的好处在于，它可以冰释前嫌，消除他人对自己的恶感，也可以防患于未然，为自己留住知己，赢得朋友。

四、交谈的语言艺术

语言作为人类的主要交际工具，是沟通不同个体心理的桥梁。交谈的语言艺术包括以下几个方面。

(一)准确流畅

在交谈时，如果词不达意、前言不搭后语，容易被人误解，达不到交流的目的。因此在表达思想感情时，应做到口音标准、吐字清晰，说出的语句应符合规范，避免使用似是而非的语言。语句停顿要准确，思路要清晰，谈话要缓急有度，从而使交流活动畅通无阻。

语言准确流畅还表现在让人听懂，言谈时尽量不用书面语或专业术语，因为这样的谈吐让人感到太正规，或理解困难。古时有一笑话，说有一个书生，突然被蝎子蜇了，便对其妻子喊道："贤妻，速燃银烛，你夫为虫所袭！"他的妻子没有听明白，书生更着急了："身如琵琶尾似钢锥，叫声贤妻，打个亮来，看看是什么东西！"其妻仍然没有领会他的意思，书生疼痛难熬，不得不大声吼道："快点灯，我被蝎子蜇了！"真乃自作自受。

(二)委婉表达

交谈包含复杂的心理交往，人的微妙心理，自尊心往往起重要的控制作用，触及它，有可能产生不愉快。因此，对一些只可意会不可言传、人们回避忌讳、可能引起对方不愉快的事情，不能直接陈述，只能用委婉、含蓄的话去说。常见的委婉说话方式有：避免使用主观武断的词语，如"只有""一定""唯一""就要"等不留余地的词语，要尽量采用与人商量的口气。先肯定后否定，学会使用"是的……但是……"这个句式。把批评的话语放在表扬之后，就显得委婉一些，间接地提醒他人的错误或拒绝他人。

(三)掌握分寸

谈话要有放亦有收，不过头，不嘲弄，把握"度"；谈话时不要唱"独角戏"，夸夸其谈，忘乎所以，不让别人有说话的机会；要察言观色，注意对方情绪，对方不爱听的话少讲，一时接受不了的话不急于讲。开玩笑要看对象、性格、心情、场合。一般来讲，不随便开女性、长辈、领导的玩笑；一般不与性格内向、多疑敏感的人开玩笑；当对方情绪低落、心情不快时不开玩笑；在严肃的场合、用餐时不开玩笑。

(四)幽默风趣

交谈本身就是寻求一致的过程，常常会因为出现不和谐的地方而产生争论或分歧。这就需要交谈者随机应变,抛开或消除障碍。幽默可以化解尴尬局面或增强语言的感染力。其建立在说话者高尚的情趣、较深的涵养、丰富的想象力、乐观的心境、对自我智慧和能力自信的基础上,不是耍小聪明或"耍嘴皮子",它使语言表达既诙谐又入情入理,可体现一定的修养和素质。有一次,梁实秋的幼女文蔷自美返台探望父亲,他们便邀请了几位亲友,又到"鱼家庄"饭店欢宴。酒菜齐全,唯独白米饭久等不来。经一催二催之后,仍不见白米饭踪影。梁实秋无奈,待服务小姐入室上菜之际,戏问曰:"怎么饭还不来,是不是稻子还没收割?"服务小姐眼都没眨一下,答曰:"还没插秧呢!"本是一个不愉快的场面,经服务小姐这一妙答,举座大乐。

五、身体语言

身体语言是由肢体所表达的无声信息。身体语言具有形象性,能生动、直观地告诉别人所要表达的意思,使人们的交往更富有表达性和渲染性。身体语言还具有约定性,因形体被赋予了他人所能理解的意义,也有约定俗成的意思。比如:"摇头不算点头算",在许多国家和地区能被使用不同语言的人所理解。身体语言本身不是表达的主要手段,但它可以起到很好的辅助作用,能够使有声语言更富有感情色彩,表达更加充分,更有吸引力。

在人际交往中,我们不可避免地要运用一些手势,以充分表达自己的情感及讲话内容。手势运用得当会起到画龙点睛的作用;反之,则有可能带来不良影响。

六、商务语言形象

商务往来对商务人员的语言表达要求比较高,不仅要有比较敏捷的逻辑思维能力,还要善于运用恰当的语言表达自己的思路和想法。商务人员在与人交谈过程中,要始终保持大将风度,以礼待人,维护好自己的商务形象。

(一)商务用语要文明

语言要文明。要求商务人员在选择、使用语言时,要文明当先,以体现出商务人员良好的文化修养。

用词要文雅。在交谈中,商务人员要努力做到用词文雅,但不是过分咬文嚼字,而是自觉回避使用不雅之词,不允许讲脏话、讲粗话。

语气要得体。语气,即人们讲话时的口气,它直接体现着讲话者的心态,是语言的有机组成部分之一。与人交谈时,特别是在客商面前,商务人员务必要控制好自己的语气,要时刻表现出热情、亲切、和蔼、友善、耐心。

(二)商务用语要清晰

商务人员在谈话过程中要尽量低声,过高、过细的声音是很难让人接受的,甚至会招致听者的反感。谈话时语调要尽量柔和,人们都乐于接受柔和、细致的声音。说话时语速要适中,不要过快也不要过慢。商务人员最好讲普通话,尽量不讲方言。说话时要吐字清晰,将每个词语都说清楚、说正确。

(三)商务用语要有"礼"

商务用语要礼貌。商务人员在交谈中应主动使用礼貌用语,以示对交往对象的尊重、友好。这也是人际交往以及商务往来中最基本的礼节。

- 问候语。它的代表性用语是"您好"。无论是接待客商还是路遇他人,商务人员均应主动问候,不可给人以傲慢无礼、目中无人的感觉。
- 请托语。它的代表性用语是"请"。要求他人提供帮助或者恳求他人协助时,商务人员应使用"请"字。不表达"请"字,便会给人以命令之感,使人难以接受。
- 感谢语。它的代表性用语是"谢谢"。使用感谢语,意在向交往对象表达本人的感激之意。获得帮助、得到支持时,商务人员均应说声"谢谢"。
- 道歉语。它的代表性用语是"抱歉"或"对不起"。在工作中,由于某种原因而带给他人不便或打扰对方,以及未能充分满足对方的需求时,商务人员一般应及时向对方说"对不起"之类的道歉用语以表示自己由衷的歉意。
- 道别语。它的代表性用语是"再见"。与他人告别时,主动运用此语,既是一种交际惯例,同时也是对对方的尊重与惜别之意的表示。

(四)商务用语要有"力"

在商务往来中,特别是参与国际性的商务活动,为了维护国家、民族以及企业的形象与利益,很多时候免不了要争论一些问题,如商务会见、商务谈判等场合,争论过程中必然要与对方针锋相对,据理力争。此时,参与其中的商务人员在"守礼"的同时,说话也要有力度、有气节,也就是所谓的"先礼后兵"。

辩论时要注意:一是对事不对人,商务人员要始终记住一句话——"商场上没有永远的敌人。"谈判双方起争执是纯属"各为其主",因此,要在相互体谅的基础上争辩;二是以理服人,要有力还要有理,不可胡搅蛮缠,说话没有分寸。

(五)商务用语要有"度"

商务人员在与人交流中要懂得适可而止。与他人谈话,商务人员不可只顾自己,在他人面前夸夸其谈,口若悬河,说个不停。应尽量照顾好每一个参与者,调动每个人参与的积极性,尽可能让每个参与者都有话可说,不要冷落在场的任何人。

批评他人时要掌握好语言的分寸,用语不要过分,以免伤害对方的自尊心。尽量不要当着其他人的面,要给对方留有一定余地。拒绝他人时也要掌握好尺度和技巧。被拒绝是很让人尴尬和难堪的经历,所以,拒绝他人前要充分体谅对方的感受,拒绝时不要把话说绝,别让对方感到难为情。当然,也不要用语含糊、态度暧昧。

本 章 小 结

商务拜访是指亲自或派人到朋友家或与业务相关的单位去拜见访问某人的活动。拜访有事务性拜访、礼节性拜访和私人拜访三种,而事务性拜访又有商务洽谈性拜访和专题交涉性拜访之分。拜访前要清楚：拜访的主要目的是什么，将要谈及什么内容，到哪里去拜访，在什么地方、什么时间去拜访等。

商务接待礼仪是指商务接待人员在接待中应该遵守的礼仪规则。在商务活动中，企业的各个部门、各个员工的商务礼仪掌握、运用水平，随时都体现着企业的经营思想、管理水平、企业形象。

商务接待礼仪的基本特征具有规范性、对象性、时效性和礼仪性。从迎接角度讲有礼节性的迎接、事务性的迎接和私人来访迎接三种。

接待宾客是指个人或单位以主人的身份招待客人，以达到某种目的的社会交往方式。无论是单位还是个人在接待来访者时，都希望客人能乘兴而来，满意而归，为达到这一目的，在接待过程中要遵守一定的工作原则，即平等、热情、友善、礼貌。

位次排列，有时也称座次排列，所涉及的是位次的尊卑问题，在日常生活和工作中无所不在。

交谈是以语言为媒介，传递信息、交流思想、表达感情、开展工作、建立友谊、增进了解的一种重要语言形式。在交谈中遵从一定的礼仪规范，才能达到双方交流信息、沟通思想的目的。

复习思考题

1. 商务拜访前需要做好哪些准备？
2. 简述商务接待礼仪的主要特征。
3. 商务接待过程中如何为客人敬茶？
4. 简述送别客人的主要送别形式。
5. 简述商务谈判的位次排列规则。
6. 简述与人交谈时应遵循的规范和惯例。

第七章　商务场合的办公礼仪

【学习目标】

通过对本章内容的学习，使学生了解商务场合的办公礼仪，掌握办公室内及公共区域的礼仪；掌握接打电话、手机使用的基本礼仪；掌握与同事相处的礼仪和注意事项；掌握各种商务书信的书写要求。

【重点与难点】

掌握接打电话、手机使用的基本礼仪；掌握办公室礼仪的内涵及在实践中的运用。

【教学方法】

理论教学、案例分析、课堂示范。

【引导案例】

> **沃恩的原则**
>
> 沃恩每年都会受邀参加单位的杂志评审工作，这份工作虽然报酬不多，但确实是一项荣誉。很多人想参加却找不到门路，也有人只参加了一两次就再也没有机会了！沃恩年年有此殊荣，让大家都羡慕不已。在年近退休时，有人问他其中的奥秘，他微笑着向人们揭开了谜底。他说他的专业眼光并不是关键，他的职位也不是重点，他之所以能年年被邀请，是因为他很会给别人面子。
>
> 他说他在公开的评审会议上一定会把握一个原则：多称赞、多鼓励，少批评。但会议结束之后，他会找来杂志的编辑人员，私底下告诉他们编辑方面的缺点。因此，每个人都保住了面子。也正是因为他顾及别人的面子，承办该项业务的人员和杂志的编辑人员都很尊敬他、喜欢他，当然也就每年都找他当评审了。给对方面子，包容对方的缺点就是沃恩成功的奥秘。

（资料来源：王玉苓.商务礼仪案例与实践[M]. 人民邮电出版社，2021.）

第一节　办公室礼仪

一、办公室的布置

办公室是社会组织成员工作的地方，同时也是接待各位来访者的场所。办公室以其综合性、广泛性、程序性等特性，成为现代商务活动的重要交际场所。一个人在办公室的举止行为，可以清晰地反映公司形象。办公室里的一切行为举止应遵循办公室礼仪。办公室的环境直接影响工作效率和质量，合理布置和规划能使人自觉地提升职业素养，铸造非凡的工作成就。

(一)办公室场所布置

办公室的布置应注意如下方面。

第一,办公室设计装修应庄重、大方,不可过于豪华或过于俭朴。明亮、安静、通风、安全是基本要求。环境嘈杂,会使人心烦意乱,影响工作,有悖礼仪要求。因此,员工要自觉保持室内工作时的安静状态,这有助于工作效率的提高,人际关系的和谐,矛盾冲突的化解。

第二,空间结构、布局要合理,各部门间既要区隔,又要利于联系,各种功能区室应齐全,设施设备要尽量齐备。

第三,保持环境卫生。清洁卫生体现了对人的尊重,不仅尊重办公室的主人,也尊重了办公室的客人。因此,应该经常清扫,保持清洁,并养成良好的卫生习惯。

第四,办公桌上的东西要分门别类摆放,摆放部位要顺手、方便、整洁、美观,才有利于提高工作效率。

在办公室的空间安排上,要做到整齐有序,既有效利用空间,又便于工作人员行动和联系。文件、资料的摆放要归类合理、整齐。对于私人物件和与工作无关的物品,要一律清除。办公桌应"案头整齐",切勿随意堆放无用之物。

公务环境整齐有序、清洁卫生、明亮安静,会让人感到办公室工作的管理是一流的,员工队伍的素质是一流的,效率是最高的,从而产生信赖感和认同感。

(二)办公室内文件柜的摆放规范

办公室文件柜的摆放应以有利于工作为原则。通常情况下,应靠墙角放置,不宜占据较大的办公空间;也可放置在离工作人员较近的地方,以便随时查找,整理、收藏文件;柜内文件要及时清理、归档,使之系统化、条理化;另外,还要注意防潮防鼠。有的办公室除设置文件柜外,还设置了保险柜。一些重要的文件、清单、保险单、账目、现金、支票等放在文件柜中不太安全,就应把它们放在保险柜中,以防遗失和被盗。所有的公务文件和票据,工作人员均不得私自带出办公室。

(三)电话机的摆放规范

办公室电话的摆放应以方便接听为原则,一般放在办公室或写字台的右前缘。如果要在同一写字台或办公桌上安置多部电话,则应将其放置在办公桌或写字台的左右前缘。

二、办公室内及公共区域的礼仪

(一)办公室内礼仪

办公室礼仪包含了许多细节的要求,它贯穿于工作的点点滴滴,一般来说,主要包括以下几个方面。

1. 良好的工作态度

对于干好工作而言,工作态度可能比工作能力更重要。一个人如果没有良好的工作态

第七章　商务场合的办公礼仪

度，即使他有很强的工作能力，也无法把工作做好，当然也不可能获得事业上的成功。

良好的工作态度应是：不管在哪个工作岗位，都应尽心尽职、脚踏实地地去做。这是对一个职业人的基本要求。构成良好工作态度的主要障碍有三个：虚荣心、缺乏责任心、缺乏敬业精神。有很多人往往是只看重工作的外表，而不是工作本身。当自己不得不去从事一些看起来不够体面的工作时，本身对工作不能认同，并且在工作中表现出随便、马虎、不屑一顾的态度，以此来平衡自己。有一些人对工作的职责范围缺乏明确的认识，工作时往往随心所欲，让个人的情感、情绪和倾向性支配自己的工作表现。还有些人对工作缺乏敬业精神，整天只是茫然地幻想着某种看来不错的职业，一旦就业以后却又难以忍受工作的辛劳而想换别的工作。

所以，要养成良好的工作态度，应做到：克服不必要的虚荣心，从自身的条件出发去寻找真正适合自己的工作；一旦做出了选择，就不要随意放弃。在实际工作过程中，应明确自己的工作职责，并切实地履行它。

2. 基本行为要求

这里主要指员工在工作场所应做到的基本行为要求，主要包括以下方面。

- 上班不迟到。确切地说，应提前到达工作场所，做好上班前的准备工作。万一迟到了，要先道歉，而不要急于作解释。
- 遇到同事要问好。
- 上班时间精神饱满。不聊天、不打哈欠，不能给人以疲惫松散的感觉。
- 服装整齐。不穿与众不同的服装。
- 认真麻利地处理一切事务。属于自己职责范围内的事，不推托，也不拖拉。
- 处理好个人与集体之间的关系。不随意挪用集体的物品作个人用途，上班时间不处理私人事务。

3. 合作

一个组织就是一个系统，要使组织高效地运行，组织内部必须密切配合。只有组织内部关系和谐，这一系统才能正常运转。因此，作为组织一分子的员工，不论你在组织中处于什么位置，都有义务与他人合作。这主要体现在对以下两种关系的协调。

（1）协调好与上司之间的关系。上司在组织行动的实施中往往处于领导和支配地位。要使组织正常运转，就必须确保上司领导的权威性。因此，作为下属，对上司的态度应是尊重和服从。这是由工作集体的内部组织关系所决定的，而且，从总体上讲，上司在经验、知识、能力和品德等方面都具有值得下属尊重的地方。

在日常交往中，对上司的尊重和服从行为可体现在以下几个方面。

① 恭敬问好。对上司不必献媚，但碰到上司时应有恭敬的态度。无论在哪里遇到上司，都应主动问好，在通道或走廊的前方遇到上司时，应趋前问好，但不能超越上司，抢先行走；在狭窄的过道与上司相遇时，应停止脚步侧身让路，并向上司问好；当上司走到你办公桌前时应起立问好。

② 认真完成上司布置的任务。上司布置任务时，应在笔记本上认真做记录。对于上司布置的任务要认真领会，努力完成，并将完成的进度和其他情况及时报告，以便上司随时掌握工作的进程，做出进一步的安排和调整。

当上司布置的任务有不正确或不可行之处时，与其盲目照办，不如及时提出自己的不同意见和看法。当然，提意见必须注意方法。首先，意见要有理有据，具有说服力。要着重陈述事情的根据、原因，以及上司可能还不了解的一些背景材料，而结论最好由上司自己得出。其次，说话的语气应尽可能委婉，多用商量口气，避免肯定语气。最后，还要选择合适的场合和时机。最好能选择在与上司单独相处的场合，不能当着大家的面给上司提意见，更不能当着更上一级上司的面陈述你的意见。最适合的时机应是上司心情不错的时候，这时，他比其他时候更容易接受不同意见。

如果上司没有采纳你的意见，作为下属只能继续按上司的布置执行任务，不能消极抵触。

③ 创造性地完成任务并多提建设性意见。一个能尽心尽责、按部就班地完成上司下达任务的下属，上司固然是喜欢的，但上司往往更喜欢那些能创造性完成任务的部下。创造性完成任务是指在没有偏离上司既定目标的前提下，使结果比原来预想的更理想。只有这样，才能使自己成为上司的左膀右臂，而不是谁都能替代的普通下属。

另外，称职的部下还应向上司多作建设性的提议。上司虽然比其部下要高明一些，但他肯定也会有考虑不周但却对组织发展很重要的事。这些事情如果你想到了，并主动向上司提出来，便是和上司最好的配合。

④ 及时道歉。当自己因工作上出现失误而受到上司批评时，应平静、坦率地认错，不要当场为自己辩解，也不要觉得自己受了委屈而发牢骚。即使你完全有理由证明错误的责任并不在于自己，也应等日后有机会时再作说明。

(2) 协调好与下属之间的关系。领导应意识到部门的工作能否干好，组织的目标能否实现，主要取决于部下是否积极配合。领导是组织的决策者和指挥者，但具体的执行则需要由下属来完成。下属的主动性、积极性能否得到充分的调动，将直接影响领导的决策和意图能否得到最终的贯彻，而下属的主动性和积极性又主要来自对组织的荣誉感、自豪感、安全感和归属感。能否使员工产生这些感觉在很大程度上取决于领导对员工是否关心和尊重。因此，作为上司，在处理与下属的关系时，关键在于"善待下属"。这具体体现在以下几个方面。

① 关心下属的生活。要让员工感到在这个组织里生活有保障、有依靠，因而能安心为组织工作。

② 关心下属的个人前途。要让员工感到有奔头，而不是永远原地踏步。一位好的领导对于下属的提薪、升职、培训进修和深造等应有一定的安排。

③ 私事莫劳下属。作为普通员工应公私分明，作为上司也应该一样，不属于其职责范围的事不应随意烦劳部下。如果一位领导经常为了自己的个人利益，让部下去做一些超越他职责范围的事，就会很容易失去部下的信赖。

④ 指令明确、及时表扬。布置任务时应简明易懂，并给予适当指示；当下属完成任务时，应说一声"辛苦了"，以示慰劳；下属工作出色时，应及时表扬。

⑤ 主动为下属承担责任。上司在工作时应对下属严格要求，但当出现责任事故时，对下属要尽量宽容，并主动为下属分担责任。

总之，上司在处理与下属的关系时，应把下属的利益放在首位。要想员工把客户当作上帝来对待，上司应首先把员工当作上帝来尊重。

第七章　商务场合的办公礼仪

【案例阅读 7-1】

常开玩笑的小李

年轻的大学毕业生李某刚被录用到一家电器公司技术科上班,为了显示自己和同事关系融洽,他就和其他人一样和同事们常开玩笑,甚至和别人一样"小张""小王"地称呼,办公室清闲时就打听其他同事结婚了没有、爱人在哪里上班。没过多久,李某就发现大家似乎都对他"敬而远之"了,他觉得自己一直很努力地在拉近他和同事的距离啊,怎么越拉越远呢?

(资料来源:李逾男,董娇娜.商务礼仪[M].高等教育出版社,2022.)

(二)公共区域的礼仪

公司洗手间、楼道、门和电梯等,虽然是公共场所,但是这些公共区域的礼仪也是办公室礼仪的延伸。在公共区域的言谈举止仍是影响职业形象的重要部分。

1. 进出门的礼仪

职务低的人为职务高的人开门、男士为女士(双方年龄、职务相仿)开门是进出门的基本礼仪。一般认为应该主人在前为客人开门,通常情况是先到者先开门。

2. 使用电梯、自动扶梯和楼梯的礼仪

(1) 电梯礼仪。电梯是大多数人在生活、工作中密不可分的交通工具,但懂得电梯礼仪和注意电梯礼仪的人并不多。下面介绍一些电梯礼仪,使乘坐电梯时既安全又得体,给对方(如长辈、领导、客户、公众)留下良好的印象。

① 搭乘电梯的礼仪。在电梯门口处,如有多人在等候,此时请勿挤在一起或挡住电梯门口,以免妨碍电梯内的人出来,应先让电梯内的人出来之后方可进入,不可争先恐后。在电梯里,尽量站成"凹"字形,挪出空间,以便让后进入者有地方可站。进入电梯后,正面应朝电梯口,以免造成面对面的尴尬。在前面的人应站到边上,如果必要应先出去,以便让别人出电梯。

② 进出电梯的礼仪。第一,要注意安全。当电梯关门时,不要扒门,或是强行挤入。在电梯人数超载时,不要心存侥幸,非进去不可。当电梯在升降途中因故暂停时,要耐心等候,不要冒险;第二,要注意出入顺序。与不相识者同乘电梯,进入时要讲究先来后到,出来时则应由外而里依次而出,不可争先恐后。

③ 与客人共乘电梯的礼仪。伴随客人或长辈来到电梯厅门前时,先按电梯呼梯按钮。轿厢到达厅门打开时,若客人不止一人,可先行进入电梯,一只手按住"开门"按钮,另一只手按住电梯侧门,礼貌地说"请进",请客人或长辈进入电梯轿厢。进入电梯后,按下客人或长辈要去的楼层按钮。若电梯行进间有其他人员进入,可主动询问要去几楼,并帮忙按下相应按钮。电梯内可视状况是否寒暄,如没有其他人员时可略作寒暄,有外人或其他同事在时,可斟酌是否有必要寒暄。在电梯内尽量侧身面对客人。到达目的楼层,一只手按住"开门"按钮,另一只手做出请出的动作,可说:"到了,您先请。"

(2) 自动扶梯礼仪。使用自动扶梯时,主人应走在前面,以便主人到达目的地后迎接、

引导客人。如果自动扶梯较宽，应靠右侧站立，以便让其他人从左侧超过。在拥挤的扶梯上，跟随着人流，不论上楼还是下楼一般都应靠右走。乘自动扶梯时不便交谈。

(3) 上下楼梯礼仪。上下楼梯均应靠右单人行走，不应多人并排行走。为人带路上下楼梯时，应走在前面。上下楼梯时，不应进行交谈，更不应站在楼梯上或楼梯转角处进行深谈，以免妨碍他人通过。若是男性，与长者、异性一起下楼梯时，如果楼梯过陡，应主动行走在前。与着裙装女士一起上下楼梯时，接待陪同人员应走在女士前面。

3. 使用洗手间的礼仪

在洗手间里应同样地讲究礼仪。要保持公共卫生，保持洗手间清洁。在洗手间还要注意言谈礼仪，洗手间是公共空间，开会中间或会后，一起处理棘手问题或办事回来，都可能言犹未尽，不要在洗手间中继续交谈。在卫生间里不要议论公事或议论别人，以防"隔墙有耳"，若被当事人或有关人员听到，就会增添麻烦。

三、与同事相处的礼仪

与同事相处的礼仪是办公室的人文环境礼仪，与同事相处得如何，直接关系到工作、事业的进步与发展。如果同事之间关系融洽、和谐，人们就会感到心情愉快，有利于工作的顺利进行，从而促进事业的发展；反之，就会影响正常的工作和生活。

处理好同事关系，在礼仪方面应注意以下几方面。

(一)尊重同事

相互尊重是处理好任何一种人际关系的基础，同事关系也不例外。同事关系不同于亲友关系，是以工作为纽带的，一旦失礼，创伤难以愈合。所以，处理好同事之间的关系，最重要的是尊重对方。

(二)不干预他人的事务

作为工作集体中的一员，在尽量使自己变成集体一分子的同时，还应注意尊重其他成员在集体中的个人空间。这具体体现在以下几个方面。

第一，不插手他人分管的工作。在你的同事忙不过来时，主动帮忙是应该的，但不要揽取，也不要对他人的工作指手画脚。

第二，不擅自借用他人的办公用品，包括笔、纸、刀等；也不要随意翻阅同事桌上的信件、文件、材料、书籍、杂志等物品。如需借用或借阅他人的东西，应先打个招呼。借了别人的东西，要记得及时归还，并不要随意转借。

(三)物质上的往来应一清二楚

同事之间可能有借钱、借物或馈赠礼品等物质上的往来，但切忌马虎，每一项都应记得清楚明白，即使是小的款项，也应记在备忘录上，以提醒自己及时归还，以免遗忘，引起误会。向同事借钱、借物，应主动给对方打张借条，以增进同事对自己的信任。有时，出借者也可主动要求借入者打借条，这也并不过分，借入者应予以理解。如果所借钱物不能及时归还，应每隔一段时间向对方说明一下情况。在物质利益方面无论是有意或者无意

第七章　商务场合的办公礼仪

地占对方的便宜，都会在对方的心理上引起不快，从而影响自己在对方心目中的印象。

(四)对同事的困难表示关心

同事有困难，通常会选择寻求其亲朋的帮助，但作为同事，应主动问讯。对方的事应尽力帮忙，这样会增进双方的感情，使关系更融洽。

(五)不在背后议论同事的隐私

每个人都有"隐私"，隐私与个人的名誉密切相关，背后议论他人的隐私是一种不光彩的、有害的行为，会损害他人的名誉，引起双方关系的紧张甚至恶化，同事相处，不能打听、传播同事的私人秘密，也不能背后议论。

(六)对自己的失误或同事间的误会，应主动道歉说明

同事相处，一时的失误在所难免。如果出现失误，应主动向对方道歉，征得对方的谅解；对双方的误会应主动向对方说明，不可小肚鸡肠，耿耿于怀。此外，发生争执时不要固执己见。在工作上，由于意见分歧会与同事发生争执。但当发生争执时，注意不要变得情绪化，要冷静地听取对方的看法，然后大家都设法退一步，以便找到解决问题的妥协点。如果对方情绪比较激动，一时很难找到妥协点，最好先保留自己的看法，等以后有机会时再作协商。

四、现代办公的礼仪禁忌

(一)公共礼仪禁忌

1. 过分注重自我形象

办公桌上摆着化妆品、镜子和靓照，还不时地忙里偷闲照照镜子、补补妆，这不仅给人工作能力低下的印象，且众目睽睽之下不加掩饰实在有伤大雅。

2. 公共设施私用

单位里的一切公共设施都是为了方便大家，以提高工作效率，电话机也好，复印机也好，都要注意爱惜保护。给好友拨个电话聊聊近况本无可厚非，只是别在办公室里聊天，以免影响他人工作。

3. 零食、香烟不离口

女孩子大都爱吃零食，且以互换零食表示友好。这里有必要提醒大家：工作时要把馋虫藏好，尤其在有旁人和接听电话时，嘴里万万不可嚼东西。至于那些以吸烟为享受的男士，在公共场合也应注意尊重他人，不要随意污染环境。

4. 形象不得体

办公室里浓妆艳抹、环佩叮当、香气逼人、暴露过多，或衣着不整、品位低俗，都属禁忌之列。工作时，语言、举止要尽量保持得体大方，过多的方言土语、粗俗不雅的词汇都

应避免。无论对上司、下属还是同级,都应该不卑不亢,以礼相待,友好相处。

5. 把办公室当自家居室

自带午餐在办公室吃饭,饭后将餐具之类随手一放。下午上班后,同事们要在这种充满菜味的屋子里进进出出,影响不好。

6. 高声喧哗,旁若无人

有什么话慢慢讲,别人一样会重视。文质彬彬可以教会别人同你一起维持文明的环境。

7. 随便挪用他人东西

未经许可随意挪用他人物品,事后又不打招呼的做法,实在显得没有教养。用后不放回原处,甚至经常忘记归还的,就更会影响在对方心中的印象。

8. 偷听别人讲话

两人私下谈话,你却停下手中工作,伸长两只耳朵;别人在打电话,你两眼紧盯打电话的人,耳朵灵得像兔子,这会使你的形象大打折扣。如果有可能,还是暂且回避一下。

9. 对同事的客人表现冷漠

无论是谁的朋友踏进你办公室的门,都是你们的客人,而你就是主人。一言两语把客人推掉,或因不认识就不加理睬,都有失主人的风度。

(二)与同事相处的禁忌

办公室就是一个小社会,同事就是这个小社会的成员。如同社会上人际交往存在一些忌讳一样,同事之间相处也存在一些忌讳。忽视这些,同事关系就容易出现问题。

1. 与同事相处的言语禁忌

(1) 不要逢人诉苦。有人在工作、生活上遇到不顺心的时候,总喜欢找人倾诉,总希望得到别人的安慰、指点。虽然这样的交谈富有人情味,能使你们之间变得友善,但是调查研究表明,只有不到1%的人能够严守秘密。所以当个人危机和失恋等发生时,最好不要到处诉苦。忘记过去的伤心事,把注意力放到充满希望的未来,做一个生活的强者,这时人们会对你投以敬佩多于怜悯的目光。

(2) 不要把谈话当辩论。每个人的性格、志趣、爱好并不完全相同,对同一事情的看法也是"仁者见仁,智者见智"。当然我们每个人都希望有更多的人认同自己的观点,也竭力想说服异己赞同自己的看法,但有几点要注意:与人相处要友善,说话态度要谦和,对于那些不是原则性的问题,没有必要争个是是非非,即使是原则性的问题也要允许别人持保留意见,千万不要喋喋不休甚至争得脸红脖子粗。

(3) 不要成为"耳语"的散播者。耳语就是在别人背后说的话。只要人多的地方就会有闲言碎语,有时你可能不小心成为"放话"的人,有时你也可能是别人"攻击"的对象,这些耳语就像噪声一样影响人的情绪。

第七章　商务场合的办公礼仪

2. 与同事相处的行为禁忌

(1) 不要拉帮结派。同事间由于性格、爱好、年龄等因素的差别，交往频率难免有差异，但绝不能以个人的好恶划界限，在公司里面拉帮结派排斥异己会破坏同事间的团结合作，导致相处紧张，也不要因为趣味相投而结成一派，形成小圈子，这样容易引发圈外人的对立情绪。一位正直无私的人待人处事定要一视同仁，不要将自己置于无谓的人际纠葛纷争之中。

(2) 不要满腹牢骚。发牢骚是人们发泄不满的一种手段。在工作中特别是在同事面前不要乱发牢骚，应该保持高昂的情绪状态，即使遇到挫折、饱受委屈、得不到领导的信任也不要牢骚满腹、怨气冲天。这样做只会适得其反，要么招同事嫌，要么被同事瞧不起。

(3) 不要过分表现。充分发挥长处，表现才能和优势是没错的，但是表现自己必须分场合、形式，如果过于表现使人看上去矫揉造作就会引起他人的反感。

(4) 不要故作姿态。在办公室内不要给人新新人类的感觉，毕竟这是正式场合。无论穿衣还是举止言谈切忌太过前卫，否则会招致办公室同事的耻笑，也会被认定为是没有实际工作能力的人。

(5) 不要择人而待。对待同事要一视同仁，不要遇到有能力的同事是一个样，遇到能力较弱的同事又是一个样，给人一种"势利小人"的印象。

第二节　电 话 礼 仪

接打电话的礼仪是公共关系礼仪中的重要内容。电话不仅是一种便捷的通信工具，也是人们日常生活中重要的交际方式。因此，现代通信礼仪的作用也就逐渐明显。电话形象是指人们在通话过程中的语音、声调、内容、表情、态度、时间等的集合，它能够真实地体现出个人素质和待人接物的态度以及通话者所在单位的整体水平。

正是因为电话形象在现代社会中无处不在，而商务交往又与电话密不可分，因此凡是重视维护自身形象的单位，无不对电话的使用给予高度的关注。所以商务人员有必要在使用电话时注意维护自身和公司的电话形象。

一、接听电话的礼仪

在接听外来电话时，应当给予同等待遇，不卑不亢。这种公平的态度，才容易为自己赢得朋友。

接听电话的礼仪

(一)问候语要规范

当我们打电话给某单位时，若一接通，就能听到对方亲切、优美的招呼声，心里一定会很愉快，并且能顺利展开对话，对该单位也会有较好的印象。在电话中只要稍微注意一下自己的语言就会给对方留下完全不同的印象。

在工作场合接听电话时，首先应问候，然后自报家门。在正式的商务交往中，接电话时拿起话筒所讲的第一句话，也有一定的要求，常见的有以下三种形式。

第一，以问候语加上单位、部门的名称以及个人的姓名。这种形式最为正式，如"您好！我是大地公司销售部刘某某。请讲。"

第二，以问候语加上单位、部门的名称，或是问候语加上部门名称。这种形式适用于一般场合，如"您好！这里是大地公司销售部。请讲。"或者"您好！这里是某某办公室。请讲。"后一种形式，主要适用于由总机接转的电话。

第三，以问候语直接加上本人姓名。这种形式仅适用于普通的人际交往。例如，"您好！我是王××，请讲。"需要注意的是，在商务交往中，不允许接电话时以"喂，喂"或者"你找谁呀"作为"见面礼"。

(二)"铃声不过三"原则

电话铃响了，要及时去接，不要怠慢。那什么时候接听电话最为适合呢？在电话铃声响起后，如果立即拿起电话，会让对方觉得唐突；若在响铃超过三声以后再接听，是缺乏效率的表现，势必会给来电者留下公司管理不善的第一印象，同时也会让对方不耐烦，变得焦急。一般在铃响三声时接听最适宜。如果确实很忙，可表示歉意，说："对不起，请过10分钟再打过来，好吗？"如果因为客观原因，不能及时接听，就应该在拿起话筒后先向对方做出适当的解释，如"很抱歉，让您久等了"等。

(三)确定来电者身份

通电话是沟通的"命脉"，很多规模较大的公司电话都是通过前台转接内线，如果接听者没有问清楚来电者的身份，在转接过程中遇到问询时就难以回答清楚，从而浪费宝贵的工作时间。在确定来电者身份的过程中，尤其要注意给予对方亲切随和的问候，避免对方不耐烦。如果对方没有报上自己的姓名，而直接询问上司的去向，应礼貌、客气地询问对方："对不起，您是哪位？"

(四)听清楚来电目的

了解清楚来电的目的，有利于对该通话采取适当的处理方式。电话的接听者应该弄清楚以下问题：本次来电的目的是什么？是否可以代为转告？是否一定要指名者亲自接听？是一般性的电话行销还是电话来往？公司的每个员工都应该积极承担责任，不要因为不是找自己的电话就心不在焉。

(五)认真清楚地记录

电话记录既要简洁又要完备，就要依据"5W1H原则"。如果对方要找的人不在，请你帮忙转达信息时，随时牢记"5W1H原则"。"5W1H原则"指：When，何时；Who，何人；Where，事件地点；What，何事；Why，为什么、原因；How，如何做。工作中电话记录是十分重要的，接电话时听筒应用左手来拿，并随时将记录本和资料放在手边，以便能迅速地做出反应。将右手腾出来，在打电话的过程中，就可以作记录、查资料；反之，就容易耽误时间。

第七章　商务场合的办公礼仪

(六)复诵来电要点

电话接听完毕之前,不要忘记复诵一遍来电的要点,防止记录错误或者偏差而带来的误会,使工作效率降低。例如,应该对会面时间、地点、联系电话、区域号码等各方面的信息进行核查校对,以避免错误。

(七)"后挂电话"原则

在通话结束之时,若对方先说出再见,则应当及时热情地回答再见,以表达尊重,并等对方先挂断电话再挂机,且挂机的过程中应注意小心轻放,不可将电话作为出气筒。

(八)保持喜悦的心情

同样的语言,使用不同的语气表达出来,其所包含的意义、透露出来的信息和传送给对方的感觉,是迥然不同的。接电话时,一声"喂,您好"是很多人都常说的,但要能在第一时间给对方留下好印象却并不容易。在办公室接听电话时应以温和、悦耳、平常的声音,和缓地问一声:"您好,这里是某某公司,请问您找哪位?"这样的一句话,会让人心里感到很舒服,也会让接打电话双方都有一个好心情。

在通电话的时候,交流是唯一的沟通方式,语气的轻重缓急可以表达你当时的心情、状态和教养。所以,在办公室接打电话时,请挺胸抬头,保持嘴角上扬,这样的身体姿态有助于自己保持良好的语气和语速,也可以给对方营造良好的通话环境,留下一个好印象。

(九)接听错打电话处理

当接到错打的电话时,接听人的处理方式会反映其文明与修养。有些人因一时走不开或手头正忙,接听错打电话,就显得极不耐烦,甚至态度粗鲁,恶语相加,这都是十分不恰当的。任何人都不能保证自己不错打电话,或是记错、拨错号码。如果换位思考,体会会更深。所以,在接到错打的电话时,仍应讲究礼貌,保持良好的接听态度,千万不要言语失礼。

(十)语音电话使用礼仪

语音电话又称语音信箱或录音电话。语音电话为忙碌的现代人解决了不少接听电话的麻烦,特别是当电话业务特别繁忙或人们正在处理紧急事情时,语音电话会帮助工作人员把电话记录周全,不遗漏重要的电话。

使用语音电话,主要是制作留言。语音电话留言的常规内容有两种,基本礼仪如下。

适合较小部门或个人的简易型留言模式一般为:报电话机主的单位名称或个人姓名、问候语、致歉语、道别语,留言原因,对发话人的请求等。

适合部门较多或较大单位的复杂型留言,这类语音电话既有录音,又有人工服务。制作大致与前者同,不同的是转其他部门会提示"请按1""重拨请按0"等。

【案例阅读 7-2】

接电话的不良行为

王先生有一笔业务要分别与三家公司协商，希望从中选出一家与本公司长期合作。他首先与 A 公司通电话进行了简单的沟通，然后拨通了 B 公司的电话，因为刚跟 A 公司通完话，所以王先生拿起电话顺嘴说出了"是 A 公司吗？"。B 公司的员工一听对方要找的是自己的竞争对手，马上说"你打错了"，"啪"的一下就挂断了电话。

王先生愣了一下，等他回过神来，觉得心里很不舒服。他以前也跟 B 公司这位接电话的员工联系过几次，没想到对方的温文尔雅都是装出来的。一怒之下，他打消了同 B 公司合作的打算，直接把电话打到了 C 公司。

(资料来源：本书作者整理编写.)

二、拨打电话的礼仪

谁打电话，谁就是这次电话交谈的主动行为者，所以要打电话肯定是有目的和原因的，或是告知对方某事，或是有求于对方，或是节日问候等。

拨打电话的礼仪

(一)要选择对方方便的时间

当需要打电话时，首先应考虑此刻打给对方是否合适，也就是说，要考虑此刻对方是否方便接听电话。应选择对方方便的时间打电话，尽量避开在对方忙碌或是休息的时间打电话，如每日上午 7 点之前，晚上 10 点之后以及午休的时间；也不要在用餐之时打电话。打公务电话，不要占用他人的私人时间，尤其是节、假日时间。

如果是打电话到工作单位，最好不要在星期一一大早打过去，因为经过一个周末，对方要处理的公务也许会很多。当然，在对方快要下班的前几分钟打电话，也是不太适合的。如果因为你的电话而耽误了对方的私人时间，也许对方会不快。一般情况下，也不要为私人的事情打电话到对方的单位，除非对方不介意。如果确需如此，最好问一声："你现在方便听电话吗？"即使得到对方的肯定回答，也尽量要简短。

(二)电话"3 分钟原则"

正常情况下，一次通话应当不超过 3 分钟又称"打电话的 3 分钟原则"，它是所有商务人员都要遵守的一项原则。除非有重要问题必须字斟句酌地反复解释、强调，一般在通话时都要有意识地简化内容，尽量简明扼要。

要贯彻 3 分钟原则，主要的决定权在发话人手里，因为在通话时先拿起、先放下话筒的通常都是发话人。通话时，切忌没话找话、不谈正题、东拉西扯。为了节省通话时间，通话时要长话短说，在拨电话时也要少出或不出差错。需要总机接转时，应主动告知分机号码，不要等人家询问。若不知分机号码，则应提供受话人的部门和姓名。若对此不清楚，则最好不要去麻烦话务员。

(三)主动自报姓名

打电话时应先主动自报姓名，要是连名字也不说，而突然说出"请××先生接电话"，就略显失礼。因此，应在被对方尚未问起"请问您是哪位？"之前主动自报姓名。自报姓名时，应将自己所任职公司的名称与自己的姓名，同时告诉对方。我们时常会遇到只说出公司名称，而不报自己姓名的人，确实，我们可以理解此人想以该公司职员的身份交谈，但是却会给接电话的人造成麻烦。因为无法准确转达来电者为何人。

(四)通话内容要简明扼要

充分的准备是保证内容简练的前提。所以每次给客户打电话之前，都要做好准备。准备内容包括受话人的姓名、电话号码、通话要点等内容，为免遗忘，可以列一张清单。这样在通话时就不会出现边想边说、缺少条理、丢三落四的情况。列电话内容清单是个很不错的方法，简练、条理性的电话交流，更能使客户感到服务人员的训练有素、诚实可信。

(五)清晰、亲切的声音

当打电话给某单位时，若一接通传出"您好，这里是××公司"，声音清晰、悦耳、能给对方留下好的印象，对方对其所在单位也会有好印象。因此，接电话时，应有"我代表单位形象"的意识。打电话过程中绝对不能吸烟、喝茶、吃零食，即使是以懒散的姿势对方也能够"听"得出来。如果坐姿端正，所发出的声音也会亲切悦耳、充满活力。因此，打电话时，即使看不见对方，也要当作对方就在眼前，尽可能注意自己的姿势。此外在办公室接电话时声音不要太大。

(六)通话时要文明有礼

拨打电话的人在通话的过程中，待人以礼表现在以下三个方面。

1. 语言有礼

通话过程中，切记不要带脏字，不使用粗鲁的表达方式。通话开始时，要先问候对方，如果受话人身旁还有其他人，也要附带问候。通常情况下首先问候："您好"，然后再转入正题。通话结束时，不要忘记与对方道别，如果不说"再见"就挂断电话，会给人以突兀和生硬的感觉，别人也不能确定通话是否结束。

2. 态度有礼

无论受话人的地位高低，发话人一定要语气平和，不要咄咄逼人，甚至厉声呵斥，粗暴地对待受话人。对待地位比自己高的受话人也要不卑不亢，不能阿谀奉承。

如果电话需要总机接转，不要忘了向接转的人问好，并且要对接转人说一声"谢谢"。如果通话时出现电话忽然中断的现象，按照礼仪要求，应由拨打电话的人立即再拨打一遍，当电话接通之后，应立即向受话人解释原因。

3. 举止有礼

通电话时，若非可视电话，一般看不到对方的举止，但仍然可以感觉到对方的一些动作和声响。因此，通话时要注意自己的举止行为，不可掉以轻心。在拨号的时候，如果对方的电话一直占线，要表现出适度的耐心，不要急躁，甚至拿电话机出气。

(七)目标人不在时的情景处理

1. 直接结束通话

在事情不是很紧急,而且自己还有其他联系方式的情况下,可以直接用"对不起,打扰了,再见"等话语结束通话。

2. 请教对方联系的时间或其他可能的方式

通常在比较紧急的情况下采用,具体做法是:"请问我什么时候再打来比较合适?"或"我有紧急的事情,要找王经理,不知道有没有其他的联系方式?"不管对方是否为你提供了其他的联系方式,都应该礼貌地说"再见"。

3. 请求留言

若要找的人不在,或恰巧不能听电话,最好用礼貌的方式请求对方转告。留言时,要说清楚自己的姓名、单位名称、电话号码、转告的内容等。在对方记录下这些内容后,千万不要忘记问:"对不起,请问您怎么称呼?"对方告知后要用笔记录下来,以备查找。

三、使用手机的礼仪

随着我国手机用户的数量日益增多,手机的使用礼仪越来越受关注。

(一)使用手机的一般礼仪

在正式场合,手机的使用者,不可有意识地将自己的手机展示于人。应当将手机置放在不易为人觉察的适当之处如西装上衣内侧的胸袋,或是公文包内。

对商务人员来说,手机的使用应注意两点:一是不应有意识地炫耀、招摇;二是在使用手机时不可以"骚扰"别人。参加正式活动时,最好不要带手机,即使带也要关机或置于静音状态,以防发出"噪音"。

给对方打电话时。如果对方是你的领导,或者身居要职,一定要设身处地地为对方想想:现在给他打电话会不会打扰他?他方便接听吗?并且要有对方不方便接听的准备。不论什么情况,是否通话还是由对方来定为好。

(二)就餐时的手机礼仪

在就餐时,关掉手机或把手机调到振动状态是必要的。不要正吃到兴头上时,被一阵突如其来的铃声打断。参加宴会或与人一起进餐时,不能对着餐桌打电话,要离开餐桌接听。如果是茶话会,或不方便离开餐桌,则要侧转身子,用手遮挡一下,防止唾沫溅到饭菜上。

(三)会议时的手机礼仪

在会议或者洽谈时,最得体的方式是把手机关掉,如果有特别重要的电话要等,可以调到振动状态。这样既能表现出你对别人的尊重,同时,又不会打断会议和交谈的进行,如果事情确实非常重要,可以选择在会议休息,或者暂时没有人发言,或者交谈对象喝水

第七章 商务场合的办公礼仪

等不受"干扰"的时候,接听电话、发送短信或微信,迅速把事情处理完毕。

如果正在开会或交谈时来电,不方便接听电话,可以轻声告诉对方,"对不起,正有事,回头给你回电话。"事后则一定要主动给对方回电话。

(四)安静场所的手机礼仪

在音乐会、演出等活动开始前,现场的广播和场内的大屏幕都会提醒观众将手机关闭或是调成静音、振动状态。但总是有少数观众视而不见、听而不闻,我行我素。

在影院、剧场、音乐厅、图书馆、展览馆、比赛场地等需要保持安静的场所,应主动关机或置于振动、静音状态;如接到来电,应到不妨碍他人的地方接听。这是对演员、观众最起基本的尊重,也是进入上述场合的基本礼仪。

(五)乘机时的手机礼仪

乘坐客机时,必须自觉关闭随身携带的手机等其他电子设备。因为它们所发出的电子信号会干扰飞机的导航系统。在飞机上,使用手机会干扰飞机的通信、导航、操纵系统,是影响飞行安全的"杀手"。飞机在整个飞行过程中,会利用机载无线电导航设备与地面塔台保持实时联系,控制飞行航线。在能见度低的情况下,需要启用仪表着陆系统进行降落,也就是利用跑道上的盲降台向飞机发射电磁波信号,以确定跑道位置。而手机在拨打或接听过程中会发射电磁波信号,在待机状态下也在不停地和地面基站联系。在它的搜索过程中,虽然每次发射信号的时间很短,但具有很强的持续性。所以,手机发出的电磁波就会对飞机的导航系统造成干扰。

(六)医院、加油站的手机礼仪

在医院或是加油站检查停留期间,不准开启手机。手机有很强的电磁辐射,在医院里用手机,强烈的电磁辐射会干扰医疗设备的使用,比如心电图,在测心脏或脑部时,如果旁边有人用手机,那么仪器上就会错误地反映出一道心电波,打印出来的心电图上也就会出现错误的心电图形,从而影响对患者病情的判断,以至做出错误的治疗。另外,到医院探访病人需提前将手机铃声调为振动,以免影响病人休息;如果在探访过程中有人来电,尽量不要接听,等探访完毕后再回电;如果实在有急事,接听电话声音尽量要轻,同时力求简短;对住院病人来说,即使在医院每天躺着无聊也不能借煲电话粥来打发时间,因为医院和休养的病人需要安静。

汽油的挥发性很强,汽油蒸气和空气混合会形成可燃性气体,手机接打电话的时候有可能在手机内部出现静电火花,即使是微弱的火花遇到可燃气体,也可能引发爆炸。所以在医院、加油站内禁止使用手机;否则就可能酿成火灾或影响医疗仪器设备的正常使用。

此外,在一切有文字或图示提示禁用手机的地方,均须遵守。

(七)手机短信的礼仪

手机短信内容的礼仪包括如下几种。

1. 发短信一定要署名

你是否有过这样的经历，过节收到一堆短信，但是有的却没有署名，号码也不熟悉，这样的短信就是无用的，是资源的浪费。

2. 回短信要及时

收到对方短信，如果几个小时甚至几天后才回复，这样很不礼貌。这种情况我们可以利用手机短信的快速回复功能说"正在忙"，或以后回短信时加以说明并说声抱歉，这样才能让对方理解。

3. 发短信的时间要掌握好

发短信要避开午休时间，也不要太晚发。大部分人都有午休的习惯，所以要避开午休时间；另外最好不要在晚上十点钟以后发短信，以免影响别人休息。

4. 短信内容最好自己写

短信内容最好自己写，如要转发短信，一定要注意查看短信内容是否有需要修改之处。

5. 短信要尽可能地规范使用标点符号

有些人发短信怕麻烦，省掉所有的标点符号，一长段文字没有断句，要仔细读才能理解。这会给阅读者带来很大麻烦，也容易使人误解。

6. 短信表达要清晰有序，避免错别字

短信内容不清晰，会让人看了不知所云；短信有错别字，会引起歧义。所以发送前一定要仔细检查一遍，以免造成误会。

收发手机短信的场合需要注意下面几种情况。

1. 上班时不要长时间发短信

上班时间每个人都在忙工作，如果长时间发短信会影响工作效率，也有可能会违反纪律。

2. 与别人谈话时不要收发短信

与别人谈话时收发短信会显得你对谈话无兴趣，对对方不重视，使对方不知道谈话是否要继续下去。

3. 与重要领导汇报工作或打电话沟通前可先用短信预约

与重要领导汇报工作或打电话沟通前，可先用短信预约，因为领导会议多、工作忙，这样做显得稳妥且有礼貌。

4. 提醒对方某事最好用短信

如果事先已经与对方有约，为了怕对方忘记，最好再提醒一下此时适宜用短信而不要直接打电话。打电话似乎有不信任对方之嫌，短信就显得非正式而亲切得多。短信提醒时语气应当委婉，不可生硬。

四、公用电话的礼仪

(一)要长话短说

使用公用电话应遵守秩序、互谅互让。很大一部分人拨打公用电话是因为有重要的事情,但又无法依赖其他通信工具。遇到这类人,应该让其优先使用,如有人生了急病、需报火警以及发生刑事案等,应换位思考给予谅解和礼让。

拨打公用电话应尽可能缩短通话时间,提高通话效率。如果一打起电话就忘乎所以,既浪费自己的时间,又影响电话使用率,还容易引起他人反感。公用电话的文明使用应该是说话简明扼要,以讲清问题为原则。

(二)注意语气、态度

既然是公用电话,那就一定是在公共场所。在公共场所打电话就要考虑到其他人的感受,旁若无人地高声说话,对其他人会造成干扰,以正常说话的语气、音量与对方交谈即可。

(三)要换位思考

使用公用电话应设身处地替别人着想。打不通时,就应该让别人先打,不要一直占用电话机,即使打不通也不放手。设想一下,如果自己有急事要打电话,而他人却占着电话机,这时你的情绪是否也会激动甚至感到恼火。谦让一下不仅节约了其他人的时间,也表现出自己与陌生人相处的交往艺术,在很多时候还可以赢得陌生人的好感。

(四)要注意谈话内容

私密、政务、商务话题都不适宜用公用电话拨打。恋人尽量不要用公用电话来聊天,那些过于私密的话可以在见面时说,或者换种方式交流,比如发电子邮件等;如果内容涉及政府部门的公务,或者商业往来中的商务机密,也尽量不要在公用电话中说,以防泄密。

(五)不要恶意使用公用电话

拿公用电话拨打 110、120、119 等紧急报警、呼救电话,这是一种严重丧失公德的行为,不仅干扰了相关部门的工作,还会给真正需要拨打上述电话的人造成困扰。

第三节 商务书信礼仪

商务文书也称商务书信,是指企业或商务人员在开展商务往来的过程中,以书信、函电等形式进行业务联络、磋商等沟通的应用文书。其具体型式多种多样,除了常见的书信、商函和传真外,还包括专用的书证,如委托书、聘请书等。

商务信函,在西方叫商务书信。西方许多国家在商洽业务时需要用信函形式来往沟通,只要公司法人代表或受全权委托的经理人在书信上签名之后,书信就具有法律效力了,相当于我国企业的公章作用。因此，西方国家使用商务书信进行商务活动的范围相当普遍，而且很实用。

商务书信可以在商务活动的开展中起到重要作用。使用商务书信作为表达信息的载体，发函主体可以把自己的主观意愿通过鲜明的文字表述传递给客体，从而有效地避免了口头交流过程中意愿表述不清或理解偏差等问题。

一、商务书信的构成及特点

(一)商务书信的构成要素

商务书信一般由称呼、问候语、正文、结尾祝颂语、署名和日期构成。

1. 称呼

称呼要准确，要有礼貌。一般来说，商务书信收信人应该是单位中有决策权的人。要特别注意此人的姓名和职务，准确书写。因为他们第一眼从信件中接触到的就是称呼。最初的印象如何，对于信件的最终处理效果有着直接影响，因而要慎重。商务书信往往是首次交往，未必熟悉商务伙伴有关人员的姓名，所以在商务书信中可以直接称职务头衔等，如"建筑公司负责人""某某银行行长"。商务书信的目的在于进行商务沟通，带有"私"事公办的意味，因而称呼要求严肃谨慎，不可过分亲密，以免给人以"套近乎"或者阿谀、唐突之嫌。当然也可以适当使用礼貌性的致辞。

公职位，即在社会(包括国家机关、企事业单位及社会团体、企业公司等)中的职务、职称、地位，如局长、校长、主任、经理等。如果收信人有过两种以上的职务(或职衔)，甚至同时身兼数职，这就需要选择一个适当的称呼。选择的原则是视书信内容与收信人的哪个职位关系密切。如收信人从前是寄信人的老师，现在当了局长，而寄信人的书信重点叙师生情谊，那么这封信的称呼就应以表示师生关系为宜。

2. 问候语

正文通常以问候语开头。问候是一种文明礼貌的行为，也是对收信人的一种礼节，体现写信人对收信人的关心。长者多问候身体，中年人多问候事业和家庭，青年人多问候爱情和学业，少年儿童多祝愿健康成长。

问候语可长可短，最常见的是"您好！""近好！"，即使短到"您好"两字，也体现出写信人的一片真诚。问候语写在称呼下一行，前面空两格，常自成一段。无论是经常通信的还是素昧平生的，信的开头都应有问候语，问候要切合双方关系，以简洁、自然为宜。

3. 正文

正文是书信的主体，即写信人要说的事，内容表达须清楚、准确。

正文另起一行空两格开始写。书信的内容尽管各不相同，写法也多种多样，但都要以内容清楚、叙事准确、文辞通畅、字迹工整为原则，此外还要谦恭有礼，即根据收信人的特点及写信人与收信人的特定关系进行措辞(包括敬语谦辞的选择等)。

一般一件事一段，注意要层次分明，叙述清楚，简洁清晰。语言要求准确通俗，不要作过多过深的修饰，以免对方难以理解。

4. 结尾祝颂语

要根据收信人的身份，写表示祝愿的话，以示礼貌。问候祝颂语虽然只有几个字，但表示写信人对收信人的祝愿、钦敬，有不可忽视的礼仪作用。

祝颂语有格式上的规范要求，一般分两行书写，上一行前空两格，下一行顶格。祝颂语可以套用约定俗成的句式，如"此致""敬礼""祝您健康"之类。

5. 署名和日期

在书信最后一行要署上写信人的名字和写信日期。署名应写在正文结尾后的右方空半行的地方。在署名之后，有时还酌情加上"恭呈""谨上"等，以示尊敬。上述自称，都要和信首的称呼吻合。

日期用以注明写信的时间，写在署名之后或下边。有时写信人还加上自己所在的地点，尤其是在旅途中写的信更应如此。

为表示礼貌，根据写信人与收信人的关系，在姓名前可表明身份，如"学生×××"等。给用人单位领导写信，可写"求职者"。名字之下，还要选用适当的礼告敬辞，如对尊长，在署名后应加"叩上""敬亲""叩禀""拜上""敬启""肃上"等；对平辈在署名后加"敬白""谨启""敬上""拜启"等。

6. 封文

封文即写在信封上的文字。信封上应依次写上收信人的邮政编码、地址、姓名及寄信人的地址、姓名和邮政编码。

封文的项目如下。

(1) 收信人的地址。包括住址、服务机关或学校等及其邮政编码。收信人的地址要写得准确无误，尽量详细周全。邮政编码要填写在信封左上方的方格内，字迹工整清晰。

(2) 收信人的姓名。应写在信封的中间，字体要略大一些。在姓名后空二三字处写上"同志、先生、女士"等称呼，后加"收、启、鉴"等字。

许多人习惯在收信人的名字之后加上私人关系称呼，如"×××父亲收""×××爱妻收"，这是错误的用法。封文中收信人姓名下的称呼不同于笺文中的称呼，它不是发信人对收信人的称呼，而是邮递员(送信人)对收信人的称呼。

(3) 发信人的地址、姓名。信封右下方应写明发信人的地址、姓名及邮编。

(4) 封文款式的选用及写作。我国目前通用的信封有两种款式：一种是竖式(又称"中式")，另一种是横式(又称"西式")。

竖式信封封文内容分为左、中、右三路，右路写收信人地址，中路写收信人姓名，左路写发信人的地址、姓名。

横式信封封文内容分上、中、下三路，上路写收信人的地址，中路写收信人的姓名，下路写发信人的地址、姓名。贴邮票的位置一般在右上角。

(5) 托人带信。如果托人带信，还要在信封上书写托带语和拜托词。

托人带交收信人的书信，其封文的内容与结构形式同邮寄书信有些不同，分为两种情况：一是带信人知道收信人的地址和姓名，二是带信人不知道收信人的地址和姓名，两种情况下的封文写法大不相同。

第一种情况，带信人是熟人，知道收信人的地址和姓名，封文中就没有必要再写收信人的地址了，至于姓名，则可视带信人与收信人的熟悉程度而决定姓名全写，还是只写名字与称呼。在这种情况下，书信封文的内容有下列几项即可：附件语、托带语、收信人姓名和称呼，收件词、发信人署名及拜托词、发信时间。

第二种情况，非熟人带信。带信人不知道收信人的地址和姓名。此时，在封文中就有必要写全收信人的地址和姓名，附件语与托带语的写法同第一种情况。在通信工具发达的今天，已很少有人托人带书信了。

附件语：是指托人带交书信的附件，也就是说，除托人带交的书信外，附带有其他物品。如有，须附以简明的语言说明随信托带物品的名称及数量，以便收信人如数查收，如果没有随信托带物品，自然也就无附件语了。

托带语：托带语是发信人对带信人表示拜托之意的语言。托带语中反映的人际关系有三层：一是发信人与带信人的关系，二是收信人与带信人的关系，三是发信人与收信人的关系。托带语的写作应依上述三者的关系不同而选用不同的词语。

(二)商务书信的特点

1. 语气口语性

每一封商务书信的往来都是企业之间或者企业领导者之间的一种情感交流。商务书信能更多地体现写信人感性的一面，使读信人感到非常热情、友好，就像朋友之间的谈话那样简单、自然、人性化。无论是歉意的道歉函，还是善意的劝说函，或者购买函，完全可以通过书信中的语气、语调来表现。

2. 内容直接性

企业管理人员每天都要阅读大量书信文件。所以，商务书信要写得简明扼要、切中要点。用简洁朴实的语言来写信函，使书信读起来简单、清楚、容易理解。当涉及数据或者具体的信息时，如时间、地点、价格、货号等，要用语精确，使交流的内容更加清楚，这更有助于加快商务活动的进程。

3. 态度真诚性

商务书信要能够充分体现真诚、礼貌。不管说什么，都要带着诚意。把写好的商务书信事先读一遍，确保假使此时对方正在与你通话，他一定能够感受到你的自然、真诚和礼貌。这里所说的礼貌，并不是简单用一些礼貌用语，而是体现为他人考虑，多体谅对方心情和处境的态度。

4. 主旨单一性

商务书信具有纯粹的业务性，要求专文专事，内容集中单一，围绕公务，突出主旨。

5. 格式规范性

商务书信结构类似于一般的书信，有称呼、有正文、有署名。外贸商务函电的写作则必须依照国际惯例，用英语或对方国家所使用的语言书写，在文法和书写格式上也要符合对方的语言规范和习惯。

6. 地位平等性

商务书信是两个平等法人之间的往来文书,反映双方平等、互惠互利的关系。商务书信的写作应相互尊重、以礼相待。

7. 要求时限性

商务书信是在商务活动的各个环节中形成的,每封书信都是一定时限内双方意愿的明确表达。因此,接收对方的书信后必须及时回复。目前,书信的传递越来越多地使用图文传真、电子邮件等形式,以适应这一特点的需要。

二、几种常用商务书信的礼仪

商务书信是涉及各种事务问题,联系商洽工作的信件。这种书信的格式和写作要求比较严格,要慎重对待。

商务书信礼仪的基本要求:应本着实事求是的原则,不能夸大事实,更不能弄虚作假。格式要正确,语言要规范,这是这类文书的基本礼仪要求。字迹要工整,切忌潦草,文面保持清洁。一般不能涂改,如不得不涂改,应在涂改处加盖公章,以保证其准确。

(一)礼仪文书的写作格式

礼仪文书的写作格式包括标题、称呼、正文、落款四个部分。

1. 标题

礼仪文书的标题通常用醒目的字体写在第一行正中部分。标题一般有两种写法:一种是简单写明"感谢信""介绍信"等;另一种是具体写出单位、原因等,如"致全国金融系统全体员工的慰问信"。

2. 称呼

在标题下一行左起顶格位置写上收信人或单位的名称、称呼,之后加上冒号。

3. 正文

正文在称呼下一行左起空两格的位置开始书写。礼仪文书往往是就某一件事、某一个人或某一个单位所写,所以内容应单一,写明事由。对于感谢信、贺信等用语要真诚、热情;对于介绍信则要求用语要严肃、尊重。不论何种内容的礼仪文书,语言叙述都要清楚,切忌失实。夸大其词或任意编造都是绝对不应该的。

不同的礼仪文书,其正文结束语不同,应区别对待。如贺信的结束语,宜表示美好的祝愿,写上"预祝大会圆满成功""谨致以亲切的慰问"等字样;感谢信的结束语,宜写上"谨表示衷心的感谢",而介绍信的结束语则应写上"请予接洽,并望大力协助"或"请予接洽并协助为荷"。证明信的结尾写上"特此证明",表示已慎重考虑。

4. 落款

在正文结尾右下方应写清写信人的单位名称、个人姓名,写清年、月、日,如果是以单位名义写的礼仪文书，还要加盖公章，公章的位置在署名和日期之上，俗称"齐年压月"，注意公章不要压住正文。

礼仪文书的写作格式还有另外一种情况：第一行正中写上文书的名称，第二行左起空两格开始写正文，正文结束后，紧接着写"此致"二字，然后另起一行，顶格写上接受单位或接受人的名字，最后署名，写清日期，加盖公章。

(二)商务贺信

贺信是表示庆祝的书信。友好、热情的祝贺、称颂词语，称贺词；书面形式，称贺信；电报形式，称贺电。

1. 贺信概念

贺信是对他人取得的成就、获得某种职位、组织的成立、纪念日期表示祝贺的文书，是行政机关、企事业单位、社会团体或个人向其他集体单位或个人表示祝贺的一种专用书信。现在贺信已成为表彰、赞扬、庆贺对方在某个方面所作贡献的一种常用形式，它还兼有表示慰问和赞扬的功能。

2. 贺信的基本格式

贺信一般由标题、称呼、正文、结尾和落款五部分构成。

(1) 标题。贺信的标题通常由文种名构成，如在第一行正中书写"贺信"二字。

(2) 称呼。顶格写明被祝贺单位或个人的名称或姓名。写给个人的，要在姓名后加上相应的礼仪称呼，如"先生""女士"等，称呼之后要用冒号。

(3) 正文。贺信的正文要交代清楚以下几项内容。

① 结合当前的形势状况，说明对方取得成绩的大背景，或者某个重要会议召开的历史条件。

② 概括说明对方都在哪些方面取得了成绩，分析其成功的主观、客观原因。这是贺信的中心部分，一定要交代清楚。

③ 表示热烈的祝贺。要写出自己祝贺的心情，由衷表达真诚的慰问和祝福。要写些鼓励的话，提出希望和共同理想。

(4) 结尾。结尾要写上祝愿的话。如"此致""敬礼""祝争取更好的成绩""祝您健康长寿"等。

(5) 落款。写明发文的单位或个人的姓名、名称，并署上成文的时间。

3. 贺信的写作要求

贺信的写作要注意主题明确、中心突出。在写作上，要求结构完整，层次清楚，语言简练，表达精确，行文流畅，富有美感，体现其公文庄重大气的特点。情感真挚但切记不要言过其实，评价要恰当，要表现出真诚的喜悦和祝贺。

另外，代表单位的贺信应较为正式，措辞要严谨、谦恭。贺信与贺词有所不同，贺词内容篇幅长，而贺信要求简单短小，不宜长篇大论。贺信的内容针对性强，措辞热情。贺信写作要求内容切合具体的祝贺情境,感情真挚,喜庆色彩浓郁。贺信应以书面表达为主,语言力求简练、明快、生动、流畅,恰当地使用对偶、比喻等修辞手法,使贺信显得优美文雅。

(三)感谢信

感谢信是国家机关、社会团体、企事业单位对帮助、支持自己工作的单位或个人表示感谢的信函。这种信函的写作格式与表扬信基本相同,区别在于信的正文部分主要是为了表达感谢之情。

感谢信是文明的使者,从文体上来说,它属于应用文体。感谢信可以在任何情况下使用,如与一个重要的客户见面后、与可能的雇主面试后、收到礼物后,或者在别人邀请你参加宴会以后。

1. 感谢信的种类

感谢信依据不同的标准可以有不同的分类方法。

(1) 按感谢对象的特点分类。一类是写给集体的感谢信。这类感谢信,一般是个人处于困境时,得到了集体的帮助,并在集体的关心和支持下最终克服了困难,渡过了难关,摆脱了困境,所以要用感谢信的方式表达感激之情。另一类是写给个人的感谢信。这类感谢信,可以是个人也可以是单位,还可以是集体为了感谢某个人曾经给予的帮助或照顾而写的。

(2) 按感谢信的内容和形式分类。一类是普发性感谢信,即对与本单位有过交往的众多单位表示谢意。这种感谢信包括可在报社登报、电台广播或电视台播报的感谢信,是一种可以公开张贴的感谢信。另一类是专用感谢信。这种感谢信直接寄给单位、集体或个人,专为某事向某单位或个人表示感谢。这两类感谢信拟稿的要求不同,前者内容要求概括些,使之适合所有的感谢对象;后者内容应写得具体些,使之适合个别感谢对象。

2. 感谢信的格式和写法

感谢信的格式可以应用一般的书信格式,注意篇幅不要太长,着重点应该放在收信人为自己提供了哪些帮助,一点不漏地写清楚;另外表示感谢的语气要合乎商务礼仪,语气不应该让对方感觉卑屈,写感谢信的目的只是为了表达真诚的谢意。

感谢信的格式:感谢信通常由标题、称呼、正文、结语和落款五部分构成。

(1) 标题。第一行的正中用较大的字体写上"感谢信"三个字。如果写给个人,这三个字可以不写。

(2) 称呼。第二行顶格写对方单位名称或个人姓名,姓名后面可以加适当的称呼,如"同志""先生"等,称呼后用冒号。

(3) 正文。第三行空两格起写正文。这一部分要写清楚对方在什么时间、什么地点、由于什么原因,做了什么好事,对自己或单位提供了什么支持和帮助,事情有什么好的结果和影响。还要写清楚从中表现了对方哪些好思想、好品德、好风格。最后表示自己或所在单位向对方学习的态度和决心。如果感谢信是写给所感谢者的单位或新闻单位的,还可以写上建议对方单位给予表扬的建议。

(4) 结语。正文写好后，另起一行空两格写上"此致"，换一行顶格写上"敬礼"。

(5) 落款。最后再换一行，在右半行署上单位名称或者个人姓名。在署名的下边写上发信的日期。

3. 书写感谢信的注意事项

书写感谢信时，需注意以下几点。

- 感谢信的语言要诚恳、真挚。
- 感谢的原因要具体，文字叙述要精练，要恰当地叙述对方所做的好人好事，要具体交代清楚事情的经过，涉及的人物、地点、时间，让对方能够忆起当时做过的事情。
- 要热情赞颂对方的高尚品德、可贵精神，以及所带来的示范作用，表示向对方学习的态度和精神。篇幅不宜过长。

(四)邀请信、请柬

1. 邀请信、请柬的含义

请柬、邀请书(信)也叫请帖，是人们在节日和各种喜庆活动中邀请客人使用的一种简便邀请信。邀请信、请柬按篇幅大小、文字多少、内容简繁可分为两种形式。篇幅大、文字多、内容繁可称为邀请信、邀请书。文字较少，内容相对简单，印制较为精美的称为请柬。请柬也称为"请帖""柬帖"，形式上有横竖之分。

2. 邀请信、请柬的种类

邀请信、请柬按用途分类，有会议类请柬，专为庆祝会、纪念会、座谈会等发出；活动类请柬，专为仪式、宴请、执行等发出；工作类请柬，专为成果的评审、鉴定、决策的论证发出。

请柬是为邀请宾客参加某一活动时所使用的一种书面形式的通知，一般用于联谊会与友好交往的各种纪念活动、婚宴、诞辰或重要会议等，发送请柬是为了表示活动的隆重。邀请信虽然有邀请之意，作为信件，其内容难免复杂，这时可以使用请柬。请柬内容单一，它可以体现庄重、礼貌之意，又不失方便快捷，具有通知和邀请的双重作用。请柬的外形和文字都应经过斟酌和加工。

3. 邀请信、请柬的结构和写法

邀请信、请柬有横式、竖式两种，竖式写法从右向左写。从内容上看邀请信、请柬，作为书信的一种，又有其特殊的格式要求。一般由以下几部分组成。

(1) 封面(正面)。可以分为有封面的和无封面的两种。有封面的，居中写"请柬"或"邀请书"，字体要略大，要醒目和美观。一般要做一些艺术加工，可用美术体的文字，色彩可以烫金、有图案装饰等。通常请柬已按照书信格式印制好，发文者只需填写正文而已。封面也已直接印上了名称"请柬"或"请帖"字样。

第七章　商务场合的办公礼仪

无封面的,则直接在第一行中间位置列出"请柬"字样,字体稍大,且要醒目、美观、大方,以示尊重。

(2) 称呼。一般是在正文第一行顶格写被邀请个人或者单位的名称。有时为了表示尊重,在姓名后面可以加上职务或者尊称。当然,有些活动如宴会、演出、舞会等,则不需要写个人姓名。

(3) 正文。正文中有三个基本要素不可缺少,即事由、时间、地点。邀请对方参加自己举办该活动的缘由必须书写清楚,给被邀者决定是否参加提供依据。举办活动的准确时间,不但要书写年、月、日、时,甚至要注明上下午。如果活动地点比较偏僻,就要在请柬上注明行走路线、乘车班次等。请柬行文不用标点符号,所提到的人名、单位名、节日名称都应用全称。请柬可以印刷也可以手写,但手写字迹要美观、清晰。

(4) 结尾。请柬中应避免出现"准时"两字,通常写"敬请光临""敬请莅临"。

(5) 落款。一般用"此致、敬礼"的祝颂语作最后致意。在文面的右下角签署邀请人的姓名。如果是单位发出的请柬,要签署主要负责人的职务和姓名,以主邀请人的身份告知对方。写清发请柬或邀请书(信)的单位名称或个人姓名,下一行注明年、月、日。发文日期最好用汉字大写,以示庄重正式。

有些舞会、音乐会、大型招待会的请柬还写有各种附启语,如"每柬一人""凭柬入场""请着正装"等,通常写于请柬正文的左下方处。

4. 邀请信、请柬的写作要求

(1) 邀请信、请柬不同于一般书信。一般书信都是因双方不便或不宜直接交谈而采用的交际方式。邀请信、请柬却不同,即使被请者近在咫尺,也须送请柬,这主要表示对客人的尊敬,也表明邀请者对此事的郑重态度。

(2) 语言上除要求简洁、明确外,还要措辞文雅、大方和热情。具体要求:求其"达",即要通顺明白,又不要堆砌辞藻或套用公式化的语言;求其"雅",即要讲究文字美。请柬是礼仪交往的媒介,乏味的或浮华的语言会使人很不舒服。

(3) 邀请信、请柬文字尽量用口语,不可为求"雅"而去追求古文言。要尽量用新的、活的语言。雅致的文言词语可以使用,但需恰到好处。

(4) 整体而言,邀请信、请柬要根据具体的场合、内容、对象、时间具体认真地措辞,语言要文雅、大方、热情。

(五)介绍信

商务介绍信是企业派出本单位工作人员去外单位联系工作或执行任务时所用的信函。介绍信用以证明持证人的身份和说明来联系的事务。介绍信,一方面起着联系双方的作用,另一方面也起着证明身份的作用。企业有必要准备介绍信,以便随时使用。

1. 介绍信的种类

介绍信主要有两种形式,即普通介绍信和专用介绍信。

(1) 普通介绍信。一般不带存根,正中写"介绍信"。内容包括称呼、正文、结尾、署名和日期,并注上有效日期。

范例一

普通介绍信

_____：(接洽事务的单位)

　　兹介绍我公司_____(被介绍人姓名)同志等_____人(人数)(系我公司_____)，前往贵处联系事宜，请接洽。

　　此致

敬礼

××公司(盖章)
年　月　日

(2) 专用介绍信。专用介绍信共有两联，一联是存根，另一联是介绍信的本文。两联正中有间缝，同时编有号码。

范例二

专用介绍信　(存根)

(　字第　　号)

_____(姓名)等人前往_____(接洽事务的单位)联系事宜。

年　月　日
(有效期_____天)
……××字第×号……(盖章)……

2. 介绍信的写法和格式

介绍信一般应包括标题、称呼、被介绍者简况、事由、署名日期和有效期等内容。不同形式的介绍信写法，其格式内容也略有差异。一般分为普通介绍信和专业介绍信两种，具体内容如下。

普通介绍信的编写要点包括：

(1) 标题：手写式介绍信标题一般是在信纸的第一行写上"介绍信"三个字，有些也可省略。

(2) 称呼：称呼在第二行，要顶格写，写明联系单位或个人的单位名称(全称)或姓名，称呼后要加上冒号。

(3) 正文：正文要另起一行，空两格写介绍信的内容。要写明以下几点。

第一，说明被介绍者的姓名、年龄、政治面貌、职务等。如被介绍者不止一人还需注明人数。政治面貌和被介绍者的年龄有时可以省略。

第二，写明要接洽或联系的事项，以及向接洽单位或个人所提出的希望和要求等。

第三，要在正文的最后注明本介绍信的使用期限。

(4) 结尾：结尾要写上"此致""敬礼"等表示祝愿和敬意的话。

(5) 署名：出具介绍信的单位名称写在正文右下方，并署上介绍信的成文日期，加盖单位公章。介绍信写好后，一般装入公文信封内，信封的写法同普通信封的写法相同。

专用介绍信的编写要点包括：

(1) 存根：存根部分的第一行正中写有"介绍信"三个字，字体要大，紧接"介绍信"的字后，用括号注明。第二行居中写有"××字×号"字样。如是市教委的介绍信就写"市教字×号"；如是市政府商业局的介绍信可写"市商字×号"，"×号"是介绍信的编码号。正文要另起一行写介绍信的内容，具体由以下几项构成：被介绍对象的姓名、人数及相关的身份内容介绍，还要写明前往何处何单位。具体说明办理什么事情，有什么要求等。结尾只注明成文日期即可，不必署名，因为存根仅供本单位在必要时查考使用。

(2) 间缝：存根部分同正文部分之间有一条虚线，虚线上即有"××字第××号"字样。这里可照存根第二行"××字×号"的内容填写。要求数字要大写，如"壹佰叁拾肆号"，字体要大些，便于从虚线处截开后，字迹在存根联和正文联各有一半。同时，应在虚线正中加盖公章。

(3) 正式联：第一行正中写有"介绍信"字样，字体较大。第二行在图例为居中有"×××字××号"字样，内容照存根联填写。称呼要顶格写，写明所联系的单位或个人的称呼或姓名。正文应另起一行，空两格起再写介绍信的具体内容。内容同存根内容一样，主要写明持介绍信者的姓名、人数、要接洽的具体事项、要求等。结尾写明祝愿或敬意的话，一般要写些诸如"请接洽""请协助"等之类的话，后边还要写"此致""敬礼"。最后要注明该介绍信的有效期限。署名在右下方要署上本单位的名称全名，并加盖公章，同时另起一行署成文日期。

这类介绍信写好后，也应装入公文信封内。信封的写法与普通信封相同。

3. 介绍信的注意事项

写介绍信应注意填写持介绍信者的真实姓名、身份，不能冒名顶替。接洽联系的事项要简明扼要。必要时要经主管领导过目或在存根上签字，以示慎重负责。重要的介绍信要留有存根或底稿，内容要同介绍信正文完全一致，并经开介绍信的人认真核对，书写工整，不能随便涂改。

第四节　电子商务礼仪

电子商务(Electronic Commerce，EC)包含两个层面的含义，一是电子方式，二是商贸活动。

电子商务人员在互联网上交往、交易需要遵循礼节，只有当电子商务人员懂得并遵守这些规则时，电子商务的效率才能得到更有效的提高。电子商务人员的礼仪规范是指在从事商务活动中，通过有声语言和无声语言体现出来的对人的恭敬、尊重。

在商务交往中，经常需要将某些重要的文件、资料、图表即刻送至异地的交往对象手中。以邮寄书信的方式联络，时间慢、费用高、安全系数差，难以满足商务往来高效、低费用的要求。而传真、电子邮件在这方面，恰恰能够满足商务往来的需要，因此被商界广泛应用。

一、收发传真的礼仪

商务人员在利用传真对外通信联络时，须注意以下几个方面的礼仪问题。

(一)遵守有关部门的规章使用

安装、使用的传真设备，必须配有电信部门正式颁发的批文和进网许可证。安装、使用传真设备前，须经电信部门许可，并办理一切相关手续，不准私自安装、使用传真设备。如欲安装或使用自国外直接带入的传真设备，必须先前往国家指定部门进行登记和检测，然后到电信部门办理使用手续。使用期间，按照规定，每个月都必须到电信部门交纳使用费用。

(二)依据操作规范使用

使用传真设备，必须按要求规范操作，力求最大限度地提高清晰度。利用传真通信的主要优点是：操作简便，传送快速，而且可以将包括复杂图案在内的真迹传送出去。它的缺点主要是：发送的自动性能较差，需要专人在旁边进行操作。有时清晰度难以保证。

(三)着力维护公司形象

使用传真时，必须牢记维护企业形象，处处不失礼仪规范。

1. 发送传真的礼仪

正式的公文传真都有首页，标示传送者与接收者双方的单位名称、人员姓名、日期、总页数等。在发送传真时，应检查是否注明了本公司的名称、发送人姓名、发送时间以及联络电话。同样地，应写明接收者姓名、所在公司、部门等信息。所有的注释均应写在传真内容的上方，在发送传真时即便已经给予了口头说明，也应该在传真上注明以上内容，这是良好的工作习惯，对双方的文件管理都非常有利。

发送传真前，最好先向对方通报一下，对于主要交往对象的传真号码，必须认真地记好。这样做既可以征询对方意见看是否接收方便，又不至于发错传真。

发送传真时，要注意内容简明扼要，传真一般不适用于页数较多的文件，不但提高成本，并且占用传真机时间过长也会影响其他工作人员使用。

如果没有得到对方的允许，不要将发送时间设定在下班后，这是非常不礼貌的行为。

发送文件、书信、资料时，应该像写信一样有礼貌，必要的称呼、问候语、签字、敬语、致谢语等是不可缺少的。尽量使用清晰的原件，避免发送后出现内容看不清楚的情况。

出差在外，有必要使用公众传真设备，即付费使用电信部门设立在营业场所内的传真机时，除了要办好手续、防止泄密外，对工作人员亦须依礼相待。

2. 接收传真的礼仪

接收传真时，在接通电话时首先应口齿清晰地说"您好"，然后报出公司或单位的名称以及详细的部门名称等。如果是本人或本单位所使用的传真机号码，应准确无误地告知自己重要的交往对象。一般而言，在商用名片上，传真号码是必不可少的一项内容。

接收传真时，如果发现其中某一页不清楚或未收到，可以请对方再发送一次。在收到他人的传真后，应在第一时间采用适当的方式告知对方。需要办理或转交、转送他人发来的传真时，千万不可拖延时间，以耽误对方的要事。

通话时，交流语气要热诚，口齿要清晰，语速平缓。电话语言要简洁、得体、准确，音调适中，态度自然。

(四)注意安全使用

单位所使用的传真设备，应当安排专人负责。无人在场而又必要时，应使之处于接收状态。为了不影响工作，单位的传真机尽量不要与办公电话使用同一条线路。每一份传真都可能会经过许多人的手才送至当事人，所以，用传真机发送一些私人或敏感的内容是不合适的。

(五)及时回复

传真设备最为看重的是它的时效性。如果传真机设定在自动接收的状态，发送方应尽快通过其他方式与收件人取得联系，确认是否收到传真。收到传真的一方也应给予及时回复，避免因疏漏造成传真丢失。在重要的商务沟通中，任何信息丢失都有可能造成延误甚至影响合作业务，所以这样的细节必须重视。

二、使用 E-mail 的礼仪

商务人员在使用电子邮件(E-mail)对外进行联络时，应当遵守的礼仪规范主要包括以下五个方面内容。

(一)邮件内容的撰写礼仪

1. 主题

主题是接收者了解邮件的第一信息，因此要提纲挈领，使用有意义的主题，这样可以让收件人迅速了解邮件内容并判断其重要性。

(1) 标题一定不要留有空白，这是最失礼的。

(2) 标题要简短，不宜冗长。

(3) 标题要能真实反映文章的内容和重要性，切忌使用含义不清的标题，如"王先生收"等。

(4) 一封信尽可能只针对一个主题，不要在一封信内谈及多件事情，以便日后整理。

(5) 可适当使用大写字母或特殊字符(如"＊！"等)来突出标题，引起收件人注意，但应适度，特别是不要随便就用"紧急"之类的字眼。

(6) 回复对方邮件时，可以根据回复的内容更改标题，标题不要太长。

2. 在撰写内容时应遵照普通信件的格式和规则

邮件正文要简洁，不可长篇大论，以便收件人阅读。用语要礼貌，以示对收件人的尊重。特别要注意正确使用标点符号，正确地断行、断句。如果是写英文邮件，不要清一色采用大写字母，否则有用语不文明的嫌疑。

(1) 注意论述语气。根据收件人与自己的熟悉程度、等级关系、邮件是对内还是对外性质不同，选择恰当的语气进行论述，以免引起对方不适。尊重对方，使用"请""谢谢"之类的语句。

(2) 正文多用1、2、3、4之类的列表，以清晰明确。如果事情复杂，最好用1、2、3、4列几个段落进行清晰明确的说明，保持每个段落简短不冗长。

(3) 对于重点部分，可用颜色突出强调。

(4) 一次邮件交代完整信息。最好在一次邮件中把相关信息全部说清楚、说准确。不要过两分钟之后再发一封"补充"或者"更正"之类的邮件，这会让人很反感。

(5) 注意使用拼写检查，尽可能避免拼写错误和错别字。这是对别人的尊重，也是自己态度端正的体现。如果是英文 E-mail，最好把拼写检查功能打开；如果是中文 E-mail，注意拼音输入法带来的同音错别字。

3. 开头结尾要有问候语

英文开头可用"Hi"，中文开头可用"您好"。英文结尾可用"Best Regards"，中文结尾可用"祝您顺利"之类。

(二)不把商务邮箱当作私人聊天室

在信息社会中，任何人的时间都是无比珍贵的。对商务人员来讲，这一点显得更加重要。有人才会说："在商务交往中要尊重一个人，首先就要懂得替他节省时间。"所以，不要轻易向他人乱发电子信件。尤其是不要用之与他人谈天说地，或是只为了检验一下自己的电子邮件能否成功地发出，更不宜随意以这种方式在网上"征友"。

目前，有不少电子邮件使用者时常会因为电子信箱中堆满了无聊的电子邮件烦恼不堪，甚至好多是陌生人的电子邮件。对其进行处理，不仅会浪费自己的时间和精力，还有可能耽搁正事。

(三)不主动发送英文邮件

英文邮件只是交流的工具，而不是用来炫耀和锻炼英文水平的。如果收件人中有外籍人士，应该使用英文邮件交流；如果收件人是其他国家和地区的华人，不应采用英文交流。由于存在中文编码的问题，中文邮件在其他地区可能会显示为乱码。因此，商务人员在使用中文向除了中国之外的其他国家和地区的华人发送电子邮件时，必须同时使用英文注明自己所使用的中文编码系统，以保证对方可以收到自己的电子邮件。

(四)慎重选择商务电子邮件功能

目前，市场上所提供的电子邮件软件有多种字体备用，甚至还有各种信纸可供使用者选择。这固然可以强化电子邮件的个人特色，但是此类功能商务人员是必须慎用的。

这主要是因为，一方面，对电子邮件修饰过多，难免会使其容量增大，收发时间加长，既浪费时间又浪费金钱，而且往往会给人以华而不实之感；另一方面，收件人所用的软件不一定能够支持上述功能。这样所收到的电子邮件就很可能会背离发件人的初衷，使之前功尽弃。

(五)及时回复电子邮件

收到他人的重要电子邮件后，应即刻回复对方，这是对他人起码的尊重，理想的回复时间是 2 小时内，特别是紧急重要的邮件。

对每一份邮件都立即处理是很占用时间的，对于一些优先级低的邮件可集中在一特定时间处理，但一般不要超过 24 小时。

当答复问题的时候，最好把相关的问题抄到回件中，然后附上答案。不要过于简单，并进行必要的阐述，让对方一次性理解，避免反复交流，浪费资源。

如果对发件人提出的问题不清楚，或有不同的意见，应该与发件人单独沟通，不要当着所有人的面，反复回复，与发件人讨论好了再告诉大家。不要向上司频繁发送没有确定结果的邮件。

三、电子商务礼仪运用时注意事项

(一)顾客首先是"网民"

"网民"是实实在在的人，面对面不能说的话在网上也不能说。在交往中要时刻保持对他的尊重，你也才会得到尊重。心中要时刻牢记：每一个"网民"都是我们的上帝。

(二)言行一致、尊重交往对象

网络上的道德和法律与现实生活中是相同的，网上交易依旧是和人在交易。因此，不可以降低职业道德的标准，必须要对自己的言行负责。针对顾客提出的问题必须以最快的速度回答，或者迅速解决。尊重他人就是尊重自己。

(三)维护职业形象、尊重他人的隐私

网络即使没有语音或视频，其实也是看得见听得着的，你传递的信息别人一样能感受到。要保持公司和自己的职业形象，亲切不轻浮、自信不骄傲、落落大方回答得体。在和顾客交流时，交谈内容不要涉及顾客隐私，更不要去公开或传播他人隐私。

(四)学会宽容、不要和顾客争论

当看到别人写错字、用错词、问一个低级问题或者电脑操作不当时，请不要笑话人家，因为你也不是天生什么都会的。顾客就是上帝，顾客永远都是对的。来到我们店铺的每个人都是我们的客人，如果不是大是大非的问题，都不要和顾客争论，要心平气和面带微笑地与之沟通交流。

拓展阅读. 女士优先与绅士风度

本 章 小 结

办公室礼仪涉及办公室的布置、办公室一般礼仪及公共区域的礼仪。办公室工作人员要从礼仪学角度合理、有效地布置和装饰办公室。在公共区域的言谈举止、待人接物要规

范,讲究方法,处理好与办公室其他人员的关系。

接听电话的基本礼仪:"铃声不过三"原则、规范的问候语、第一句话很重要、确定来电者身份、听清楚来电目的、复诵来电要点、认真清楚的记录、"后挂电话"原则、如何接听错打的电话、语音电话使用礼仪。

拨打电话礼仪:要选择对方方便的时间、电话"3分钟原则"、主动自报姓名、通话内容要简明扼要、重要的第一声、通话时的态度、举止要文明。

公用电话礼仪:要长话短说,注意语气、态度,要换位思考,要注意谈话内容,不要恶意使用公用电话。

无论是在社交场所还是商务场合放肆地使用手机,已经成为礼仪的最大威胁之一,手机礼仪越来越受到关注。

收发传真礼仪:遵守有关部门的规章使用、依据操作规范使用、着力维护公司形象、注意安全使用、及时回复。

商务书信礼仪的基本要求:应本着实事求是的原则,不能夸大事实,更不能弄虚作假。格式要正确,语言要规范,这是文书的一般礼仪要求。字迹要工整,切忌潦草,文面保持清洁。一般不能涂改,如必须涂改,应在涂改处加盖公章,以保证其准确。

电子商务人员的礼仪规范是指在从事商务活动中,通过有声语言和无声语言体现出来的对人的恭敬、尊重。

复习思考题

1. 从礼仪的角度来说,应该如何布置办公室?
2. 乘坐电梯时的礼仪有哪些?
3. 工作中如何协调好与上司之间的关系?
4. 与同事相处要注意些什么?
5. 商务活动中,接听电话应该注意的问题是什么?
6. 简述商务书信礼仪的基本要求。
7. 简述在剧场和电影院中如何正确使用手机。

第八章　商务宴请礼仪

【学习目标】

通过对本章内容的学习，使学生了解商务宴请的基本礼仪；掌握中餐和西餐宴请的相关礼仪知识。

【重点与难点】

重点掌握中餐和西餐宴请的相关礼仪知识，并能够熟练运用。

【教学方法】

理论教学、案例分析、课堂示范

【引导案例】

商务宴请的礼仪智慧清单

一个宴请，有时可以改变人的一生；一次筵席，甚至可以影响职业生涯的成功与失败。

南茜在一家著名跨国公司的北京总部做总经理秘书，中午要随总经理和市场总监参加工作午餐会，主要是研究未来一年市场推广的工作计划。这不是一个很正式的会议，利用午餐时间彼此沟通一下。南茜知道晚上公司要正式宴请国内最大的客户张总裁等一行人，答谢他们一年来给予的支持，她已经提前安排好了酒店和菜单。午餐是自助餐的形式，与总经理一起吃饭，南茜可不想失分。在取食物时，她选择了一些都是一口能吃下去的食物，放弃了她平时喜爱的大虾等需要用手帮忙才能吃掉的美食，因为她知道自己可能随时要记录老板的指示，而总经理是法国人，十分讲究。

下午回到办公室，南茜再次落实了酒店的宴会厅和菜单安排，为晚上的正式宴请做准备。宾主双方共有8位，南茜安排了桌卡，因为是熟人，又只有几个客人，所以没有送请柬，可是她还是不放心，就又拿起了电话，找到对方公关部李经理，详细说明了晚宴的地点和时间，又认真地询问了他们老总的饮食习惯。李经理告诉说，他们的老总是山西人，不太喜欢海鲜，非常爱吃面食。南茜听后，又给酒店打电话，重新调整了晚宴的菜单。南茜提前半个小时到酒店，看看晚宴安排的情况并在现场做点准备工作。到了酒店，南茜找到领班经理，再一次讲了重点事项，又和他共同检查了宴会的准备情况。宴会厅分内外两间，外边是会客室，是主人接待客人小坐的地方，已经准备好了鲜花和茶点，里边是宴会的房间，中餐式宴会的圆桌上已经摆放好各种餐具。南茜知道对着门口桌子上方的位子是主人位，但为了慎重从事，还是征求了领班经理的意见。从带来的桌卡中先挑出写着自己老板名字的桌卡放在主人位上。再将对方老总的桌卡放在主人位子的右边。想到客户公司的第二把手也很重要，就将他放在主人位子的左边。南茜又将自己的顶头上司市场总监的桌卡放在桌子的下首正位上，再将客户公司的两位业务主管，分放在他的左右两边。为了便于沟通，南茜就将自己的位子与公关部李经理放在了同一方向的位置。应该说晚宴的一切准备工作就绪了。南茜看了看时间还差一刻钟，就来酒店的大堂内等候。提前10分钟看到了总经理一行人到了酒店门口，南茜在送他们到宴会厅时简单地汇报了安排，随即又返身回到了酒店大堂，等待着张总裁一行人的到来。几乎分秒不差，她迎接的客人准时到达。晚宴按南茜精心安排的情况顺利进行着，宾主双方笑逐颜开，客户不断夸奖菜的味道不错，正合他们的胃口。这时领班经理带领服务员像表演节目一样端上了山西刀削面。客人看到后立即哈哈大笑起来，高兴地夸赞工作做得真细致。南茜的总经理也很高兴地说，这是南茜的功劳。看到宾主满意，南茜心里暗自总结着经验，幸亏下午根据客人的口味调整菜单，去掉了鲍鱼等名贵菜，不仅省钱，还获得了客人的好感。

(资料来源：本书作者整理编写.)

宴请是一种重要且常见的商务活动。无论是初次见面的新朋友，还是商务往来颇深的老朋友，都可以在轻松和谐的宴会中交流思想、增进了解、联络感情，甚至达成交易。宴请活动形式多样，礼仪也比较复杂，掌握其中礼仪规范，有利于促进商务合作的顺利开展。

第一节　商务宴请礼仪概述

宴请是人们为了表示欢迎、庆贺、答谢，以及在饯行时举行的一种餐饮活动。宴请的目的可以是多种多样的，如欢迎代表团来访、庆祝某一节日、纪念日，展览会的开幕、闭幕，某项工程的开工、竣工，以及乔迁、开张、签订合约等。

商务宴请一般是指企业为了扩大影响，洽谈业务或举行开业庆典等商业目的而举办的一种宴会活动，带有浓厚的商务色彩，同时它还具有社交性、聚餐式和规格化等特点，是商务人员必须熟悉的一项重要工作内容。

一、宴请的种类

在商务活动中，宴请是最常见的交际活动形式之一，各国宴请都有自己国家或民族的特点与习惯。根据不同的宴请目的、邀请对象以及经费开支等因素可选择不同的宴请形式。每一种形式的宴请，在菜肴、人数、时间、着装等方面，通常会有不同的要求。

常见的宴请形式有四种，即宴会、招待会、工作餐、茶会。

(一)宴会

宴会是指正规、庄重的宴请活动，是举办者为了表达敬意、谢意，或为了扩大影响等目的而专门举行的招待活动。

宴会是正餐，出席者按主人安排的席位入座进餐，由服务员按专门设计的菜单依次上菜，菜肴较丰盛，席间，主宾相互致辞、祝酒。它有正式宴会和非正式宴会两种，在时间上有午宴和晚宴之分，以晚宴更为隆重和正规。

第八章 商务宴请礼仪

1. 正式宴会

正式宴会隆重而正规,往往是为宴请专人而精心安排在比较高档的饭店或其他特定地点举行、讲究排场及气氛的大型聚餐活动。对于到场人数、穿着打扮、席位排列、菜肴数目、音乐演奏、宾主致辞等,都有十分严谨的要求和讲究。

2. 非正式宴会

非正式宴会常见的有便宴和家宴两种形式。

(1) 便宴。便宴常见的有午宴、晚宴,有时也举行早宴。便宴同样适用于正式的商务交往。便宴形式简便、灵活,并不注重规模档次。一般来说,便宴只安排相关人员参加,不邀请配偶。对穿着打扮、席位排列、菜肴数目往往不做过高要求,而且也不安排音乐演奏和宾主致辞。有时还可以自助餐形式举行,可以自由行动更显亲切随和。

(2) 家宴。严格地讲,家宴是便宴的一种形式,是在家里举行的宴会。相对于正式宴会而言,家宴最重要的是制造亲切、友好、自然的气氛,使赴宴的宾主双方感觉轻松、自然、随意,彼此增进交流,加深了解,促进信任。

通常,家宴在礼仪上往往没有特殊要求。为了使来宾感受到主人的重视和友好,基本上要由女主人亲自下厨烹饪,男主人充当服务员;或男主人下厨,女主人充当服务员,来共同招待客人,使客人产生宾至如归的感觉。

(二)招待会

招待会是指各种不配备正餐的宴请,一般备有食品和酒水,通常不安排固定的席位,可以自由活动,常见的招待会有酒会与冷餐会两种。

1. 冷餐会

此种宴请的特点是不排席位,菜肴以冷食为主,也可冷、热兼备,连同餐具一起放置在餐桌上,供客人自取。客人可多次进食,站立进餐,自由活动。冷餐会的地点可在室内,也可在室外花园。对年老、体弱者,要准备桌椅,并由服务人员招待。这种形式适用于招待人数众多的宾客。我国举行大型冷餐招待会,往往用大圆桌,设座椅,主桌安排座位,其余各席并不固定座位。

2. 酒会

酒会又称鸡尾酒会,形式较为简便灵活,便于人们广泛交谈深入接触。以酒水为主,略备小吃(如点心、面包、香肠等),不设座椅,仅置小桌或茶椅,以便客人随意走动。酒会举行的时间也较灵活,中午、下午、晚上均可。请柬上一般均注明酒会起止时间,客人可在此期间任何时候入席、退席,来去自由,不受约束。鸡尾酒是用多种酒配成的混合饮料,酒会上不一定都用鸡尾酒。通常鸡尾酒会备置多种酒品、果料,但不选用或少用烈性酒。饮料和食品由服务员托盘端送,也有部分放置桌上。近年来国际上举办大型活动广泛采用酒会形式。自1980年起,我国国庆招待会也改用酒会这种形式。

在酒会中,最好手拿一张餐巾,以便随时擦手。用左手拿着杯子,好随时准备伸出右手和别人握手。喝完后不要忘了用纸巾擦嘴、擦手。用完的纸巾须丢到指定位置。

(三)工作餐

1. 工作餐的涵义

工作餐一般指为上班职工提供的比较简单的饭菜,也指公务活动所吃的饭菜。一般按用餐时间分为工作早餐、工作午餐、工作晚餐,是现代国际交往经常采用的一种非正式宴请形式(有时由参加者各自付费)。

通常情况下,工作餐指是在商务交往中具有业务关系的合作伙伴,为进行接触、保持联系、交换信息或洽谈生意而用进餐的形式进行的商务聚会。工作餐重在创造出有利于进一步进行接触的轻松、愉快、和睦、融洽的氛围,意在以餐会友,是借进餐的形式继续进行的商务活动,把餐桌充当会议桌或谈判桌。往往利用进餐时间,边吃边谈问题。

工作餐的规模一般较小,通常在中午举行,主人不用发正式请柬,客人不用提前向主人正式进行答复,时间、地点可以临时选择。出于卫生方面的考虑,最好采取分餐制或公筷制的方式。在用餐时,还会继续商务上的交谈。但这时需要注意的是,这种情况下不要像在会议室一样,进行录音、录像,或是安排专人进行记录。如有必要进行记录,应先获得对方的首肯,千万不要自行其是。

工作餐是主客双方的"商务洽谈餐",所以不适合有主题之外的人加入。如果正好遇到熟人,可以打个招呼,或将其与同桌的人相互作简略的介绍。但不要自作主张,将朋友留下。万一有不识相的人"赖着"不走,可以委婉地下逐客令。比如,可以说:"您很忙,我就不再占用您宝贵的时间了",或是"我们明天再联系,我会主动打电话给您的"等。

2. 工作餐要注意的事项

(1) 语言得体。在用餐中不要等到大家都吃饱喝足了才开始正式交谈,那样时间往往不够用。因此,在点菜后、上菜前都可以开始正式交谈。

(2) 注意细节并掌握结束信号。一般情况下,宾主双方均可提议终止用餐。如主人将餐巾放回餐桌上。餐间,客人长时间默默无语,或者反复看表,都是在向对方发出"用餐可以到此结束"的信号。尤其是在客人需要"赶点"去忙别的事情或者宾主双方接下来还有其他事情要办时,主人应掌握好时间,使工作餐适时结束。如果有事要离开,也要先和旁边的人打个招呼,可以说声"失陪了"或"我有事先行一步"等。

(四)自助餐

自助餐(也是招待会上常见的一种)可以是早餐、中餐、晚餐,甚至是茶点,有冷菜也有热菜。食物连同餐具放在餐桌上,供客人自选。一般在室内或院子、花园里举行。如果场地太小或是没有足够的服务人员,而招待的客人又比较多,自助餐就是最好的选择。

自助餐开始的时候,应排队等候取用食品。取食物前,先拿一个放食物用的盘子。要坚持"少拿多跑"的原则,不要一次拿得太多。如果在饭店里吃自助餐,一般按就餐的人数计价,个别饭店还规定就餐的时间长短,而且要求必须吃完,如果没有吃完,则需要买下没吃完的东西。

自助餐有两种类型:一种是需要餐桌的,这样的聚会需要一定的服务,同时也需要足

第八章 商务宴请礼仪

够的空间容纳餐桌；另一种是不需要餐桌的，没有服务或者服务很少，客人们自娱自乐，可以自带碟子、餐具和餐巾到一个感觉舒适的地方，随时可以讨论问题。

自助餐，除了解决额外服务产生的问题外，也解决了安排桌位的问题。客人们可以自由选择地点，先后次序和是否适合满意等并不是主人的责任。自助餐往往提供多种菜肴，客人有足够的选择余地，主人也不必担心菜品是否符合他们的胃口。

(五)茶会

茶会是一种简便的招待形式，一般在上午10时、下午4时举行。地点通常设在客厅，厅内设置条几、座椅，不排席位。但若是为贵宾举行的茶会，在入座时，主人要有意识地和主宾坐在一起，其他出席者可相对随意。

茶会对茶叶、茶具的选用十分考究。茶具一般用陶瓷器皿，不用玻璃杯，更不能用热水瓶代替茶壶。国外一般用红茶，略备点心和地方风味小吃。也可用咖啡代替茶，但仍以茶会命名，其内容安排与茶会基本相同。

举行何等规格的宴请，主要取决于当地的习惯。通常正式宴会规格较高，但人数不宜过多。冷餐会与鸡尾酒会则形式简便，人数不限，而商界女士的聚会多采用茶会这种形式。

【案例阅读8-1】

自助餐风波

周小姐有一次代表公司出席一家外国商社的周年庆典活动。正式的庆典活动结束后，外国商社为全体来宾安排了丰盛的自助餐。尽管在此之前周小姐并未参加过正式的自助餐，但是她在用餐开始之后发现其他用餐者的表现非常随意，便也就"照葫芦画瓢"，像别人一样放松自己。

让周小姐开心的是，她在排队取菜时，竟然见到自己平时最爱吃的北极甜虾，于是她毫不客气地替自己满满地盛了一大盘。当时她的主要想法是：这东西虽然好吃，可也不便再三地来取；否则旁人就会嘲笑自己没见过什么世面了。再说，它这么好吃，这会儿不多盛一些，保不准一会儿就没有了。

然而令周小姐脸红的是，她端着盛满了北极甜虾的盘子离去时，周围的人居然个个都用异样的眼神盯着她。有一位同伴还用鄙夷的语气小声说道："真给中国人丢脸呀！"事后一经打听，周小姐才知道，自己当时的行为是有违自助餐礼仪的。

(资料来源：本书作者整理编写.)

二、宴请的原则

1. 适量原则

宴请的适量原则是指在商务宴请活动中，对于宴请的规模、参与的人数、用餐的档次以及宴请的具体数量，都要量力而行。务必要从实际能力出发，进行力所能及的安排。切忌虚荣好强、炫耀攀比，甚至铺张浪费。

需要特别提出的是，商务人员务必力戒利用公款大吃大喝。这样做不仅对个人身体无益，而且还会有假公济私、挥霍公款、败坏社会风气之嫌。仅为自己的口腹之欲而毁坏名节，是商务人员绝对不应该做的。从根本上讲，宴请的适量原则所提倡的是厉行节约、反腐倡廉的风气，是做人务实、不图虚荣的境界。

2. 4M原则

宴请的4M原则在世界各国广泛受到重视。"4M"分别是：Menu，精美的菜单；Mood，迷人的气氛；Music，动人的音乐；Manners，优雅的礼节。4M原则要求在安排或者参与宴请活动时，必须优先对菜单、气氛、音乐、礼节等四个方面的问题高度重视，并应力求使自己在这些方面的所作所为符合律己、敬人的礼仪规范。

3. 照顾他人

不论是以主人的身份款待客人，还是陪同他人一道赴宴，都应在两相情愿的前提下，悉心照料在场的其他人士。"学会照顾他人"是一条极为重要的礼仪规则，也是一个人修养、层次和品位的体现。

4. 客不责主

身为客人，对主人为之安排的餐饮只宜接受，不宜随意评论、非议，尤其是不允许寻衅滋事，借题发挥。

5. 突出特色

负责为他人安排餐饮时，在条件允许的前提下，应努力突出国家特色、地方特色、民族特色，使对方通过享用饮食来"品尝"文化。

【案例阅读8-2】

> **宴请也是竞争力**
>
> 某经销商到某市寻求制造企业合作伙伴，众多合作伙伴纷纷选择豪华酒楼宴请经销商，经销商天天喝得醉醺醺的，合作意向一天天削减。
>
> 甲制造类企业秘书小王策划了一个宴请方案，宴请地点选在湖上的一艘小船上，菜肴以当地土菜为主，结果，经销商选定甲制造企业作为合作伙伴。
>
> 该案例说明：接待的特色显示公司的与众不同，菜单也是竞争力。

(资料来源：本书作者整理编写.)

三、宴请准备的礼仪

宴请的准备工作一般可分为确定参加人员、时间、地点以及发出邀请、恭候迎接等。宴请前的准备过程实质上就是一次公关策划的过程，任何疏漏都可能会酿成严重的后果。

(一)明确宴请的对象、目的、形式

1. 对象

首先要明确宴请的对象。确定主宾名单时一定要考虑周全，包括主宾的身份、国籍、

习俗、爱好等,切忌遗漏,以便确定宴会的规格、主陪人、宴请形式等。如果无法确定客人名单时,最好的办法是先拟出一个大名单送领导圈定。在确定客人名单后,还应确定陪同人员名单。要遵循两个原则:一是要考虑双方级别和人数的对等;二是与宴请主题无关或对宴请目的没有帮衬作用的人最好不要出现。

2. 目的

宴会的目的多种多样,可以为某个人举行,也可以为某件事举行,如庆祝节日、迎接外宾等。举办宴会的目的一定要明确,否则会对宴会的举办者带来不良的影响。

3. 形式

商务宴会是商务交往中一种重要的社交活动,包括晚宴、鸡尾酒会和茶会等形式。正式的宴会形式可以选用晚宴,目前比较盛行的晚宴通常在酒楼举行。国际上的大型商务活动多采用鸡尾酒会形式,鸡尾酒会不设椅子,招待品以酒水(一般不用烈性酒)、小吃(三明治、面包、小香肠等)为主,中午、下午和晚上均可;茶会是一种简单的招待形式,一般在下午4点左右举行,通常设在客厅,一般不用餐厅。

要根据商务活动的目的,选择相应的宴请形式,只有有助于达到商业目的形式才是最合适的形式。例如,某投资商计划到一个贫困县投资一个农业项目,县长为了表达谢意,举行盛大晚宴招待投资商,席间全部上的是山珍海味,政府班子成员全部作陪。酒足饭饱后,投资商悄然而去。该案例说明不合时宜、超标准的宴请损害了招商引资的软环境形象。

(二)确定宴请的时间、地点和菜谱

1. 选择时间

宴请时间的安排可以体现主人对宴请的细心程度。宴请时间原则上应以主宾双方都合适为宜,注意避开对方企业、个人的重大节假日、重要活动或禁忌的时间。如宴请西方客人一般不选择13日和星期五;伊斯兰教徒在斋月内白天禁食,宴请宜在日落后举行;港澳同胞禁忌数字4,认为它是一个不吉利的数字。宴请活动时间要与主宾商议,征求客人的意见,主宾同意后,确定时间,再约请其他宾客。

2. 选择地点

在商务宴请时,用餐地点的选择非常重要的。需注意以下三点。

(1) 优雅的环境。宴请不仅仅是为了"吃东西",也要"品文化"。要是用餐地点档次过低,环境不好,即使菜肴再有特色,也会使宴请大打折扣。在可能的情况下,一定要选择清净、优雅的餐厅用餐。

(2) 良好的卫生。在确定商务聚餐的地点时,一定要看卫生状况是否良好。如果用餐地点卫生问题让人担心,会破坏用餐者的食欲。

(3) 方便的交通。要充分考虑到聚餐者来去交通是否方便,有无公共交通线路,有无停车场,是否要为聚餐者预备交通工具以及完备地点设施等。

总之,宴请活动的地点,要根据宴请活动本身的目的、性质、规格、形式以及主人意愿和实际状态进行恰当地选择,既不能"装穷",也不可"摆阔"。一定要讲究"一切从实际出发"的原则。因为适当的地点能使主人和来宾都感到光彩和舒适。

3. 郑重邀请

正式的宴请大都需要提前发出请柬，并注明"敬请准时入席"，事先口头约定的也要补发，这既是基本的礼仪，也能提供赴宴信息供客人备忘。

请柬的封面一般选用红色，内容必须包括被邀请人的称呼、宴请的名义、详细时间和地点。特别重大的宴会，需要在请柬信封下角注明席位号。另外，重要客人的请柬必须委派专人送达。如果有人从外地来赴约，应提早 2～4 个月寄出请柬；例行的商业午餐会，也应于 3 天前(最好一周前)发出请柬；办餐会或鸡尾酒会，2～4 周前寄出请柬。

4. 制定菜谱

要想组织好宴会，菜谱至关重要。主要根据本企业的经济条件和宴会级别决定上什么档次的菜作为主菜；其次根据客人的年龄、籍贯、民族、出生地、个人爱好决定在同类菜、同档次菜中上什么菜。总的原则是：考虑客人的身份以及宴请的目的，做到丰俭得当。整桌菜谱应有主有次，有荤有素，有冷有热。在宴请前，主人需要对菜单再三斟酌。

(1) 优先考虑的菜肴。

① 有中餐特色的菜肴。宴请外宾的时候，选具有中餐特色的代表性菜肴尤为重要，如龙须面、蛋炒饭、煮元宵、炸春卷、烤白薯、蒸饺子、土豆丝、狮子头、宫保鸡丁、鱼香肉丝、麻婆豆腐、酸辣汤、榨菜肉丝汤等，均为寻常百姓之食，因其具有鲜明的中餐特色，在国外知名度较高，受到众多外国人的推崇。

② 本餐馆的招牌菜。大凡名声在外的餐馆，自然都少不了自己的招牌菜，高档餐馆尤其如此。上一份本餐馆的看家菜，能说明主人的细心和对被邀请者的尊重。

③ 有本地特色的菜肴。中国的饮食文化既有共性，也个性鲜明。名扬天下的八大菜系便是中餐各地分支的主要代表。在宴请他人，尤其是宴请外地人时，如有必要，应尽量安排一些具有本地特色的菜肴。

④ 主人的拿手菜。举办家宴时，主人一定要多做几道自己的拿手菜。其实，拿手菜不一定十全十美，只要主人亲自动手为来宾烧菜，单凭这一点，足以让对方感受到你的尊重和友好。

(2) 不宜选择的菜肴。在安排菜单时，还必须考虑来宾的饮食禁忌，特别是要对主宾的饮食禁忌高度重视。饮食禁忌通常有以下四条。

① 宗教的饮食禁忌。对于宗教方面的饮食禁忌，一定要认真对待。国内的佛教徒在饮食上禁食荤腥之物，不仅指的是不吃肉食，而且也包括了葱、蒜、韭菜等刺激性食物。

② 个人的饮食禁忌。由于种种因素的制约，有些人在饮食上往往也会有一些与众不同的禁忌。比如说，有的人不吃肉，有的人不吃鱼，有的人不吃辣椒等。对于这类个人饮食禁忌，也应充分予以照顾。不要明知故犯，或是对此说三道四。

③ 职业的饮食禁忌。有的职业，在餐饮方面往往也有各自不同的特殊禁忌，如驾驶员工作期间不得喝酒等。要是忽略了这一点，不仅是对对方的不尊重，而且还有可能使其因此犯错误、惹麻烦。

④ 地区的饮食禁忌。不同地区的人们饮食偏好往往有所差异，在安排菜单时要兼顾。例如，湖南省的人普遍喜欢吃辛辣食物，少吃甜食。英美国家的人通常不吃宠物、稀有动物、动物内脏、头部和脚爪。

第八章 商务宴请礼仪

【案例阅读 8-3】

一次不成功的宴请

某城市接待了一位进行投资考察的选用外商。考察进行得比较顺利，双方达成了初步的合作意向。这天，接待方设宴款待这位外商，宴会的菜肴很丰富，主客双方交谈的比较愉快。这时席间上来了一道特色菜，为表示我方的热情，一位接待方领导便为这位外商夹了一筷子菜放到他的碟子里。这位外商当即露出不悦神色，也不再继续用餐，双方都很尴尬。

(资料来源：本书作者整理编写.)

5. 现场布置

商务宴请要注意突出喜庆、欢快的氛围。宴会厅可以设置致辞台，台上适当放置鲜花，四周摆放一些绿色植物。宴会厅外最好安排 1～2 间休息室，供重要来宾临时休息。桌布等须洁白、平整，酒杯、筷子、刀叉碗碟等餐具，必须明亮、洁净。

四、商务赴宴的礼仪

(一) 应邀礼仪

被邀请者接到邀请后应及时礼貌地给予答复，可打电话或复以便函。如果不能应邀，应及时婉言告知缘由。如果应邀，须注意以下事项：核对时间、地点；核对邀请范围，是否携带家属；对服装有何要求；明确活动目的，是否需要带鲜花和礼品表示祝贺或慰问等。

(二) 赴宴礼仪

出席宴会前，要稍作梳洗打扮，衣衫整洁、容光焕发地赴宴，这不仅是对主人的尊重，也是对自己的尊重。最忌穿着工作服，带着倦容赴宴。按时出席宴请是礼貌的表示。按请柬上注明的时间准时赴宴，既不要迟到，也不要提前 15 分钟以上。有的人赴宴以迟到为荣，这是很不尊重他人的行为。

到达宴请地点后，应主动前往主人迎宾处，向主人问好。然后，根据主人的安排，找到自己的座位，不可随意乱坐。入座时，应让年长者、地位高者和女士优先，然后自己以右手拉椅子，从椅子左边入座。同时，应与同桌点头致意。

一旦接受主人的邀请，就必须如期赴约。除了疾病和特殊情况之外，别的都不能成为失约的理由。如不能出席，应及时、礼貌地向主人解释或道歉。而且，绝不能在同一天里拒绝一个邀请后又赶赴另一个邀请。

第二节 中餐礼仪

中国是礼仪之邦，对饮食文化非常重视，在漫长的生活实践中，从桌次、座次的排列、餐具地使用到上菜顺序和餐桌礼仪，都已经形成了具有民族特色的用餐礼仪。中餐的餐桌大多是圆桌，桌次和座次有主次之分。中餐菜品不同于西方那种

中餐礼仪

一人一份的吃法，而是一道菜供大家一起吃，我为你盛菜，你劝我喝酒，在一起聚餐的人自然产生和气融洽的气氛。请初次见面的客人吃中国菜，一餐下来，彼此的友谊就可达到亲密无间的程度。作为商务人员，了解中餐礼仪，不但有助于开展国内的商务活动，对开展涉外商务活动也很有好处。

一、中餐桌次和座位的排列礼仪

(一)桌次排列礼仪

中餐宴会习惯使用圆桌，桌次的安排可根据宴会厅的形状来确定。无论是两桌，还是十桌或更多桌，其排列原则大致相同。先确定主桌，主桌的确定以"面门为上，居中为尊"为原则；主桌排定后，其余桌次的高低以离主桌的远近而定，离主桌越近的桌次越高，离主桌越远的桌次越低，平行桌右高、左低。桌数较多时，应摆设桌次牌，以便客人辨认入座。常见的中餐桌次排列方法如图 8-1 所示。

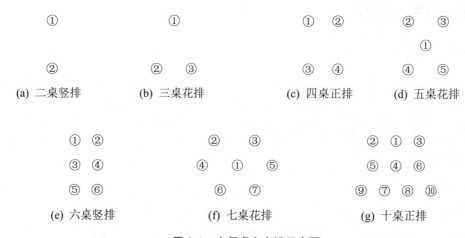

图 8-1　中餐桌次安排示意图

(二)座位排列礼仪

中餐宴会席位的高低排列次序，右高左低、先右后左。按国际惯例，座席安排应男女穿插，以女主人为准，主宾在女主人右方，主宾夫人在男主人右方。我国习惯按个人职务高低安排席位，以便于交谈。如果夫人出席，通常把女方安排在一起，即主宾坐在男主人右方，主宾夫人坐在女主人右方。两桌以上的宴会，其他各桌中第一主宾的位置可以与主桌主人位置同向，也可以面向主桌的位置为主位。如遇到一些特殊情况时可灵活安排。

在安排客人座位时，应考虑客人之间是否相识，有无共同语言。如果事先已了解到某些人想通过宴会彼此相识，就可以将他们安排在一起就座，最好在宴会开始前，主人将大家做一番介绍，以便相互了解，宴会气氛才显得更融洽。常见的中餐座次安排如图 8-2 所示。

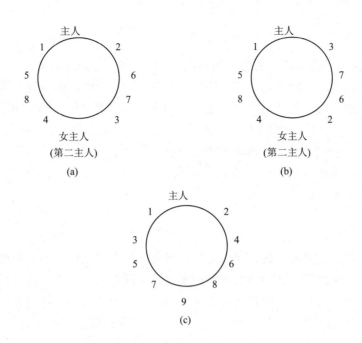

图 8-2　中餐座次安排示意图

二、中餐餐具的使用礼仪

(一)筷子

中国人使用筷子用餐是从远古流传下来的,古时又称其为"箸",日常生活当中对筷子的运用非常讲究。目前筷子在中国、日本和新加坡等东南亚国家普遍使用。用餐前筷子一定要整齐码放在饭碗的右侧,用餐后则一定要整齐地竖向码放在饭碗的正中。吃饭时,当你暂时不用筷子时,应将其放在筷子架上,或放在座位前的盘子边或平放在吃碟或碗上。一般筷子架是带凹槽的小瓷座,也有金属做的。要绝对禁忌以下几种筷子的使用方法。

(1) 三长两短:在用餐前或用餐过程当中,将筷子长短不齐地放在桌子上。

(2) 仙人指路:用大拇指和中指、无名指、小指捏住筷子,而食指伸出。

(3) 品箸留声:把筷子的一端含在嘴里,用嘴来回去嘬,并不时地发出"咝咝"声响。

(4) 击盏敲盅:在用餐时用筷子敲击盘子,是很不礼貌、让人反感的行为。

(5) 执箸巡城:手里拿着筷子,做旁若无人状,用筷子来回在菜盘上方晃悠,不知从哪里下筷为好。

(6) 迷箸刨盘:手里拿着筷子在菜盘里不停地扒拉。

(7) 泪箸遗珠:用筷子往自己盘子里夹菜时,动作不利落,将菜汤流落到其他菜里或桌子上。

(8) 颠倒乾坤:用餐时将筷子颠倒使用。

(9) 定海神针:用餐时用一支筷子去插盘子里的菜品。

(10) 当众上香:帮别人盛饭时,为了方便省事把一副筷子插在饭中递给对方。

(11) 一筷多能:以筷子代劳他事,如剔牙或是夹取菜肴、食物之外的东西。

(二)勺子

中餐中,匙(勺子)的主要作用是舀取菜肴、食物,尤其是流质的羹、汤,或辅助筷子取食。在使用中注意要点:用餐间,暂时不用勺子时,应把勺子放在身前的碟子上,不要直接放在餐桌上,或让勺子在食物中"立正";用勺子取完食物后,要立即食用或是把食物放在自己碟子里,不要再把食物倒回原处;若是取用的食物太烫,则不可用勺子舀来舀去,也不要用嘴对着勺子吹,应把食物先放到自己碗里等凉了再吃;不要单用勺子去取菜;盛汤时,不宜过满,以免溢出来弄脏餐桌或衣服;食用勺子里盛放的食物时,尽量不要把勺子塞入口中或反复吮吸它。

(三)碗

碗在中餐中主要是盛放主食、羹汤之用。但在使用中要注意:不要端起碗来进食,尤其是不要用双手;应以筷、匙辅助食用碗内食物,不能直接下手或不用任何餐具而以嘴吸食;碗内若有食物剩余时,不可将其直接倒入口中,也不能用舌头伸进去乱舔;暂且不用的碗内不宜乱扔东西(如用作骨碟、烟缸等);不能把碗倒扣过来放在餐桌上。

(四)盘

盘子使用方面的讲究与碗相同。其在餐桌上一般应保持原位,不被移动,而且不宜多个摆放在一起。使用中注意要点:不要一次性取放过多菜肴;不要将多种菜肴堆放在一起;不宜入口的残渣、骨和刺不要吐在地上、桌上,而应将其轻轻取放在食碟前端,必要时再由侍者取走、换新。稍小一些的盘子称为碟子。

(五)水杯

水杯主要盛放清水、汽水、果汁、可乐等软饮料。使用时注意要点:不要以之去盛酒;不要倒扣水杯;喝入口中的东西不能再吐回去(如茶叶)。

(六)湿巾(香巾)

餐前湿巾只能用来擦手,绝不可用以擦脸、擦嘴、擦汗;正式宴会结束前,再上的湿巾,只能用来擦嘴。

(七)水盂(洗指盅)

有些中餐需要手持食物进食。此刻,往往会在餐桌上摆一个水盂。它的用法:两手轮流沾湿指尖,然后轻轻浸入水中刷洗。洗毕,应将手置于餐桌之下,用纸巾擦干。

在正式的宴会上,水杯放在菜盘左上方,酒杯放在右上方,筷子可放在专用的筷架上。公用的筷子另放在专用的筷架上。酱油、醋和辣油等佐料应一桌一份,并要备好牙签和烟灰缸。宴请外宾时,还应备好刀叉,供不会使用筷子者使用。

三、中餐的菜序

中餐一般是从餐桌下首上菜,要将新上菜肴放置到主宾面前,请主宾先用。对有些分食的菜可以征求客人是否需要分食,如需分食一般放置一圈或两圈给每一位就餐者展示后就可撤下,在一边分装到碗或盘子里一一呈上。

中餐上菜顺序应是先上凉菜、饮料及酒,后上热菜,然后上主食,最后上甜点和水果。宴会上桌数很多时,各桌的每一道菜应同时上。

四、餐桌上的礼仪

(一)坐姿端正

用餐时要坐端正,椅子离餐桌不要太近,也不要太远,这样身子就不可能全部倚靠在椅子上了。双脚要平稳踏地,不跷二郎腿,也不要抖动,坐姿端正可以更好地展现自己良好的形象。吃饭的时候,手腕部分可轻轻地置于餐桌的边缘。

(二)文雅进餐

有人说,判断一个人的教养只需看他的吃相就行了。吃相对于每位参加宴会的人来说,都是必须注意的。

进餐时,举止要文雅,不要狼吞虎咽,每次入口的食物不可过大,应小块小口地吃。在品尝已入口的食物与饮料时,要细嚼慢品,最好把嘴巴闭起来,以免发出声响。

喝汤时,不要发出声音,如汤太热,可稍候或用汤勺,切勿用嘴去吹。

食物或饮料一经入口,除非是骨头、鱼刺等,一般不宜再吐出来。需要处理骨刺时,不要直接外吐,可用餐巾掩嘴,用筷子取出放在自己的餐盘或备用盘里,勿置放在桌上。

口中有食物,勿张口说话,如别人问话,适值自己的口中有食物,可等食物咽下后再回话。进餐过程中,要热情地与同桌人员交谈,眼睛不要老盯着餐桌,显示出一副贪吃相。

饮酒要留有余地,特别是烈性酒。在一般商务活动宴会上,饮酒量掌握在自己酒量的30%处即可。不善饮酒者,主人敬酒时,可婉言谢绝,或用淡酒、饮料象征性表示一下。千万不要粗鲁劝酒,更不要硬逼酒、灌酒。商务宴会中,一般不宜猜拳行令,餐具不要用手擦,不应边吸烟、边吃菜、边饮酒。

当主人或其他宾客讲话、敬酒、介绍菜肴时,应停止进食,端坐恭听,不和旁边人交头接耳,更不要摆弄餐具。

(三)热情交谈

在用餐的时候,主宾双方致辞、敬酒完毕,宴会即进入比较宽松自由的阶段。大家可以互相交谈。宴会上交谈话题很多,在选择时应注意话题的大众性、趣味性和愉悦性,宜多选一些赞赏宴会和周围环境以及令主人愉悦的话题,以调节宴会气氛,避免出现冷场。需要注意的是,宴会中可以谈笑风生,但不能喧宾夺主或反客为主。

主办者不要一味同自己熟识的一两个人交谈,或者只对一侧的邻座无休止交谈而背向另一位邻座。如果座位离得太远,交谈不便,要避免大声说话。在冷餐会或者没有固定座位的进餐场合,要更加注意轮流与参加进餐的各位人士交谈。不能在整个宴会上一声不吭,如果自己性格内向,确实不善言谈,可事前准备一些话题,以便在他人宴饮交谈之际,见机插话,不时与他人攀谈几句。

(四)礼貌告别

宴会结束,赴宴者起身离席时,男宾应先起身,为年长者或女士移开座椅;主宾先向主人告辞,随后是其他来宾向主人告辞;男宾先向男主人后向女主人告辞,女宾则相反。从礼仪角度考虑,宴会后应在合适的时候给主人打个致谢电话或发短信、微信,必要时可写封感谢信。

【案例阅读8-4】

甲公司的宴请

有一位重要的客商来某地的甲公司考察,为了留住这位客商,甲公司在本地最好的酒店进行宴请。席间,为了表示对客商的尊敬,甲公司的总经理带头向客商敬酒,客商一直说身体不适,不宜饮酒,但总经理仍然不停地劝酒。在总经理的带动下,其他陪同人员也纷纷向客商敬酒,盛情难却,结果客商喝了很多酒。第二天,客商因为饮酒过度被送进了医院,最终他也没有和甲公司签订合同。

(资料来源:本书作者整理编写)

第三节 西餐礼仪

西餐礼仪

一、西餐餐具

(一)刀、叉、勺的使用

常见的西餐餐具有刀、叉、勺。西餐餐具基本的使用方法就是"从外到里"使用(见图8-3),一般先用最外侧的刀、叉、勺,逐步到最内侧。使用时,右手拿刀,左手持叉,叉齿朝下。如果感到左手用叉不方便,也可换用右手。注意避免刀叉在盘上发出响声。说话时不一定把刀叉放下,做手势时不可拿刀叉在空中比画。每道菜用完,叉齿朝上,刀口朝内,将刀叉并拢平排放于盘内,以示吃完;如未吃完,则摆成八字,叉齿朝下,如图8-4所示。

西餐中带锯齿的刀是用来吃切分食物的,一般用右手拿刀,左手拿叉;吃牛排的时候应该从左往右边吃,一般是吃一块割一块;带半圆的小刀是吃面包时用来抹黄油或是酱汁的,应把面包撕成小口后再涂抹奶油,一口量放入口中。

西餐中的大勺是用来喝汤或吃面的,小的勺有咖啡勺或餐后甜点勺。勺子的拿法如图8-5所示。

西餐的叉是用来吃沙拉、面或牛排的。吃沙拉时要用叉子叉到一块后放到嘴里,叉子不能碰到牙齿,也不要用牙咬叉子。吃面时要用叉子把面卷起来,也不要卷很多,卷起来以后用勺子托在叉子的下面,防止面汁掉在桌面上。叉子的拿法如图8-6所示。使用刀叉时,刀叉应呈 90°（见图 8-7），切勿用刀进食。

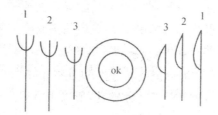

图 8-3　刀叉的放法

图 8-4　刀叉的放法

图 8-5　勺子的拿法

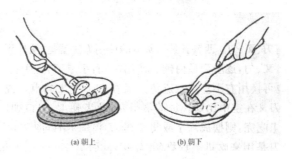

图 8-6　叉的两种拿法

图 8-7　使用刀叉应呈 90°

(二)餐巾的使用

西餐中都要用到餐巾。餐巾也叫口布，它有两个功能：一是铺在大腿上，避免食物掉落弄脏衣服；二是用来擦嘴或手。餐巾分为午餐巾和晚餐巾。午餐巾可以完全打开铺在膝上，晚餐巾只打开到对折为止。折口向外，然后铺在大腿上，折口朝外方便拿起来擦拭嘴巴。

餐巾应在点菜后菜送来之前这段时间打开，如果主人或长辈在座，要待他们有所行动后才能取下餐巾。正规的晚宴中要等女宾放好餐巾后男士再放餐巾。餐巾打开后应平铺在大腿上，不能围在脖子上或折在腰间。已经启用的餐巾需一直放在大腿上，要等散席时才拿回到桌子上，并放到餐位左侧。用餐中途需离席一会，可将餐巾稍微折一下放在椅子上。

餐巾的基本用途是保洁。擦拭眼镜、抹汗、擦鼻涕、咳嗽、打喷嚏一般都不用餐巾，要用手帕或面巾纸。

二、西餐的上菜顺序

西餐的上菜顺序基本上可以概括为开胃菜→汤→副菜(鱼类)→主菜(肉类)→蔬菜类菜肴→甜品→咖啡或茶。

(一)开胃菜

西餐的第一道菜是头盘，也称为开胃菜。开胃菜一般有冷头盘或热头盘之分，常见的品种有鱼子酱、鹅肝酱、熏鲑鱼、鸡尾杯、奶油鸡酥盒、焗蜗牛等。因为是要开胃，所以开胃菜一般都具有特色风味，味道以咸和酸为主，而且数量较少、质量较高。

(二)汤

与中餐有极大不同的是，西餐的第二道菜就是汤。西餐的汤大致可分为清汤、奶油汤、蔬菜汤和冷汤等四类。品种有牛尾清汤、各式奶油汤、海鲜汤、意式蔬菜汤等。冷汤的品种较少，有德式冷汤、俄式冷汤等。

(三)副菜

鱼类菜肴一般作为西餐的第三道菜，也称为副菜。品种包括各种淡、海水鱼类、贝类及软体动物类。通常水产类菜肴与蛋类、面包类、酥盒菜肴品均称为副菜。因为鱼类等菜肴的肉质鲜嫩，比较容易消化，所以放在肉类菜肴的前面，叫法上也和主菜有区别。西餐吃鱼菜肴讲究使用专用的调味汁。

(四)主菜

肉、禽类菜肴是西餐的第四道菜，也称为主菜。肉类菜肴的原料取自牛、羊、猪、小牛仔等各个部位的肉，其中最有代表性的是牛排。牛排按其部位又可分为沙朗牛排、菲利牛排、T骨形牛排、薄牛排等。其烹调方法常用烤、煎、铁扒等。肉类菜肴配用的调味汁主要有西班牙汁、浓烧汁精、白尼斯汁等。禽类菜肴的原料取自鸡、鸭、鹅，通常将兔肉和鹿肉等野味也归入禽类菜肴。禽类菜肴品种最多的是鸡，有山鸡、火鸡、竹鸡，可煮、可炸、可烤、可焖，主要的调味汁有黄肉汁、咖喱汁、奶油汁等。

(五)蔬菜类菜肴

蔬菜类菜肴可以安排在肉类菜肴之后，也可以与肉类菜肴同时上桌，所以可以算为一道菜，或称之为一种配菜。蔬菜类菜肴在西餐中称为沙拉。与主菜同时服务的沙拉称为生蔬菜沙拉，一般用生菜、西红柿、黄瓜、芦笋等制作。沙拉的主要调味汁有醋油汁、法国汁、千岛汁、奶酪沙拉汁等。

(六)甜品

西餐的甜品是主菜后食用的，可以算作是第六道菜。从真正意义上讲，它包括所有主菜后的食物，如布丁、煎饼、冰激凌、奶酪、水果等。

(七)咖啡或茶

西餐的最后一道是咖啡或茶。饮咖啡一般要加糖或淡奶油。茶一般要加香桃片或糖。

正式的全套餐点没有必要全部都点，点太多却吃不完反而失礼。稍有水准的餐厅都不欢迎只点前菜的人。前菜、主菜(鱼或肉择其一)加甜点是最恰当的组合。点菜并不是由前菜开始点，而是先选一样最想吃的主菜，再配上适合主菜的汤。

三、西餐的食用方法

(一)面包和黄油的食用方法

面包的吃法：用手把面包掰成小块，块的大小应正好能放入口中为宜，切勿用刀去切或者用牙去咬。小的三明治和烤面包是用手拿着吃的，大点的吃前应先切开。吃土司(面包片)时，一般把黄油抹在面包上食用，也可加上些盐和胡椒等，这时可以用刀子把土司切成块状来吃。配卤汁吃的热三明治需要用刀和叉，特别注意不要用面包来蘸盘子里的汤。

黄油的吃法：在一小块面包上抹少许黄油，一同食用。说来简单，但需注意：不可把黄油直接放入口中；用黄油来抹面包，而不要用面包去蘸黄油。有时，黄油是放在一个公用的黄油盘里，配有公用小刀，每人可用刀取出少许放入自己的盘内。讲究的餐厅有时会把黄油摆在桌上，底下配有冷却的冰块以保其温度。

(二)肉类、鱼、虾、海鲜的食用方法

西餐中的肉(指的是羊排、牛排、猪排等)一般都是大块的。吃的时候，用刀、叉把肉切成小块，大小以一口为宜，吃一块，切一块，不要一下子全切了，也千万不要用叉子把整块肉夹到嘴边，边咬、边咀嚼、边吞咽。

吃牛肉(牛排)可以按自己爱好决定生熟的程度，预订时，服务员或主人会询问。牛肉可依自己喜好熟度点餐，但猪肉及鸡肉均为全熟供应。

吃有骨头的肉，比如吃鸡的时候，不要直接"动手"，要用叉子把整片肉固定，再用刀沿骨头插入，把肉切开，边切边吃。如果骨头很小时，可以用叉子把它放进嘴里，在嘴里把肉和骨头分开后，再用餐巾遮住嘴，把骨头吐到盘里。

食用龙虾时，应左手持叉，压住虾头部，右手持刀，插进尾端，压住虾壳，用叉将虾肉拖出再切食。龙虾脚可用手指撕去虾壳后食用，如图8-8所示。

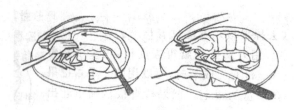

图 8-8 龙虾的吃法

吃鱼时不要把鱼翻身,吃完上层后用刀叉剔掉鱼骨后再吃下层,如图 8-9 所示。

图 8-9 鱼的吃法

吃蚝和文蛤时应用左手捏着壳,右手用蚝叉取出蚝肉或蛤肉,蘸调味料吃。小虾和螃蟹的混合物也可以单独蘸调味料。

(三)沙拉的食用方法

西餐中,沙拉往往作为主菜的配菜,如蔬菜沙拉;也可以作为间隔菜,即在主菜和甜点之间上;或是作为第一道菜,如鸡肉沙拉。如果沙拉是一大盘端上来,就使用沙拉叉吃。如果和主菜放在一起,则要使用主菜叉来吃。如果沙拉是间隔菜,通常要和奶酪、炸玉米片等一起食用。先取一两片面包放在沙拉盘上,再取两三片玉米片。奶酪和沙拉要用叉子吃,而玉米片可以用手拿着吃。如果主菜沙拉配有沙拉酱,可以先把沙拉酱浇在一部分沙拉上,吃完这部分后再加酱,直到加到碗底的部分。

沙拉习惯的吃法应该是:将大片的生菜叶用叉子切成小块,如果不好切可以刀叉并用。一次只切一块,吃完再切。

(四)汤的食用方法

喝汤时不要发出声音。汤再热,也不要用嘴吹。要用汤匙从里向外舀,汤盘里的汤快喝完时,可以用左手将汤盘的外侧稍稍翘起,用汤匙舀净就行了。吃完后,将汤匙留在汤盘里,匙把指向自己。

(五)意大利面的食用方法

吃意大利面时,要用叉子慢慢地卷起面条,每次卷四五根为宜,不要用勺子协助,这是不允许的。也可以使用调羹和叉子一起吃,调羹可以帮助叉子控制面条。注意:不能直接用嘴吸食面条。

吃面的时候绝不可以用刀或叉把面条切断来吃,意大利面的长度大约是 10 英尺(inch)这个长度恰恰好。在咀嚼过程中,要保证一点声音也没有。不要让沙司(sauce)到处飞溅,也不要把餐巾纸围在胸前。

(六)水果及甜点的食用方法

许多国家会把水果作为甜点或随甜点一起送上。通常是许多水果混合在一起，做成水果沙拉，或做成水果拼盘。

不能拿着整个水果去咬。关键是怎样去掉果核。有刀叉的情况下，应小心地使用，用刀切成四瓣再去皮核，用叉子叉着吃。要注意别把汁溅出来。没有刀或叉时，可以用两根手指把果核从嘴里轻轻拿出，放在果盘的边上。把果核直接从嘴里吐出来，是非常失礼的。粒状水果如葡萄，可用手拿来吃。如需吐籽，应吐于掌中再放在碟里。多汁的水果如西瓜、柚子等，应用匙取食。西餐在吃完水果时，常上洗手钵(finger Bowl)供洗手用。洗手钵只用来洗手指，勿将整个手掌伸进去。用洗手钵洗手如图8-10所示。

图8-10 洗手钵的用法

蛋糕及派、饼，可直接用叉取食，较硬者用刀切分后再用叉取食。冰激凌、布丁等用匙取食。小块的硬饼干用手取食。

(七)咖啡的饮用方法

咖啡奉上时一般杯耳在左匙柄在右，用匙盛方糖，轻轻放入咖啡中，注意不要让咖啡溅出来，搅融方糖后，把匙放置在杯碟的边缘，用右手食指和拇指端起来，先闻其香味，然后再品尝其美味。此外，喝咖啡时还须注意：杯数要少，一杯足矣，三杯为限；入口要少，小口品尝；自加配料，且加配料时须用专用匙；站立时则需左手端碟。

拿咖啡杯：在餐后饮用的咖啡，一般都是用袖珍型的杯子盛出。这种杯子的杯耳较小，手指无法穿出去。但即使用较大的杯子，也不要用手指穿过杯耳再端杯子。咖啡杯的正确拿法应是拇指和食指捏住杯耳再将杯子端起给咖啡加糖：给咖啡加糖时，砂糖可用咖啡匙舀取，直接加入杯内；也可先用糖夹子把方糖夹在咖啡碟的近身一侧，再用咖啡匙把方糖加在杯子里。如果直接用糖夹子或用手把方糖放入杯内，有时可能会使咖啡溅出，从而弄脏衣服或台布。

用咖啡匙：咖啡匙是专门用来搅拌咖啡的，饮用咖啡时应当把它取出来。不要用咖啡匙舀着咖啡一匙一匙地慢慢喝，也不要用咖啡匙来捣碎杯中的方糖。

咖啡太热时，可以用咖啡匙在杯中轻轻搅拌使之冷却，或者等待其自然冷却再饮用。用嘴把咖啡吹凉是很不文雅的。

杯碟的使用：盛放咖啡的杯碟都是特制的。它们应当放在饮用者的正面或者右侧，杯耳应指向右方。饮咖啡时，可以用右手拿着咖啡的杯耳，左手轻轻托着咖啡碟，慢慢地移向嘴边轻啜。不宜满把握杯、大口吞咽，也不宜俯首至咖啡杯。喝咖啡时，不要发出声响。添加咖啡时，不要把咖啡杯从咖啡碟中拿出来。

喝咖啡与用点心：喝咖啡时可以吃一些点心，但不要一手端着咖啡杯，一手拿着点心，吃一口喝一口地交替进行。喝咖啡时应当放下点心，吃点心时则放下咖啡杯。

【案例阅读 8-5】

宴会上的幽默

一次宴会上，某人向他邻座的一位女士说起一位公司经理的事情，他对这位经理很不满意，很厉害地攻击了一通。后来这位女士问他说："你认识我吗？""不认识"，她回答。"我就是他的妻子。"这个人窘住了，但马上就转口问道："你认识我吗？""不"，"噢，那真是太棒了。"正是最后的一句妙话，既显示了他的幽默，又因为他的机智而使可能出现的尴尬由此消失了，可见幽默的神奇功效。但是，幽默要有很强的分寸感，不能油腔滑调地耍贫嘴、庸俗拙劣地出洋相、故弄玄虚地"卖关子"。

(资料来源：本书作者整理编写.)

四、西餐用餐时的注意事项

第一，碰到主人做感恩。有的主人会在进餐前感恩祷告，或坐或立，来宾应和主人一样。感恩祷告前，不要吃喝任何东西，安静地低着头。直到祷告结束，再把餐巾放在膝盖上，开始用餐。

第二，塞牙或异物入口。如果牙缝里塞了食物，不要在餐桌上用牙签剔，可以喝口水轻漱；如果不行，就去洗手间处理。如果遇到不好吃的食物或异物入口时，必须注意不要引起一起吃饭人的不快，但也不必勉强吃下去。可以用餐巾盖住嘴，吐到餐巾上，并让服务员更换新的餐巾。如果食物中有石子等异物时，可用拇指把异物取出来，放在盘子的一旁。

第三，吃了蒜或洋葱。吃饭的时候吃了蒜或葱，可用以下几种方法消除异味：一用漱口水；二嚼口香糖；三用一片柠檬擦拭口腔内部和舌头；四嚼几片茶叶或是咖啡豆。

第四，在餐桌上弄洒了东西。如果在餐桌上弄洒了东西，则须叫服务员进行清理，若不能清除干净，服务员会将弄脏的地方用一块新的餐巾盖上，然后再上下一道菜。如果座位弄上了大量的污渍，可向主人再要一块餐巾盖在弄脏的地方，同时向主人和其他客人表示道歉。如果弄坏了主人的任何东西，应把将它们收在一起，或修好它们，在主人方便的时候再送回去。

第五，刀叉掉到地上。用餐的时候，刀叉不小心掉到地上，如果弯腰去捡，不仅姿势不雅观，影响身边的人，也会弄脏手。可以示意服务生来处理并更换新的餐具。

第六，告辞。正餐之后的酒会告辞时间按常识而定，如果酒会在周内举行，那就意味着告辞时间应在晚间 11 时至午夜之间。如果在周末，就可以更晚一些。告辞时间不宜过早或过迟。

各种(除了最大型的)酒会上，离开前都要向主人当面致谢。致谢时，该说的事交代完就可离开，不要说个不停，以免影响主人招呼别人。如果因故必须早点告辞，致谢时不要太引人注目,以免让其他客人认为他们也该走了。

如果是主宾,就要先于其他客人向主人告辞。一般来说,主宾应在用完点心后的 20～40 分钟之间择机告辞。一般客人不要先于主宾告辞,否则是对主人和主宾的不敬。如果确实有事需要先走,也要诚恳地说明情况。

五、不同国家的就餐习惯

(一)座次的意义

有些国家和地区,人们进屋吃饭前得先脱鞋如摩洛哥、日本、韩国、土耳其、新加坡、阿拉伯国家及中国台湾。在美国和中国,贵客一般是在主人的右侧。在瑞典和丹麦,贵客一般是在主人的左侧。在瑞士,主人坐在桌子的一端,而贵客坐在另一端。在日本,贵客的位置总是在壁龛的前面,并且客人先坐。在国外不要自己找座位,要等主人示意你该坐在何处。

(二)用餐的得体举止

在德国、俄罗斯、法国等欧洲的大多数国家以及墨西哥和巴西等美洲国家,人们认为两只手放在桌面上是礼貌的行为。在英国,就应该把手放在桌面以下。在中东等地,手就是餐具,如果把手从桌子上拿开,可能会认为示意已经吃完了。在日本,食物的外观与味道同等重要,一般允许吃喝出声和大声吞咽食物,并且要将碗里的米饭吃得颗粒不剩,这才表明吃完了饭。在德国,不要用手直接拿食物吃。

拓展阅读. 美食外交

本 章 小 结

宴请是商务活动中一种重要而且常见的活动。无论是初次见面的新朋友,还是商务往来颇深的老朋友,都可以在轻松和谐的宴会中交流思想,增进了解、联络感情,甚至达成交易。宴请活动的形式多样,礼仪也比较复杂,掌握其中礼仪规范,有利于促进商务合作的顺利开展。

商务宴请一般是指企业为了扩大影响、洽谈业务或举行开业庆典等商业目的而举办的一种宴会活动,带有浓厚的商务色彩,同时它还具有社交性、聚餐式和规格化等特点,是人们结交朋友、联络感情、密切关系的重要手段,是商务活动中必不可少的,也是商务人员必须熟悉的一项重要工作内容。常见的宴请形式有四种,即宴会、招待会、工作餐、茶会。每种形式的宴请,在菜肴、人数、时间、着装等方面通常会有许多不同的要求。

商务宴请礼仪,指的就是商务人员在宴请活动中,必须认真遵守的行为规范。一般来说,商务宴请的礼仪有适量原则、照顾他人、客不责主和突出特色原则。

在宴请前一定要做好准备工作,包括确定参加人员、宴请时间、地点以及发出邀请、恭候迎接等。

要掌握商务宴请礼仪,包括应邀礼仪、赴宴礼仪、迎宾礼仪、敬酒礼仪、席间礼仪和离席礼仪等。在进餐礼仪中,要注意中餐礼仪和西餐礼仪的不同。此外,还要注意饮酒、喝咖啡和饮茶的礼仪。

复习思考题

一、判断

1. 宴会上,若食物太热,可以用嘴吹凉。
2. 宴会上,最好不要在嘴里嚼着食物时说话。
3. 在正式宴会上,只要一就座就应打开餐巾。
4. 在进餐时,可以用餐巾擦碗、筷、杯等,以保证干净。
5. 吃西餐时,刀叉并用时右手持刀,左手持叉。
6. 参加宴请时,嘴里的鱼刺等可以直接吐到地上。

二、简答题

1. 简述商务宴请的基本形式。
2. 简述宴请的原则。
3. 简述商务宴请前要做好哪些准备?
4. 简述中餐餐具的使用礼仪。
5. 简述西餐餐具的使用礼仪。

三、案例分析

刘小姐和张先生在一家西餐厅就餐,张先生点了海鲜大餐,刘小姐则点了烤羊排,主菜上桌,两人的话匣子也打开了,张先生边听刘小姐聊着童年往事,边吃着海鲜,心情愉快极了,正在陶醉的当口,他发现有根鱼骨头塞在牙缝中,让他不舒服。心想,用手去掏太不雅了,所以就用舌头舔,舔也舔不出来,还发出"啧啧喳喳"的声音,好不容易将它舔吐出来,就随手放在餐巾上。之后他在吃虾时又在餐巾上吐了几口虾壳。刘小姐对这些不太计较,可这时张先生想打喷嚏,拉起餐巾遮嘴,用力打了一声喷嚏,餐巾上的鱼刺、虾壳顺势飞出去,其中的一些正好飞落在刘小姐的烤羊排上,这下刘小姐有些不高兴了。接下来,刘小姐话也少了许多,饭也没怎么吃。

思考题:请指出本例中张先生的失礼之处。

第九章　商务礼品馈赠的礼仪

【学习目标】

通过对本章内容的学习，使学生了解礼品馈赠礼仪的含义和礼品选择的原则与艺术；掌握礼品赠送的相关礼仪；掌握接受、拒收礼品礼仪的规范与禁忌；掌握涉外商务礼品馈赠的礼俗规范与要求。

【重点与难点】

掌握接受、拒收礼品礼仪的规范与禁忌和涉外商务礼品馈赠的礼俗规范与要求。

【教学方法】

理论教学、案例分析、课堂示范。

【引导案例】

国内某旅行社在接待一批意大利游客时，打算送每人一件小礼品。该旅行社专门定制了一批真丝手帕，每方手帕包装精致，绣制的花草图案栩栩如生，且全部出自名厂名家之手，精美非凡。中国丝织品自古闻名，旅行社接待人员料定礼品会受到客人的喜欢。到机场接客时，接待人员的欢迎词热情、得体，意大利客人也个个兴致盎然。可当接待人员把精心准备的礼品赠送给游客后，车上却一片哗然，游客们面露不悦。特别是一位夫人面色凝重，还流露出伤感之态。接待人员心里疑惑不解，，难道是哪里做错了？之后发现，在西方，亲朋好友分离之时才赠送手帕，意为"擦掉惜别的眼泪"。游客刚刚踏上中国大地，准备开始愉快的旅行，这时要他们擦掉惜别的眼泪，游客当然不高兴。那位夫人得到的手帕上绣着的菊花图案，在意大利则是祭奠亡灵之意，所以她很伤感。由于该旅行社忽视了现代礼仪的地域性特征，其一番美好的心意却未达到应有的效果，得到的教训应该说是十分深刻的。

(资料来源：李逾男，董娇娜.商务礼仪[M]. 高等教育出版社，2022.)

第一节　礼品选择的原则与艺术

在商务往来中，出于工作需要，商务人员向客户赠送或接受客户赠送的礼品是常有之事。千里送鹅毛，礼轻情意重。在社交活动中，相互馈赠也是一种表示友好和敬意的重要方式，有利于促进友好关系的发展。礼品馈赠，指在商务活动或人际交往中为了表示对交往对象的尊重、友好与敬意，不求回报地特意将某种物品赠送给对方。

礼品馈赠礼仪，是指在礼品的选择、赠送、接受过程中所必须遵循的惯例与规范。在接待工作中，礼品选择、赠送时机、赠礼禁忌、赠礼时的态度和动作，均需注意。目前看来，礼品馈赠主要包括公务性活动馈赠，大多是为了交际和公关，往往是针对交往中的关键人物和部门赠送礼品，以及社交礼仪私人间馈赠，主要为了沟通感情、建立友谊，巩固和维系良好的人际关系。

一、选择礼品时需考虑的事宜

好的礼品能让对方有意外惊喜，精心选择的礼品可以体现高品位，然而礼品选择也不可超出公司的预算。如何选择礼品，选择何种礼品要考虑以下几点。

(一)了解馈赠对象的特点

礼品的价值绝不可用金钱来衡量。尽管金钱可以买到昂贵的礼物，但昂贵的礼物不一定是最合适的礼物。商务往来特别在国际性交往中，所看重的并不是礼品的价格，而是通过礼品所传递的那份情谊。因此，选择商用礼品时，最好选择具有鲜明特点和特定意义，符合礼仪规范的礼品。这样，既不会增加对方心理负担，又能受到对方重视和喜爱。

一般情况下，商务人员在选择礼品时，可在坚持以礼品作为自己某种感情载体的前提下，注重小、巧、少、轻。小是指礼品要小巧玲珑，易送易存。巧是指礼品要立意巧妙，不同凡响。少是指礼品要少而精，忌多忌滥。轻是指礼品价格适中，切忌过高。

(二)考虑馈赠对象的喜好与禁忌

选择礼品，应尽量满足对方的兴趣与爱好。俗语说得好："酒逢知己千杯少，话不投机半句多。"选择礼品也是同样道理。例如，把家藏已久的古墨送给一位书法爱好者，肯定会让对方喜出望外。相反，如果将它赠送给一个不识文墨的人，那就是"风马牛不相及"。不但失去了重要意义，对方反倒可能不领情、不重视。

在欧美等西方国家，知识界人士之间相互馈赠的礼品以赠送各类图书为流行。无论是庆祝生日、欢送远行、祝贺节日还是家庭做客，常常以书为礼品。特别是一些对方最爱用、最想得到却一直无处寻到的专业图书或珍藏古书。很多时候，如果所赠图书是送礼人自己的著作，更会受到对方重视和喜爱。

此外，应考虑尊重馈赠对象的个人禁忌，从两个方面来加以理解。一方面指纯粹由于馈赠对象个人原因所造成的禁忌；另一方面指由于风俗习惯、民族差异、宗教信仰以及职业道德等造成的个人禁忌。

(三)馈赠的目的

选择礼品时，还要考虑送礼的目的。如选择的礼品是用于迎接还是送别客户，是慰问探望还是祝贺感谢，是节假良辰还是婚丧喜庆等。目的不同，用途不同，礼品的意义也不同。此外，在私人交往中，礼品的选择可以更宽泛一些，但是仍然要明确赠送礼品的意义仅在于向友人表达自己的真情与友谊。

(四)明确与馈赠对象的关系

选择礼品时，还应对自己与收礼人之间的关系状况加以明确，然后再做出选择；仅凭借感觉,随意选择肯定是行不通的。通常,商务人员代表企业、公司为客户选择礼品时,主要侧重于礼品的精神价值和纪念意义。例如,送别客户时所赠送的礼物,其主要意义在于留念,而不在于礼品的价格。所以,一些企业、公司自己设计并定制的带有本单位名称的纪念章、纪念品等都是常选的赠品。

一般情况下,第一次拜访外国客户,带给对方中国特色的礼品是非常受欢迎的,如唐三彩、景泰蓝、真丝品等。其他的礼物,像中国名茶或者惠山泥人、各种地方特色的剪纸等小礼物也是十分理想的。

二、礼品的选择原则

(一)选择礼品须考虑的标准

1. 民族性

礼品要体现民族性。有句话说:"越是民族的东西,就越是世界的。"每个民族、国家都有自己独特的文化传统和特点。"物以稀为贵",指的便是珍贵。

【案例阅读9-1】

马踏飞燕

2002年2月美国总统布什访华,时值中国农历马年,我国政府领导人把一个与原物同样大小、青铜镀金的"马踏飞燕"仿制品作为礼物送给布什总统。马年送"马"是中国人表示吉利的做法;"马踏飞燕"是古代中国东汉时期的奇思妙想,有1800多年的历史,它表达的是快捷的意思。通过这件礼品表达了中国希望更快地发展中美关系的美好愿望。这件礼品体现了很强的民族性。

(资料来源:张鹏. 商务礼仪与职业形象[M]. 清华大学出版., 2019.)

2. 纪念性

纪念性,即千里送鹅毛,礼轻情义重。无须过分强调礼品的价值,过于贵重的礼物会让受赠者处于受之不当、却之不恭的两难境地,有时还会使人产生庸俗之感。

【案例阅读9-2】

北京大学赠送给连战的礼物

2005年4月29日,连战访问北京大学时,获得了一份特殊的礼物——其母亲赵兰坤女士76年前毕业于燕京大学时的学籍档案和相片,其中包括在宗教系就读的档案、高中推荐信、入学登记表、成绩单等。在这份特殊的礼物面前,一贯严谨的连战先生也难掩内心的激动,他细细地端详礼物,眼里闪着晶莹的泪光,但脸上露出了幸福的笑容。

(资料来源:本书作者整理编写.)

3. 习俗性

要考虑当地风俗习惯。例如,江浙一带一般不送伞,因为伞者散也;夫妻间一般不送剪刀，否则意味着一刀两断；给长辈可以送表但不能送钟等。

4. 包装精美性

精美的包装本身就意味着对受礼者的尊重，不仅使礼品的外观更具艺术性和高雅的情调，还显示出赠礼人的文化和艺术品位，又可以使礼品产生一种神秘感，既有利于交往，又能勾起受礼人的兴趣和好奇，从而令双方愉快。好的礼品若没有精美的包装，不仅会使礼品逊色，使其内在价值大打折扣，还易使受礼人轻视礼品的内在价值。

5. 独特性

送礼非常忌讳千人一面，选择礼品时应精心选购，力争使之新、奇、特。

【案例阅读9-3】

尼克松的国礼

1972年，尼克松总统准备访华，急于寻找能代表国家的礼物。美国保业姆公司闻讯后，趁此良机，向尼克松总统献上公司生产的一尊精致的天鹅群瓷器珍品，因为瓷器的英文China，与"中国"的英文拼写一样，尼克松一见，大喜过望，于是把这尊具有双重意义、艺术价值很高的瓷器珍品带到了中国。

(资料来源：本书作者整理编写.)

6. 便携性

礼品要方便携带。比如有的地方产瓷器，瓷马可以作为礼品相送，但与人同高的瓷马便不太方便携带了。

7. 时尚潮流性

礼品不要脱离时尚潮流，否则会使受赠者感觉送礼者有应付之嫌。

8. 适配性

适配性，即所赠礼品应投其所好。如宝刀配英雄，鲜花送佳人。

(二)礼品选择的禁忌

馈赠礼品应考虑受礼人的性别、年龄、性格、职业、爱好、身份背景、国籍、信仰等。应当强调的是，在各种正式交往中，我国通常不允许商务人员选择以下几类物品作为正式赠予交往对象的礼品。

1. 违规的物品

赠送违规的物品，是明知故犯，成心让对方为难，甚至有害于对方，如现金、信用卡、有价证券等。我国法律规定：公务员在执行公务时，不得以任何理由因公收受礼品，或变相收受礼品，否则即有受贿之嫌。

2. 价格过于昂贵的物品

价格过于昂贵的奢侈品、收藏品不适合赠送。

第九章 商务礼品馈赠的礼仪

3. 有害健康的物品

最常见的此类物品有香烟、烈酒、赌具以及庸俗低级的书刊、音像制品等，不符合时尚、不利于健康的物品不可送人。

4. 易使异性产生误解的物品

如玫瑰花、领带等易使异性产生误解的物品，不适合选择。

5. 触犯受赠对象个人禁忌的物品

人们由于种种原因，往往会对某些物品敬而远之，或者存在着强烈的抵触情绪，如不宜送糖尿病患者含糖量高的食品。

6. 违背风俗习惯的物品

挑选赠品时，应当有意识地使赠品不与对方所在地的风俗习惯、民族、宗教相矛盾和相抵触，如在有些国家保健品、药品不宜送人。

7. 违法的物品

具有严重政治问题、涉及国家机密或其他有违我国法律的物品，或涉及本单位商业机密，涉黄、涉毒、涉枪一类的物品，在任何时候都不可赠送于他人。

8. 废弃的物品

在一般情况下，绝对不要把自家的旧物、废品、淘汰品，用不完的东西，或是用了一半的东西相赠与人。

(三)常见的馈赠礼品

经常选用的礼品有书、邮册、纪念币、文具、酒类、特色食品、茶叶、鲜花、摆件等。

送礼物给同事或商业伙伴，选择礼物完全取决于赠送场合、与接受者的关系以及送礼者公司的位置无关。

鲜花、食品、糖果、饮料等都属于短货架期的礼物，可以适用于大多数场合，尤其适用于探望病人。

鲜花是适用所有场合的礼物，而且速递时效高。送花的同时还可以附送一些其他的小礼物：如花瓶或杯子，戏票或活动的入场券。送花时也要认真考虑：普通的花无论如何都是得体的，可是玫瑰却暗示着浪漫的爱情。同样，在给外国朋友送花时，一定要了解各国的风俗习惯，以免送错。任何时候，送花之前都要考虑场合与当时的情况。送给办公人员的礼物，最好是选择花束或盆栽植物。

此外，要针对不同的受礼对象选择礼品。一般说来，对家贫者，以实惠为佳；对富裕者，以精巧为佳；对恋人、爱人以纪念为佳；对朋友，以趣味性为佳；对老人，以实用为佳；对孩子，以启智新颖为佳；对外宾，以特色为佳。现代社会中，礼物可以不是实物，如组织客户旅游观光等，也可以起到与赠送实物一样的作用。

第二节　礼品赠送的相关礼仪

礼品赠送的相关礼仪

逢年过节给经常往来、合作的客户们赠送一些小礼物，以沟通感情、建立友谊是非常必要的。例如，中秋节为客户们送上特色月饼，以此来表达对客户的感谢以及节日的问候。礼品的赠送应采取适当的方式，赠送过程中作为商务人员需掌握以下几点。

一、赠送礼品的场合

商务交往与私人交往中赠送礼品的地点，应当有所区别。前者应当在工作地点或交往地点赠送；后者则应当在私下赠送，一般选择在受赠对象本人的家里。

二、赠送礼品的方式

(一)当面赠送

当面赠送，即亲自将礼品交给受赠对象，是最庄重的方式之一。注意赠礼时的态度、动作和言语表达。平和友善的态度，落落大方的动作，并伴有礼节性的语言表达，才是令赠受双方所能共同接受的。那种悄悄将礼品置于桌下或房中某个角落的做法，不仅达不到馈赠的目的，甚至还会适得其反。

(二)邮寄赠送

邮寄赠送主要用于异地馈赠，即把礼品交付邮局或快递公司邮寄到受赠对象之手。除按规定填写相关内容进行包装外，包裹里面还应加一份精致的说明或书信，以表达感谢、慰问、关怀。寄往国外的物品要注意某些限制，如欧盟不接受肉类或含肉类制品入境等，同时对烟草、药品等限制寄递。收到礼物一方要在最短的时间内通知对方礼物收到，并表示感谢。

(三)委托他人赠送

委托他人赠送，即委托第三方代替自己将礼品送达受赠对象手中，当赠送人在外地或者不宜当面赠送，就可以选择委托赠送的方式。赠送外宾礼品时，一般是通过双方礼宾人员转交。祝福及感谢可以通过委托人员相互转达，也可以通过电话或信件表达。

赠送礼品是为了维护和巩固与客商之间的合作关系，为此，商务赠礼最好选择当面赠送。采取这种形式赠送礼品，相对于其他形式来说更容易。当面赠送时，与客户畅谈双方的情谊，为对方介绍礼品的寓意，还可以演示礼品的用法等。这样做也最有助于对方了解并接受所赠礼品，从而激发客户对公司的感激之情。

三、赠送礼品的时机

通常情况下，当众只给一群人中的某一个人赠礼是不合礼节的，给关系亲密的人送礼也不宜在公开场合进行。只有象征精神方面的礼物才适合在众人面前当面赠送，如锦旗、牌匾、花篮等。

在一般人际交往中，以下时机适宜向交往对象赠送礼品：一是见面之初，客人最好在见面之初奉上礼品，以示敬意；二是告别时刻，主人应该在客人告别前夕，如告别宴会上送出礼品，如果主人在见到客人的第一面就送礼，会增加客人提拿礼品的负担，也会有收买之嫌。此外，道喜、道贺、道谢、慰问之时也是比较好的时机。

四、赠送礼品的礼仪

选择一件满意、合适的礼品，只是赠礼环节的开始，如何把礼品合乎礼仪地赠送给客户，则是整个赠礼行为获得成功必不可少的重要环节。作为商务人员具体的做法如下。

(一)礼品要精心包装

即使礼物已经选择好了，但是赠送时不雅观的举止也会让礼物黯然失色。正式赠人的任何礼品，无论礼品轻重、价格高低，事先就要精心包装。如果觉得自己包装不好的话，最好在购买后就包装好或者是找一个精于此道的朋友来帮忙。包装是礼品的外衣，如不加任何包装赠送他人，就像人没有穿外衣就去拜访客人一样，是十分不礼貌的。尤其是向国际人士赠送礼品时，更要注重这一点。

精心包装使礼品的外观具有艺术性和观赏性，更能显示出送礼人的文化修养和艺术品位，使受礼者在视觉上更能接受。包装的材料和色彩要符合受礼者的审美，包装完毕后贴上写有祝词和签名的卡片，以准确表达自己的情感。

(二)选好赠送时机

赠送礼品的时机是非常讲究的。无论国际还是国内，赠送礼品时只有恰当选取时机，才会令双方皆大欢喜。

国内赠送礼品通常选择节假良辰、婚丧喜庆之时，以表达祝贺、感谢、慰问之情。例如，亲友结婚、生子之时，可赠送礼品向其道喜；升学、乔迁、晋升之时，可赠送礼品表示道贺；探望病人，可赠送礼品以示慰问等。

涉外交往中，应根据国际惯例，视具体情况而定。例如，商务会见、会谈，如果准备向客商赠送礼品，一般选择在起身告辞之时；参加道喜道贺活动，最好在与客户见面时赠送礼品。总之，商务人员要学会把握赠礼时机，以达到最佳的沟通效果。

(三)赠送表现得体

君子之交淡如水，馈赠礼品的关键在于得体，恰如其分的馈赠可以产生有利于社会文明的良好效果，也有助于加深双方的友谊和感情，而不得体的馈赠却适得其反。

赠送客户礼品时最好选择当面进行，当面赠礼可以不附礼笺，但要向对方解释一下所赠礼品的寓意。一般来讲，应从三个方面对礼品加以适当说明：说明礼品的寓意；介绍礼品的用途；讲述礼品的特殊价值。例如，试印本、初版都是很名贵的，往往只有几本。如果告知对方，就会增加礼品的价值。

当面赠送礼品时，还要特别注意自己的举止言谈。行为上应做到神态自若，平和友善，举止大方、得体。赠送时应面带微笑，目视对方，以双手递出，配以礼节性的语言，才能让受礼者欣然接受。在当面致辞之后，还应主动与客户热情握手。赠送过程中，绝不可一只手递交礼品，特别是面对有些宗教国家的客商时更不可用左手递交礼品，更不能偷偷摸摸、手足无措或悄悄乱塞、乱放，跟做贼似的将礼品悄悄放在房中某个角落，好像见不得人一般，这样不仅不能达到馈赠的目的，还会事与愿违。

对于远在其他城市或国家的客户，无法当面赠送礼品时，可以通过邮寄赠送或托第三人赠送礼品。比时，通常要随礼品附上一份礼笺，以非常正规的语句书写上赠送礼品的缘由，最后还要署上赠礼单位的全称及赠礼人的姓名。

(四)注重情意为本

馈赠的礼品是情意的载体而不是商品，商品的价值反映在价格上，而情义无价。在馈赠礼品时，有些人认为礼品的价值越高，就越有意义，越能表达馈赠者的深情厚谊。其实，这样做是把礼品金钱化了，与馈赠的本意相悖，让人怀疑馈赠者的动机。

价值昂贵的礼品，不见得表示真情实意，微薄的礼品不一定不成敬意。俗话说："千里送鹅毛，礼轻情义重。"正是强调了礼品的情意性，淡化了礼品的功利性。总之，馈赠礼品的时候，首先要考虑礼品能否表达馈赠者的深情厚谊、真情实感，绝不能把礼品庸俗化，当作交易的筹码。

(五)重视对方身份

选择馈赠礼品的时候，一定要注意受赠者身份和地位，要恰如其分。太贵重的礼品会使受礼人不敢接受，或者忐忑不安，甚至会引起"重礼之下，必有所求"之感。赠送礼品时，赠送者的身份必须明确。客人很重要或者你非常重视他，如果允许，一般应由单位最高领导或公司最高代表亲自赠送，或者说是董事长委托，这样能提升礼品的附加值，并应先赠予对方职务最高者。

(六)充分考虑风俗

不同民族、地区、性别、年龄的人，在风俗习惯上各有特点，馈赠礼品时一定要全面考虑。了解对方情况时尽可能随俗，避免触犯对方的禁忌而弄巧成拙，事与愿违。

【案例阅读9-4】

最珍贵的礼物

美国作家欧·亨利在其著名的小说《麦琪的礼物》里讲了这样一个故事：一位妻子十分想在圣诞节来临时送给丈夫一份礼物，她盼望能买得起一条表链，以匹配丈夫祖上留下的一只表。因为没钱，于是她把自己秀丽的长发剪下来卖了。圣诞之夜，妻子对丈夫献上了自己的礼物——精美的表链。而丈夫也在惊愕之中拿出了他献给妻子的礼物，竟是一枚精致的发卡。原来，丈夫为给妻子买礼物把自己的表卖了。这时，他们紧紧地拥抱在一起，彼此的爱成为这圣诞之夜最珍贵的礼物。

人们相互馈赠礼物，是人类社会生活中不可缺少的交往内容。中国人一向崇尚礼尚往来。《礼记·曲礼上》说："礼尚往来，往而不来，非礼也，来而不往，亦非礼也。"

馈赠是与其他一系列礼仪活动一同产生和发展起来的。有一点可以确定，即在礼的内涵中，除了有表示尊敬的态度、言语、动作、仪式外，还有一个重要的含义，就是礼物。随着社会生活水平的提高和演变，物能传达情感的观念被广大人民所接受和认同，从而使馈赠在内容和形式上，逐渐融合在五彩缤纷的社会交往中，并成为人们联络和沟通感情的最主要方式之一。

特别要注意，我们要把馈赠礼物、正常交往中的送礼与收买贿赂、腐蚀拉拢区别开。

(资料来源：http://www.shefashion.cn/information/ceremony/208.html.)

五、赠送礼物的注意事项

- 做好记录。为避免连续几次选同样的礼物给同一个人的尴尬情况发生，最好每年送礼时做一下记录。
- 千万不要把以前接受的礼物转送出去，或丢掉它。
- 切勿直接去问对方喜欢什么礼物，可能他要求的会使你超出预算。
- 切忌送一些将会刺激别人的东西。
- 不要打算以你的礼物来改变别人的品位和习惯。
- 考虑接受者在日常生活中能否用到你送的礼物。
- 谨记除去价格牌及商店的包装袋，无论礼物本身是否名贵，最好用礼品纸包装，有时注重细节更能显出送礼人的心意。
- 在正常范围内赠送礼物。即使预算充足，送礼物给一般朋友也不宜太过，选择一些有纪念意义的礼物即可。

第三节 接受、拒收礼品的礼仪

当他人赠送给我们礼品时，作为受礼者绝不可以对他人漠然置之，应当郑重其事。身为商务人员，无论代表的是个人还是企业、公司，在接受他人所赠送的礼品时，都应该认真对待，做到得体有礼。

一、接受礼品的礼仪

接受礼品必须合乎规定。在商务活动交往中，商务人员在接受礼品时，必须自觉遵守有关规定，规范自己在商务交往中收受礼品的尺度。

(一)欣然接受、受礼有节

对于不违反规定的馈赠，商务人员在接受他人的礼品时，应当大大方方、热情友好，绝不可畏首畏尾、遮遮掩掩。

当赠送者向自己递交礼品时，应立即停止手中的事情，起立站直，双手受礼。受礼时应眼睛直视对方，并用左手托好礼物(大型的礼物可先放下)，之后应立即伸出右手，同对方热情握手(阿拉伯国家习惯右手接礼，切不可用左手)，并向对方深情致谢。

商务人员在接受礼品时还要注意应态度大方、恭敬有礼，不可盯着礼品不放，一副"见礼眼开"的样子，给人以没见过大世面的印象。

(二)启封赞赏、当面致谢

不管礼品轻重贵贱，都要诚挚地表达谢意。要让对方感受到你的愉快，不管你喜欢与否、满意与否，都应该露出高兴的神情，因为这是对对方的尊重。

在办公室里收到礼物时，受礼者一般会当面打开；通常，赠送者也想看到受礼者的反应，并希望听到当面的感谢。在有些派对上，打开礼物往往就是节目之一。但是在某些正式场合，如婚礼或办公典礼，一般要先把礼物放在一边，之后再打开。

西方人在收到礼物时都会习惯性地当着赠礼人的面打开欣赏一番。因此，在国际交往中，接受国际商家或友人赠送的礼品之后，在条件允许的情况下，最好当着他们的面亲自拆开包装并认真欣赏一番，同时还应当面加以赞许，以示对赠送者的尊重以及对礼品的看重与喜爱之情。

在中国、日本、新加坡、韩国和马来西亚，一般受礼人不当着赠礼人的面打开礼物，以表明他们重视的是送礼这一行为而不是礼物本身。但也要同样表达真挚的感谢以表示对礼品的重视。绝不可将礼物到处乱放，应放到一个显眼的位置。

对邮寄送来的礼品，应回复名片或写信表示感谢。

(三)礼尚往来、及时还礼

中国礼节讲究"礼尚往来""来而不往非礼也"。有些客人常常会带礼物来，对此，我们送客时应有所反应，如表示谢意，或请求客人以后来访不要再携带礼品了，或相应地回赠一些礼物，绝不能若无其事，毫无表示。尽管赠送他人礼品的初衷并不是接受回赠礼物，但一般情况下，对方都会回赠还礼。

二、拒收礼品的礼仪

商务活动中要学会拒收礼物。接受他人的礼品，一定要把握好分寸和原则。违法和违反企业、公司规定的礼品要坚决拒收。不过拒收礼品也要讲究礼仪，把握好分寸。

有时不得不拒收一些礼物，原因如下：礼物价值超出了公司允许接受的范围；礼物太过于个人化或有其他暗示。在不能接受礼品时，要礼貌委婉地向赠送人解释不能接受的原因，同时表达对赠送人的谢意。但只要不是贿赂性礼品，最好不要拒收，那会很驳赠礼人面子，找机会回礼就是。

最好选择当面谢绝他人赠送的礼品。此外，拒收礼品时一方面要感谢对方的好意，另一方面还要客气、诚恳地讲明拒绝的缘由，说明道理。要依礼而行，婉言谢绝，要给对方留有退路，不要让对方产生误会或难堪。

如果因一些特殊原因无法当场退还，可暂时先收下再找机会退还。退还礼品一定要及时，最好在 24 小时之内将礼品退还本人或是将受赠之物登记上交。另外，退还时还要保证礼品的完整，不可拆封后再退还或者试用后再退还。事后退礼，要说明理由，并致以谢意。

第四节　商务礼品馈赠的礼俗与禁忌

一、中西方礼品馈赠的习俗

当面赠送，宜在宾主会面之初或分手道别时。若是两对夫妻会面，则赠送礼品最好在两位夫人之间进行。面交礼品时，要适当对寓意加以说明。动作要落落大方，并伴有礼节性的语言表达。

赠受礼物时的表达，因中西方文化差异而有所不同。

在中国，如果当面赠送礼物，送礼者应起身，用双手捧送，双目注视对方，边送边说上几句祝福与问候的话，如"祝您生日快乐""祝早日康复""感谢您的帮忙"等。

西方人赠礼，常在社交活动行将结束时，即在社交已有成果时方才赠礼，以避免有行受贿之嫌。礼品一般注重实用的内容加漂亮的形式。赠受时，受赠人常常当着赠礼人的面打开包装并表示赞美后，邀赠礼人一同享受或欣赏礼品，此时作为赠礼人应大方地介绍礼品的特点、蕴含的典故及审美情调。

二、国际交往中礼品赠送的惯例和礼俗

世界各国，由于文化差异，历史、民族、社会、宗教的影响，在馈赠上的观念、喜好和禁忌有所不同。只有把握好这些特点，才能在交往馈赠活动中达到目的。

(一)亚洲国家的馈赠

亚洲国家虽然因社会、民族、宗教的情况有很大不同，但却在馈赠方面有很多相似之处，如出于礼貌，要委婉地谦让一下才接受礼物。

1. 形式重于内容

对亚洲国家人士的馈赠，名牌商品或具有民族特色的手工艺品是上等的礼品。至于礼品的实用性，则屈居知识性和艺术性之后，尤其是日本人和阿拉伯人，非常重视礼品的品牌和外在形式。对日本人而言，越是形式美观而又无实际用途的礼品，越受欢迎，因为日本人有送礼的癖好，送他这样的礼品，他好再转送他人。另外，与日本人做生意，则要等日方先送礼物，另一方才可回礼；如果另一方赠礼在前会使日本人觉得很丢面子。

2. 崇尚礼尚往来

亚洲人崇尚礼尚往来，愿意慷慨大方地表示对他人的恭敬。在亚洲，无论何地，人们都认为来而不往是有失尊严的，这涉及自身形象。因此，一般人都倾向于先送礼品给他人。收到礼品后，在回礼时则常在礼品的内在价值、外在包装上下功夫，体现自己的慷慨和对他人的恭敬。

3. 讲究馈赠对象的具体指向性

选择和馈赠礼品时十分注意馈赠对象的具体指向性，这是亚洲人的特点。一般说来，送给老人和孩子礼品常常是令人高兴的，无论送什么，人们都乐于接受。但若是送他人妻子礼品，则需考虑交往双方的关系及对方的忌讳；如阿拉伯人最忌讳对其妻子赠送礼品，这被认为是对其隐私的侵犯和人格的侮辱。

4. 忌讳颇多

在赠送礼物时，要认识到数字的重要性，不同国家对礼品数字、颜色、图案等有诸多忌讳，如3在泰国是幸运数、8和9在中国是幸运数(8听起来像发财、9听起来像长久)。日本、朝鲜等对4有忌讳，把4视为预示厄运的数字，而对7、5、3等奇数颇为青睐，对9及9的倍数尤其偏爱(但日本人不喜欢9)。阿拉伯人忌讳动物图案，特别是带有猪等图案的物品。

5. 注重包装

一定要包装礼物(不使用蝴蝶结)并加一个适当的卡片。用红色纸来包装礼物是合适的，但使用红色墨水来写卡片是不对的。在中国使用红色墨水，暗示永远断绝联系。

6. 了解风俗和禁忌

知晓与礼物相关的迷信和禁忌，避免赠送任何画有白狼图案的礼物，因为狼是残忍和贪婪的象征。在中国，也要避免赠送草鞋或钟。

(二)西方国家的馈赠

西方国家与东方国家不同，在礼品的选择喜好等方面没有太多讲究，其礼品丰富多彩。

1. 实用的内容加漂亮的形式

西方人对礼品的选择更倾向于实用，一束鲜花，一瓶好酒，一盒巧克力，甚至一同游览、参观等，都是上佳的礼品。当然，如果再讲究礼品的品牌和包装就更好了。

2. 赠受双方喜欢共享礼品带来的欢快

西方人馈赠时，受赠人常常当着赠礼人的面打开包装并表赞美后，邀赠礼人一同享受或欣赏礼品。

3. 讲究赠礼的时机

一般情况下，西方人赠礼常在社交活动行将结束时，即在社交已有成果时方才赠礼，以避免行受贿之嫌。

4. 忌讳较少

西方人除忌讳"13和星期五"这个灾难之数和一些特殊场合(如葬礼),以及礼品的种类颜色等有一定讲究外(如德国人忌讳穿茶色、黑色和深绿色衬衫,法国人忌讳墨绿色),大多数西方国家在礼品上的忌讳是较少的。

三、国际交往中礼品馈赠举例

由于各国文化的差异,社会、宗教的影响和忌讳,送礼成了一种复杂的礼仪。如果运用得当,送礼能巩固双方之间的业务关系;反之则会有碍于业务联系。选择适当的礼物、赠送时机以及让收礼人做出适当的反应,都是送礼时要注意的关键问题。

(一)亚洲国家的礼品馈赠

1. 日本的礼品馈赠

给日本人送礼,往往采取以下做法:送对其本人毫无用途的物品,以便收礼人可以再转送给别人。日本人对装饰着狐狸和獾图案的东西极为反感。狐狸是贪婪的象征,獾则代表狡诈。到日本人家里做客,携带的菊花只能有15片花瓣,因为只有皇室徽章上才有16瓣的菊花。另外,选择礼物时,要选购"名牌"礼物,日本人认为礼品的包装同礼品本身一样重要。

2. 韩国的礼品馈赠

韩国的商人对初次来访的客人常常会送当地出产的手工艺品,要等客人先拿出礼物来,然后再回赠本国产的礼品。

3. 阿拉伯国家的礼品馈赠

在初次见面时送阿拉伯人礼可能会被视为行贿;切勿把用旧的物品赠送他人;不能把酒作为礼品;要送在办公室里可以用得上的东西。盯住阿拉伯主人的某件物品看个不停是很失礼的举动,因为这位阿拉伯人会认为你喜欢它,并一定会要你收下这件东西。阿拉伯商人一般赠送贵重礼物,同时也希望收到同样贵重的回礼,因为阿拉伯人认为来而不往是有失尊严的行为。他们喜欢丰富多彩的礼物,喜欢"名牌"货,不喜欢不起眼的古董;喜欢知识性和艺术性的礼品,不喜欢纯实用性的东西。忌讳烈性酒和带有动物图案的礼品(因为这些动物可能代表着不吉祥)。送礼物给阿拉伯人的妻子被认为是对其隐私的侵犯,然而送给孩子则是受欢迎的。

【案例阅读9-5】

送花的学识

一位在伦敦留学的女士,曾在一家公司打工。女老板对她很好,短时间内便给她加了几次薪。一日,老板生病住院,这位女士打算去医院看望病人,于是她在花店买了一束红玫瑰花。行至半路，她突然觉得这束花的色彩有点儿单调，而且看上去俗气，就去买了十几支白丁香花，并与原来的玫瑰花插在一起，红白相间很有美感，自己感到很满意，走进了病房。结果她的老板见到她的时候，先是高兴，转而大怒。这位女士送花犯了什么忌讳？

(资料来源：本书作者整理编写.)

(二)欧美国家的礼品馈赠

欧美国家一般只有在双方关系确立后才互赠礼物，通常交往行将结束时进行，注意表达的方式要恰如其分。高级巧克力、高档葡萄酒在欧洲都是很好的礼物。登门拜访前则应送去鲜花(花要提前一天送去，以便主人把花布置好)，而且要送单数的花，同时附上一张手写的名片，不要用商业名片。

1. 英国人的礼品馈赠

在英国应尽量避免感情的外露。因此，应送价值较轻的礼品，花费不多就不会被误认为是一种贿赂。合宜的送礼时机应定在晚上，如用完晚餐或看完戏之后。英国人也像其他大多数欧洲人一样喜欢高级巧克力、名酒和鲜花。对于饰有客人所属公司标记的礼品，他们大多数并不欣赏，除非主人对这种礼品事前有周密的考虑。

2. 法国人的礼品馈赠

初次结识法国人就送礼是很不恰当的，应该等到下次相逢时。礼品应该表达出对他人智慧的赞美，但不要显得过于亲密。法国人很浪漫，喜欢知识性、艺术性的礼物，如画片、艺术相册或小工艺品等。法国人喜欢欣赏音乐和书，所以书越厚，主人越高兴。应邀到法国人家里用餐时，应带上几支不加捆扎的鲜花。但菊花是不能随便赠送的，在法国只有在葬礼上才用菊花。

3. 德国人的礼品馈赠

德国人认为礼貌是至关重要的，故此选择礼品要悉心注意适当与否，包装更要尽善尽美。玫瑰是为情人准备的，绝不能送给主顾。德国人喜欢应邀郊游，但主人在出发前必须做好细致周密的安排。

4. 美国人的礼品馈赠

美国人很讲究实用，故一瓶上好葡萄酒或烈性酒、一件高雅的名牌礼物、一起在城里共度良宵，都是合适的。与其他欧洲国家一样，给美国人送礼应在此次交往结束时。

(三)拉丁美洲国家的礼品馈赠

在拉丁美洲国家，黑和紫是忌讳的颜色，因为这两种颜色意味着阴沉的天气；刀剑应排除在礼品之外，因为它们暗示友情的完结；手帕也不能作为礼品，因为它与眼泪是联系在一起的。可送些小型家用电器，如小型烤面包炉。或送征税很高的物品，会极受欢迎，奢侈品除外。

拓展阅读．千里送鹅毛

第九章　商务礼品馈赠的礼仪

本 章 小 结

礼品馈赠礼仪,是指在礼品的选择、赠送、接受的过程中所必须遵循的惯例与规范。在接待工作中,礼品的选择、赠送时机、赠礼禁忌、赠礼时的态度和动作,都是需要注意的问题。就目前看来,礼品馈赠主要包括公务性活动馈赠,大多是为了交际和公关,往往针对交往中的关键人物和部门赠送礼品;以及社交礼仪私人间馈赠,主要为了沟通感情、建立友谊、巩固和维系良好的人际关系。

商务人员要特别注意的是,在选择礼品、送礼与受礼时要充分遵守相关礼仪规范,依礼行事;否则将适得其反,失去馈赠的真实本意,以致失礼。

当他人赠送给我们礼品时,作为受礼者绝不可以对他人漠然置之,接受礼品时应当郑重其事。身为商务人员,无论代表的是个人还是企业、公司,在接受他人所赠送的礼品时,都应该认真对待,做到得体有礼。

商务活动中要学会拒收礼物。接受他人赠送的礼品,一定要把握好分寸和原则。违法和违反企业、公司规定的礼品要坚决拒收。不过拒收礼品也要讲究礼仪,把握好分寸。世界各国,由于文化差异,不同历史、民族、社会、宗教的影响,在馈赠礼仪上的观念、喜好和禁忌有所不同。只有把握好这些特色,在交往馈赠活动中才能达到目的。

复习思考题

1. 选择商务礼品应注意哪些事宜?
2. 简述礼品选择时需符合的标准。
3. 简述赠送礼品的注意事项。
4. 接受商务礼品馈赠时要注意哪些礼节?

第十章 求职礼仪

【学习目标】

就业是每个人都要面临的问题。通过本章的学习，了解求职中各个环节的礼仪规范，了解企业用人观念，掌握求职前、面试前、面试过程中及面试后的相关礼仪规范，做到有备无患。

【重点与难点】

掌握求职前、面试前、面试过程中及面试后的相关技巧。

【教学方法】

理论教学、案例分析、课堂示范。

【引导案例】

> **花 3 分钟的感谢**
>
> 一家公司的公关部需招聘一位职员，许多人参与了角逐。公司的面试和笔试十分烦琐，一轮轮淘汰下来，最后只剩下 5 个人。5 个人都优秀，都有较好的形象和学识，且都毕业于名牌大学。公司通知 5 个人，聘用谁得由经理层会议讨论通过。于是 5 个人安心地回家，等待公司最后的决定。
>
> 几天后，其中一个人收到一封公司人事部发来的电子邮件，内容是："经过公司研究决定，你落聘了，但是我们欣赏你的学识、气质，因为名额所限，实是割爱之举。公司以后若有招聘名额，必会优先通知你。你所提交的材料录入计算机存档后，不日将邮寄返还于你。另外，为感谢你对本公司的信任，还随信寄来本公司产品的优惠券一份，祝你开心！"
>
> 她在收到电子邮件的那一刻知道自己落聘了，十分伤心，但又为公司的诚意所感动。两天后，她收到了寄给她的材料和一份优惠券，以及一个电子邮件中没有提及的带有公司标志的小饰物。她十分感动，花了 3 分钟时间给那家公司发了一封简短的感谢信。
>
> 但两个星期后，她接到了那家公司的电话，说经过经理层会议讨论，她已被正式录用为该公司职员。后来，她才明白这是公司的最后一道考题。公司给其他 4 个人也发了同样的电子邮件，也送了优惠券和小饰物，但是回信感谢的只有她一个。她能胜出，只不过因为多花了 3 分钟时间去感谢。
>
> (资料来源：龚荒.商务礼仪理论、案例与实训[M].人民邮电出版社，2023.)

在当今竞争激烈的社会环境中，能找到一份工作，尤其是适合自己专业和兴趣的工作是一件令人羡慕的事。就业市场，一方面为谋职者提供了许多择业机会，另一方面就业的双向选择也加剧了择业者的竞争。因此，在谋职的过程中，不但要重视展现个人的知识、能力和道德修养，而且还要通过展现个人的礼仪素养，反映个人的综合素质，使自己在竞争中脱颖而出。任何事情自有其成功的秘诀，想要"职"在必得，除了要有真才实学外，还需要掌握一定的社交技巧和求职礼仪。文雅的谈吐、得体的举止是一个好员工的重要品质，这已经成为许多用人单位的共识。正因为如此，求职礼仪成为时下求职者必修的一门课。

第一节　求职前的准备

求职前的准备

一、相关信息的搜集整理

"知己知彼，百战不殆"。求职前搜集各种有用的信息对应聘是否成功至关重要。了解企业(行业)的相关内容越丰富，面试时就越从容，同时也体现了对该企业的尊重和热忱，胜算概率就越大。信息最重要的是真实、准确，需要真正掌握第一手资料，那些拐弯抹角、道听途说的信息都不足取。求职就业的经历，对每一个人而言，都是一笔宝贵的人生财富，求职的过程会令人终生难忘。面对求职，应慎重对待，精心准备，让它更丰富、更完美。重点关注以下四方面的信息。

第一，用人单位的信息。搜集用人单位的信息可以从三个方面入手：一是与行业的资深人士交谈；二是通过文献搜集行业的发展近况；三是查询用人单位的网站，重点了解以下几项内容：企业愿景、企业使命、企业文化、企业价值观等；了解企业的组织结构，如有几个集团公司、几个分公司、下设几个部门、应聘职位的岗位职责、技能要求等。

第二，用人条件的相关信息。包括招聘人员的性别、年龄、学历、资历、专业、外语、计算机等各方面的要求和限制。

第三，用人待遇的信息。了解用人单位给录用者的待遇、福利、培训、住房、保险等相关信息。

第四，主考官的情况。在可能的情况下，求职者应该了解主考官的姓氏、职务、毕业学校、所学专业、民族、出生地、兴趣爱好等。

二、求职前的心理准备

面对择业，大多数人的心理是复杂而多变的，尤其是对于毕业生来说。一方面为自己即将走向社会，实现自己的人生价值而感到由衷的高兴；另一方面也常常存在矛盾的心理。调整好择业心态，做好充分的心理准备，积极参与竞争，勇敢迎接挑战，在择业过程中是非常重要的。良好的择业心态包括以下几个方面。

- 充满自信。克服自卑、胆怯的心理，树立自信心和敢于竞争的勇气。
- 忌好高骛远。避免理想主义，及时调整就业期望值，不要刻意追求最满意的结果。
- 选择适当的就业目标。正确认识自己，择业目标应当与本人所具备的实力相当或接近。
- 避免从众心理。一切从自身特点、能力和社会需要出发，不与同学攀比。
- 不怕挫折。遇到挫折，不消极退缩，采取积极的态度，勇于向挫折挑战。

三、自我介绍的准备

面试一般都会要求求职者先做简单的自我介绍,的时间一般为3~5分钟。自我介绍是很好的表现机会,应把握以下几个要点:首先,要突出个人的优点和特长,并要有相当的可信度,不可夸张,坚持以事实说话;其次,要展示个性,使个人形象鲜明,避免使用主观评论,可以适当引用别人的言论,如老师、朋友等的评论来支持自己的描述;最后,要符合逻辑,介绍时应层次分明、重点突出,使自身优势逐步显露,不要一上来就急于罗列自己的优点。最好事先写个书面介绍参考一下,但切忌背诵。

范　文

各位面试官好:

我叫×××,××××年毕业于××学院国际经济与贸易专业,曾就职于××××公司(或在××××公司工作过)。下面我想从三个方面介绍一下我自己。

在校学习情况:学习成绩良好,每年都能取得奖学金,在大学二年级时就顺利通过英语六级和计算机国家二级考试,参加××英语辩论赛获得最佳辩手称号,能熟练操作Windows平台上的各类应用软件,如Photoshop、WPS、Excel,大学期间还取得了×××证书。

社会实践:利用课余时间参加学校的各种社团活动,如……曾在××年假期在××公司实习期间,去广州参加×××国际性展会,担任会务和讲解,锻炼了我的专业口语能力,××年我和××公司的市场部经理到上海等地参加国际展会并担任翻译工作,积累了外贸经验及参展经验。

个人的几个特点:本人性格开朗、谦虚、自信,有良好的沟通能力和团队精神,在假期的实习经历中,我对沟通能力和团队精神有了更深的体会,例如有一次……。

简述对应聘企业的一些认识……。

鉴于以上陈述,我认为我可以胜任这项工作。

(资料来源:本书作者整理编写.)

注意:除非对方问及,否则不要谈及如政治、宗教信仰、健康问题、自己的男(女)朋友、婚姻、父母、家庭情况等问题。

四、个人资料的准备

求职者个人资料包括求职信和各种能佐证个人情况的材料。

(一)求职信

求职信也叫作自荐信,它是求职者在应聘时用的一种特殊信件。其写作要领详见本章第二节。

第十章　求职礼仪

(二)其他资料

能够佐证个人情况的其他资料，主要包括以下内容。

可供说明在校经历的材料，如中英文个人简历、照片、学校推荐表或推荐信、体检表、身份证、毕业证书、学位证书、成绩单等。

说明个人能力的材料，如各种资格证书(外语、计算机等级证书)，各种荣誉证书，著作、论文，参加社会实践、毕业实习的鉴定材料等。

【知识小链接10-1】

跳槽应聘需准备的资料

如果是跳槽应聘，除以上必需的资料外，以下材料也比较重要。

事先收集要应聘的公司及所在行业的基本资料，了解公司的运营状况、在行业内的地位等，越详细越好，面试时可以带书面资料。接到面试电话时，尽可能询问对方主考官的情况。事先做好准备，这样面试时才会更自信。

简历和自荐信的内容应侧重于工作经历、个人能力的阐述，避免空洞和简单罗列，最好能够体现出做事态度、敬业精神以及品德修养等。

面试时，要准备齐全能表现个人能力的资料，以便让主考官信服你有能力胜任这份工作。但不宜过于夸张自己的工作表现，大部分公司都喜欢脚踏实地的人。品德和诚信是公司在用人时首先考量的因素。

(资料来源：本书作者整理编写.)

(三)简历的制作

世界上最容易把我们变成一张纸的东西就是简历。我们用它来争取面试的机会，希望通过面试有机会进入公司得到工作。

在准备通过电子邮件、微信或邮寄的方式发送简历时，一定要面对这样一种残酷的现实：在时间就是金钱的世界里，人们都在千方百计地以最快的速度处理事情。收到你简历的人实际上没有义务来阅读或回复——如果你的简历没有表达清楚或其中有错别字，就更不可能使对方产生阅读兴趣。所以，为了降低简历被直接扔进垃圾桶或被删除的可能，一定要让自己的简历容易读懂，直奔主题。

制作简历时一定要集中自己的全部注意力，为想要申请的工作岗位量身定做、精心设计。简历最好是一页，如果你的经历很多，可以写两页。一览无余的简历其实正显示了你对阅读者时间的考虑，这是最基本的商务礼仪。

随同简历一起发送的信件应该限制在一页纸的范围之内，这实际上是一封申请信——必须精心地组织语言进行推销，使自己的简历从千万份简历中脱颖而出。如果你在简历上已经清楚地说明了你是谁，在寻找什么样的工作的话，信件上就要涉及自己的经历和背景，说明你在多大程度上胜任这份工作。

保证简历中没有语法和拼写错误，这不仅显示了你的细心，而有还显示着你的礼貌和尊敬——意味着你没有采取应付的态度。正确地写简历应该做到以下几点。

1. 明确目的、详略得当

简历既不是展示才华的舞台(1 万字的自述只会被直接删除，无论我们叙述的是什么)，也不是一句话总结自己的便签(有些简历简单到只有基本信息，公司根本无法判断候选人是否适合该职位)，详略得当是最基本的原则。

(1) 详写。用具体的事例来佐证个人技术和能力，而不要仅仅列出以前做过的工作。包括工作内容(方便公司了解招聘的职位与应聘者的匹配度)、工作成绩(体现个人能力和努力程度)、在工作中的收获和成长(体现学习能力和上进心)。

(2) 略写。个人成长史、个人爱好略写。

2. 认真检查、减少错误

(1) 错别字。要用容易辨认的字体，不要用时髦的或不常用的字体，字体型号适中。出现错别字会让公司认为我们工作不够认真。

(2) 写错公司名字。有些公司偶尔会收到以下文字开头的简历："尊敬的人事经理，您好！我很高兴应聘××公司的××职位。"这个××公司不是招聘公司，××职位也不是招聘职位，这种简历会被马上删除。

3. 实事求是、准确真实

简历和信件中的信息要完全准确并真实地反映你的工作经历。实事求是，别说谎，包括虚构工作经历、不会的技能非说自己会，诸如类似情况，即使争取到了面试机会，也会被淘汰。

五、求职途径

十年寒窗，终求一果，每个人都希望找到一份与所学专业相吻合的理想工作。然而，在求职中仅靠专业知识和热情是远远不够的，在求职前需多做一些准备工作。求职途径是招聘单位和求职者相互联系的桥梁。以下是几种常用的求职途径。

第一，校方推荐。主要是用人单位直接到学校进行人才招聘，按照用人单位要求，由学校的就业指导办公室及相关部门进行推荐。此种方式最大的优点是专业对口、针对性强，而且安全可靠。

第二，各种人才招聘会。各地人才交流中心每年定期召开人才招聘会，这会吸引各地的大中型企业在会上公布招聘信息。招聘会最大的优势是招聘人员面对面地与你沟通，你能直接了解企业和岗位的信息，企业也可以直接了解你的情况。

第三，报纸杂志招聘信息。平时多花一点儿时间，注意报纸杂志的分析报道，全盘掌握整个产业的发展状况，或者专门订阅求职报纸，注意用人需求。

第四，网络招聘信息。网络是当前信息量最大、更新最快、传播面最广的信息流通渠道。可以直接登录一些人才网站搜集招聘信息，如智联招聘网等。还可以登录你心仪的公司官网，不仅可以了解公司动态，还可以时常查询招聘资讯。

此外，在与同学、朋友、家人的交往中也可以获得招聘信息。

第十章 求职礼仪

第二节 求职信、求职电话、网络求职的礼仪

一、求职信的礼仪

(一)求职信的书写要求

求职信、求职电话、网络求职的礼仪

求职信，实际上就是申请某个招聘岗位的信件，其目的是获得与对方会面的机会。求职信是求职者向用人单位举荐自己的一种信件，在用人单位和求职者之间搭起的一座桥梁，是用人单位了解求职者的第一步，也是关键的一步，所以，求职信写得好坏至关重要。一份好的求职信能体现求职者清晰的思路和良好的表达能力。换言之，它体现了求职者的沟通交际能力和性格特征，可以拉近求职者和人事主管之间的距离，从而更容易获得面试机会。一封优秀的求职信，一定要有明确、简练的简历支撑，应能使 HR 想与求职者进行个人会面。书写求职信时需做到以下几点。

1. 准确拼写名称

不论是主动写求职信，看招聘信息了解，还是经某个人介绍，一定要保证正确拼写接收者的全名，弄清楚正确的称呼，否则，精心组织的信件也有可能被扔进垃圾桶。如果不知道接收人的名字和地址，最好打电话询问一下公司的相关人员。如果写不出收信人的名字，也可以只称呼公司、部门或某个职位的名称。

2. 客观、精简地陈述自己

用人单位几乎不可能将求职信从头至尾仔细阅读。因此，在写求职信的时候，最重要的是思考如何能在短时间内给人留下深刻的印象。一定要记住你要推销什么，与招聘要求相关的信息，如能力、经验等是否与之相符。要说明你可以为公司做什么，使对方相信你就是最适合这个岗位的人。此外，还要做到内容客观、真实、精简。

3. 确保每一封信都是原创

你可能会发出很多份简历，但是每一封求职信都必须是个性化的。可以用电脑设计一个通用的模板，但是仅仅将其作为起点，而不要作为一种工具来制作复制品。

4. 要有好的开头

要让求职信的第一句话和第一段充满活力和变化。在第一句话中说什么可以征服读者，让他有兴趣继续阅读下去呢？举一个简单的例子。"在过去的几年里，我一直对标称职员工的要求，在工作岗位上不断磨炼自己的推销技术，并以成为公司最优秀的推销员为己任。现在我很珍惜这次机会，愿意用自己的全部技术来为您工作。"要把获得这一岗位作为目标，不要写那种一看就知道下文的干瘪的陈腐的话。如果你是经某个人介绍或推荐的，也要这样写第一句话，同时还要说明介绍人的职务和信息，如"我的朋友罗伯特博士、鲍勃•约翰斯坦，同样也是最好的物理学家，他曾经关注过西部学院足球赛，推荐我与您联系一下，谈一谈关于你们报纸的体育报道的职位。"这种开头不只明确提到了介绍人的名字和职务，

同时还在读者与作者之间建立了一种联系，提供了作者的主要信息，清楚地说明了写信的目的。

5. 保持信件的言简意赅

求职信不要超过一页信纸，只要简单、明确地说出与工作要求直接相关的信息就可以了。当然可以简单地说明一下自己的特殊经历或能力，如海外服务的、精通某种外语，只要它们与工作有关就行。

6. 适时提出工资要求

一般来说，只有雇主要求你提出工资要求或者你的第一考虑就是工资时，你才可以在信件中提到。如果你必须在一年中赚到10万元的话，最好在开始时表明。许多雇主都把工资指数当作挑选员工的一种方式，所以不能满足你经济需要的工作是没有任何意义的。如果雇主问到你对工资的要求时，你既可以说出具体的数目，也可以说出一个考虑范围。也完全可以说你现在的工资是与市场的物价保持一致的，或者说你的要求可以进一步协商。

7. 仔细校对信件

信件上出现任何错误都有可能使你失去面试机会，因此没有任何理由可以让你出现拼写、语法和标点符号错误。最好找另外一个人来校对你的简历和求职信，除非你十分相信自己的写作技巧。他人可以用一种新的、客观的眼光发现其中的错误，并提供给你遣词造句或删除某些信息的建议。另一种方法就是自己逐字阅读这封信件，读的时候，用一张纸盖住下面的部分。一次读一行，这会强迫你注意到每一个单独的字。写完之后，校对之前，至少要留出一天的时间来。这样你可以重新审视这封信件，而不会有太多偏见。

(二)求职信的书写格式

求职信的基本格式与书信相同，主要包括标题、称呼、正文、结尾、署名、日期和附录共七个方面的内容。

1. 标题

在信纸首页上，居中大字书写"求职信"。

2. 称呼、问候

求职信的称呼与一般书信不同，书写时须正规，如果写给国家机关或事业单位的人事部门领导，可用"尊敬的××处(司)长"；如果是企业负责人，则用"尊敬的××董事长(总经理)先生"；如果是企业厂长(经理)，则可称之为"尊敬的××厂长(经理)"；如果是写给院校人事处负责人或校长的求职信，可称"尊敬的××教授(校长、老师)"。

3. 正文

求职信的中心部分是正文，形式多种多样，但一般分为三段，一是说明求职信息的来源并表明写信的目的；二是简明扼要地介绍自己与应聘职位有关的学历水平、经历、成绩等，令对方从阅读之始就产生兴趣(这些内容不能代替简历)；三是说明能胜任职位的各种能力，这是求职信的核心部分，表明自己具有专业知识和社会实践经验，还有与工作要求相关的特长、兴趣、性格和能力。

4. 结尾

结尾一般会表达两个意思：一是希望对方给予答复，并盼望能够得到参加面试的机会；二是表示敬意、祝福之类的词句，如"顺祝愉快安康""深表谢意""祝贵公司财源广进"等，也可以用"此致"之类的通用词。注意在结尾写明详细通信地址、邮政编码和联系电话，以方便用人单位与求职者联系。

5. 署名

不论是手写稿还是打印稿，都应有求职人的亲笔签名，以示庄重。

6. 日期

写在署名的下方，应用阿拉伯数字书写，年、月、日全都写上。

7. 附录

求职信一般要求和有效证件的复印件一同寄出，如学历证、职称证、获奖证书、身份证的复印件，并在正文左下方一一注明。

求职信范文

尊敬的领导：

　　您好！

　　我写此信应聘贵行的柜员职位。很高兴在招聘网站获悉贵行的招聘信息，并一直期望能有机会进入银行工作。

　　本人现就读于××××学院，是××级学生，主修金融学专业。××××学院是×××省金融人才的重点培养基地，具有悠久的历史和优良的传统，并且素以"治学严谨、育人有方"而著称。在这样的学习环境下，无论是知识能力，还是个人素质修养方面，我都受益匪浅。

　　在校读书期间，本人学习成绩优秀，多次获得奖学金。表现良好，性格开朗，能够很快地融入新的工作中；有着吃苦耐劳的精神，能够承担艰苦的工作；每年暑假都随学校到银行进行实习，在这期间学习并了解一些关于银行的工作情况，能够较为熟练地掌握柜员岗位的工作流程。我能够以严谨的态度面对工作，我深信自己可以胜任柜员一职。

　　我的个人简历及相关材料一并附上，并望能够尽快收到您的面试通知。我的联系电话：13×××××××××。

　　感谢您百忙之中阅读此信件，并祝万事如意！

　　此致

敬礼！

×××谨上

××××年××月××日

二、求职电话的礼仪

有过求职经历的人都知道,我们首先会和用人单位有一次通话经历,通过电话推荐自己,这也是给对方留下好印象的第一步。在电话接触中应该注意些什么呢?具体而言,有以下几点。

(一)认真研究招聘信息

打求职电话应事先认真阅读用人单位的招聘信息,如招聘的时间、地点、职位、所需资历等,忌张冠李戴。如果不知道谁主管招聘,要事先打听清楚。如果知道主管的姓名,但不会念或者念不准时,先查查字典,明确后再通话,千万不要叫错主管的姓名。

(二)选择恰当的通话时间

早上刚上班和下午准备要下班这两个时间段,通常都是公司中最忙碌的时候,打电话要注意避开这两个时段。一般宜在上午或下午的工作时间打电话。中午12点到下午2点之间不要打电话,以免干扰受话人休息,晚上10点半以后、早上7点钟之前、三餐时间不宜打电话。通话后请先礼貌地打招呼,比如"我有几个问题想要请教,请问您现在方便吗?"以免干扰对方工作,留下不佳的印象。

(三)做好通话前的准备

打电话之前,一定要做好充分的准备工作。保证通话质量,如果出现信号不好,接听不良的状况,很容易引起别人的反感。

打电话前应有"腹稿",如果怕有遗漏,可以事先拟出通话要点,理清说话的顺序,要根据用人单位的需求情况,结合自己的特长,列出一份简单的提纲,讲究条理并重点突出地介绍自己,还要备齐与通话内容有关的资料。

电话拨通后,应先向对方说一声"您好",接着问:"您是某某单位吗?"得到明确答复后,再说明自己的身份和意图,请他们帮忙转接相关部门。待接通相关人员后,同样再报出姓名。要用简短的话语描述自己的特长和技能,对自己进行客观、公正的评价,扼要地介绍自己的经验,并询问对方是否需要"我这样的员工"。打电话的时间宜短不宜长,每次通话一般以3~5分钟为宜。为充分展示你的优势,可以精选一分钟电话内容,介绍自己的简历、家庭状况、担任过的社会工作、自己的专业、主修的课程、对未来工作的简单设想等。

(四)要以面试的心态通电话

一般公司在询问后通常会要求求职者寄简历,但也有用人单位在电话中询问相关问题以决定是否进一步面谈。可能被问到应聘的动机、工作经验等问题。所以应该准备好应聘理由和自我推荐的说辞。

此外,通话中不仅要用"您好""请""谢谢"等礼貌用语,而且还要控制语气、语调。因为电话是声音的传递,声音往往代表自身形象。所以,通话时要调整好自己的心态,态度谦虚、声调温和且富有表现力，语言简洁、口齿清晰，努力控制好说话的语音、语调、语速，在短暂的时间里，展现自己积极向上、有理有节的良好品质，力争给受话人留下深刻印象。如果对方说话像连珠炮，自己最好也说得快一些，尽可能三言两语交代清楚；若对方说得很慢，则可以放慢说话的速度，让对方不会有压迫感。

(五)在电话中尽可能回答所有的问题

打电话时要认真倾听对方讲话，重要内容要边听边记。同时，还要礼貌地回应对方，适度附和、重复对方话语中的要点，不能只是说"是"或"好"，要让对方感到你在认真听他讲话，但也不要轻易打断对方的谈话。结束电话之前，一定要感谢对方与你通话，显示你良好的职业素养。通话完毕要礼貌地说"再见"，并等对方先挂断后，才挂断电话，切不可突然挂断电话。求职电话打得好，彬彬有礼，思维敏捷，吐字清楚，语言表达能力强，往往给招聘单位以良好的第一印象，起到先声夺人的效果。

(六)敢于尝试、积极争取

在招聘广告中，大多会列出年龄限制、经验需求及需要具备的专业技术，不过这并非是绝对的限制。和公司要求的条件不完全吻合，还是有被聘用的机会。例如，说要五年以上工程师的经验，三年资格的也有可能被录取。应聘条件并非绝对，如果你对该公司真的很有兴趣，不妨先试试看。

此外，电话中避免提出的问题包括：一是有关薪水问题；二是有关加班及休假的问题，这样的问题容易让人质疑你的敬业态度。

三、网络求职的礼仪

随着互联网的飞速发展，用电子邮件进行求职不但已成为一种时尚，而且由于其具有成本低、速度快等优点，逐渐为众多求职者所青睐。在发电子邮件时应注意如下事宜。

第一，先致电再发送。目前，求职者众多，招聘方在公布招聘信息后，往往会在几天内收到大量的求职电子邮件。明智的做法是先打电话再发送，即不要一看到招聘信息就立刻将简历发过去，而是先与对方通一个电话打个招呼，或者做个简单的自我介绍，再发求职电子邮件，这样会加深招聘方的印象。

第二，精心设计邮件。若熟悉网页制作，精通网页设计软件，最好自制信纸。因为设计精美的信纸可加深招聘方良好的印象，激起招聘方了解的兴趣与欲望，从而获得最佳的投递效果。

第三，慎重选用附件发送。不少求职者习惯用 Word 或 WPS 编辑求职资料，然后用附件的形式发出去，虽然这种形式发送的简历看起来效果更好，但由于病毒的威胁，很多公司都要求求职者不要用附件发送简历，甚至有些公司会把所有带附件的邮件全部删除。

另外，电子简历要求简短，一般不附有发表的作品或论文，用人单位即使打开附件通常也不会仔细阅读附带的作品。如确实需要附带论文，应选几个有代表性的段落，然后用简短的文字加以说明，让招聘方清楚你的价值就够了。

第四，忌大范围发送邮件。由于发送电子邮件的成本较低，于是有人"天女散花"般地到处发送,期待着"广种薄收"。其实这样做不一定能提高求职成功率。应聘不同的职位其简历应该有所侧重,就算是同类型的职位也往往会由于公司人员结构不同而有所区别。例如,同是应聘广告公司的文案,在一些小型的广告公司里的文案往往包括了策划,而一些大型的广告公司,策划和文案则是分开的。前者不仅要有突出的文字功底,而且要有创意能力;后者只要有很好的文字功底就可以了。

第五,选择好发送时机。发送电子简历时要错过高峰期,上网高峰一般在中午至午夜,这段时间传递速度较慢,而且还会出现错误信息,要择机而动。

第三节 面 试 礼 仪

面试是你展示自己并脱颖而出的时候。你的专长和工作经验是最重要的,但是你的态度、形象以及面试礼仪也能巩固或毁掉这来之不易的机会。

面试是整个求职过程中最重要的阶段。成败均取决于你面试时的表现。每个人都能够学会如何出色地面试,而且绝大多数的错误都可以预期并且避免。因此,面试时要注意应聘礼仪,谈吐要适当,不要急于求成,要有组织认同感,面试结束时也不要忘了致谢礼仪,要善始善终,因为这些代表着你的修养,会给考官留下深刻的印象。另外,往往在面试考官中就有你的未来上司,面试中的交流就决定了你的上司对你的印象和态度。个人的天赋、学历和工作经验是重要的,但更重要的是面试官对你的感觉。有时录取或拒绝一个面试者往往说不出理由,这就更说明外表形象与个人的谈吐是至关重要的。在应聘时注意并恰当地遵守这些礼仪,会给你带来成功的契机。

一、做好面试前的充分准备

面试是求职者和用人单位建立良好关系的开始。你应该珍惜这个机会,要为临场应试做一些更充分的准备。

(一)仔细研究应聘单位的资料

面试的时候,不论是哪种类型的主考官,都会通过一定的方式来验证求职者的才能和应对能力,以此来考察求职者是否符合岗位要求,进而决定是否录用。所以,应聘者有三个方面的信息要传达出来:有强烈的工作意愿、有能力胜任这项工作、必定适合贵公司和这份工作。这就要求求职者必须对面试单位的相关情况有所了解。

1. 研究企业的基本情况

必须研究这家公司相关的资料,如公司成立背景、创立的年代、总公司的所在地、经营业绩、行业地位、经营理念、企业规模、发展趋势、公司产品、产品的市场定位和占有率、主要客户、近几年的成长概况,或是公司负责人和组织成员的名单,甚至包括最近有关新闻媒体对该公司的报道等。

只有研究了这些情况,求职者才会对该企业有更全面的认识,才可以使面试的话题更深入,对方也会了解你的良苦用心,当然也就对你刮目相看了。

第十章　求职礼仪

2. 企业资料搜集的渠道

可以通过大众传播媒介，如电视、电台、报纸、杂志或互联网等了解应聘单位信息，也可通过亲朋好友等其他途径来了解。对公司的性质、特征、发展前景、所聘职务、待遇、薪金甚至公司领导的喜好等消息，了解得越详尽越好，以使自己有备而去，投其所好。

(二)面试问题的准备

面试问题并非全部能预料到，最好的方法是事前意识到哪些是你能掌握和准备的。可以做一些调查研究和自我判断来增加你的优势。

阅读一些关于该公司的读物。商业杂志、公司的日常报道以及网页等资源会使你充分了解公司概况。收集这些信息不仅能帮助你预料到面试官所看重的品质，还会为你向面试官询问提供参考。实际上，你还能了解公司的主打产品，主要的市场以及将来的发展计划。如果你申请的是一份特殊的工作，预先向公司的人力资源部咨询工作的大体情况，这样你在回答问题时能联系过去和现状，再辅以一点技巧必能使对方满意。

了解你自己。面试官会问及你的实力、技能和工作经历，而最重要的是，你要向面试官清晰地表述自己的情况。

(三)面试材料的准备

多带几份简历前往面试，面试你的人可能不止一个，当被要求提供多一份简历而你却没有时，会显示出你准备得不够充分。预先料到这一点并准备好会显得你做事周到、细致。除简历外，还需要携带的资料有毕业证、学位证、各种获奖证书、英语证书等原件及复印件。

(四)仪容仪表要求

无论你对自己的穿着喜欢与否，无论你表现得多么像一个社交家，你的仪容仪表留给对方的第一印象是很难改变的。求职者的外表形象直接关系到应聘效果。许多用人单位的负责人认为，应聘时起决定作用的因素 70%源于第一印象，即应聘者的精神面貌与衣着打扮。外貌是应聘的敲门砖，虽然应聘者的五官相貌很难改变，但是他的穿着打扮、风度气质和言谈举止是可以训练提升的，从而给人留下深刻的印象。

1. 男士面试的仪容仪表要求

(1) 男士仪容修饰的要求。男士的头发要修剪整齐，长度不超过衬衫领，鬓角不要留得过长，额前头发不要挡住眉毛。切忌夸张、怪异的染发、长发和光头。头发要洗净，不要让头发、衣物上有头屑残留。做好面部清洁工作。胡子要刮干净，并且注意刮的时候不能弄伤皮肤。指甲要在面试前一天修剪整齐。可以用一些味道淡雅的男士香水。

(2) 男士服饰的要求。服饰能够反映出一个人的文化水平、修养和气质，它是一种重要的体态语言。在面试中，恰当的穿着本身就是一种很好的礼仪。服饰的种类、样式、色彩千差万别，不同季节、不同地点和不同职业的人着装各不相同，因此，应聘者不能简单地认为名贵、款式新奇、色彩华丽的服饰就是好的，而是要与自身的年龄、身份、气质和体型等条件相协调。

应聘者首先要明确职业特点对从业者服饰的要求，并按这种要求来打扮自己。不同职业，对从业者的服饰有特定的要求，只有当求职者的服饰符合职业要求时，才有较好的效果；反之，如果不考虑职业特点，片面地理解美容、着装，一定不会给招聘单位留下良好的印象，求职也难以成功。这样的事例在求职实践中并不少见。

男士在应聘时最好穿着西装，选择硬领衬衫，搭配合适的领带，展现男子气概。主要要求如下：

① 西装的选择。男士在面试时大多选择藏蓝色、深蓝色或烟灰色的西装，偏瘦的人可以选择浅灰色，以显得自己高大挺拔。西装的质料要好，不能给人以廉价的感觉，袖口的商标要剪掉。初入职场的大学生一般不必穿高档新装，七八成新的服装最自然、妥帖。在价钱、档次上应符合学生身份，不要盲目攀比，乱花钱买高级名牌西服。如果用人单位看到求职者的衣着太过讲究，不符合学生身份，对求职者的第一印象也是会打折扣的。长裤与衣服应当成套，不能随意搭配，长度以盖住鞋跟 3/4 为佳。西装和长裤都要熨烫笔挺，不能有褶皱。

② 衬衫的选择。应当选择硬领衬衫，领子要干净、挺括，颜色以白色或浅蓝色为佳，可以带有条纹。要选择八九成新的衬衫，太旧的衬衫或崭新的衬衫都不合适，前者显得不够重视，后者则显得太过刻意。衬衫要熨烫整齐，衬衫下摆要塞进裤腰。

③ 领带的选择。男士参加面试时一定要在衬衫外打领带，领带的材质最好为真丝，上面不能有油迹、污渍等。颜色的选择要与西装和衬衫搭配，不能选择太过鲜艳的颜色。领带的宽度应当与西服翻领的宽度相当。领带要熨烫整齐，打得坚实端正，不能歪向一边，更不能松松垮垮。领带的长度不能超过腰带，面试时最好不用领带夹。

④ 鞋袜的选择。最好选择黑色或棕色制式皮鞋，质地应与皮带相同或相近，款式不要选择尖头，容易令人感到具有攻击性；皮鞋应在面试前一天擦拭干净，打好鞋油，穿鞋时鞋带要系紧。袜子最好选择与西装同色系，如果不能做到，也必须选择深色。西装革履时一定不能穿白色袜子。袜子的长度要适宜，以袜口达到小腿处为最佳。

⑤ 首饰。只戴结婚戒指或表达自己身份的戒指是最保险的选择。但是在某些创造性的领域中，戴小耳钉是可以的。不过无论在什么场合，在小指上戴戒指，在脖子上戴粗项链，戴手镯都是不得体的。

⑥ 古龙香水。使用时一定要少量，把气味限制在一定程度就可以了。

⑦ 公文包。一只与衣服相搭配的简单公文包就是很不错的选择。但是一定要保证打开包时，包里的东西排列得整齐有序。不要将票夹、钥匙、手机、零钱等放在衣袋裤袋中，以免使做工考究的西服走样，只随身携带零钱和证件即可。

⑧ 眼镜。求职者佩戴的镜框最好能使人感觉稳重、谦和。眼镜的上镜框高度在眉头和眼睛之间 1/2 处合适，外边框以跟脸最宽处平行为宜。

⑨ 其他注意事项。面试之前最好做好清洁，身上不要有诸如汗味、烟味、酒味等刺激性气味。

第十章 求职礼仪

【案例10-1】

失败的面试

在校期间成绩优异的刘琳,毕业后到一家外企应聘文秘的职务。为了使面试成功,她特意到美发店做了一个时髦的发型,又去商场买了一条便宜但款式新颖的短裙。为了使自己看起来更成熟,她还请寝室的同学帮她化了妆。最后她穿上自己常穿的帆布鞋,拎着书包就去面试了。结果主面试官看到她,只是简单问了几句就请她离开了,并直接告诉她:"你的打扮既不像学生又不够职业,先回去收拾好了再来吧!"就这样,成绩优秀的刘琳落选了。刘琳感到不解,自己的着装难道不好吗?

(资料来源:本书作者整理编写.)

2. 女士面试的仪容仪表要求

(1) 女士的仪容要求。女性在面试时可以选择化淡妆,避免烟熏妆,唇色不要过于鲜艳。香水的味道应该以清新淡雅为主,切忌使用香气浓烈的化妆品。短发的女士只要将头发梳好即可,长发的女士可以将头发扎起或盘起。女士烫发和染发已经被社会接受和认可,但在面试时,切忌将头发染成扎眼的颜色,如黄色、红色等。

例如,有一位女大学毕业生应聘教师岗位,面试时她虽未浓妆艳抹,但是其服饰、提包却过于新奇、艳丽,而且一进门就散发出一股浓烈的香味,再加上言谈浮夸,最终没有被录用。招聘单位的理由是,此人不适宜当教师。

(2) 女士的服饰要求。相对于男士而言,女士面试的着装更具多样性。一般来说,女士着装的总体原则是整洁美观、稳重大方,一般以西装、套裙为宜。

① 服装的选择。女性在穿着西装时,不要选择太紧或太宽大的外套,内搭衬衫。上衣的领口不能过低,穿着V字领或低领的衣服时应该搭配丝巾,颜色要与衣服相配。在穿着套裙时,裙长在膝盖附近为佳,太长容易显得老气,太短则显得不庄重。在颜色的选择上,女性可以选择较为庄重的黑色、藏青色、灰色、驼色等,也可以根据需要选择其他颜色。切忌选择粉红色,会给人轻佻、圆滑之感。夏季穿浅色服装时,要注意内衣裤的搭配,避免轮廓透出引起尴尬。

② 鞋袜的选择。女性在面试时应尽量选择高跟或半高跟的皮鞋,避免穿鞋跟过高或过细的鞋子。颜色应当与衣服搭配,不可选择颜色过于鲜亮(如漆皮鞋、糖果色)的鞋子。鞋的款式应以可以包住脚趾和脚跟为主,不要选择鱼嘴鞋、凉鞋等;避免穿着尖头鞋,鞋型可以选择圆头或方头。冬季可以选择式样简洁的靴子,但注意裙子的下摆要长于靴端。丝袜最好选择肉色,不要穿流行的彩色丝袜。丝袜必须完好,没有脱丝或破洞。建议女性在面试时可以在包中放一双丝袜备用,脱丝或破洞时及时更换。

③ 饰物的选择。女性面试时可以选择佩戴一些精致的饰物,但不能过多。女性随身可以携带公文包或手提包,应当选择皮质包,式样简单大方,颜色和花纹不要太过鲜艳复杂,避免携带漆皮包。应届毕业生要避免选书包、帆布包或休闲款式的包。

面试时首饰应当少带,可以选择小巧不引人注目的耳饰,不能佩戴太过华丽的珠宝项链。可以选择一款精巧的手镯或手表佩戴,但不能有太多缀饰。不可以佩戴脚链,否则会使人看起来不够庄重。

需要注意的是，男女生都不能在面试时穿 T 恤、牛仔裤、运动鞋，一副随随便便的样子，百分之百是不受人事主管欢迎的。

(五)面试前的心理准备

面试是事关前途命运的大事，很多求职者都不由自主地感到紧张、不安，这是很正常的现象。最好办法是面试前做好心理准备，用积极的心态来消除负面心理的影响，满怀信心地在面试中展示自己。

从心理上，求职者要暗示自己以下几点。

第一，不必苛求完美。面试时不必妄自菲薄，多想想自己的优点和长处，也不必暴露自己的缺点，因为世上根本就没有完人。

第二，自信是成功的一半。面试还没有开始，很多人的信心大厦就已经垮了，不战而败。所以，面试前给自己足够的信心非常关键。

第三，尽量做到不卑不亢。自高自大令人生厌，自轻自贱让人可怜。面试中，最好不要让主考官意识到你在有意讨好他，没有人愿意录用一个可怜的人。

第四，充分认识适度的焦虑是很正常的。人在大部分情况下都会焦虑，只是表现得轻重不同而已。面试的时候要学会接纳自己正常的焦虑，以平常心去面对，这才是对付焦虑的最有效方法。

求职者要做好诚实、自信、尊敬他人的心理准备，这需要平时的积累。顺利时不要放松、掉以轻心，遇到困难时也不必急躁，不要轻言放弃，积极寻求可行的办法予以解决。要认识到求职的经历中可能会遇到无数次的失败，只要从头再来，就有可能成功。

二、面试过程中的礼仪

面试是如愿走上心仪工作岗位的必经环节。面试时，除了展示自身的能力、素质外，得体的穿着、不俗的谈吐、大方的举止也是很重要的。用人单位除了考察你是否具备相关专业知识和潜力外，还要观察你的言行举止、修养如何。一个有良好品德修养的人，才是现代企业所需要的人才。面试前若准备不充分，往往会处于被动。

面试的目标是在规定的时间内，说服主试者，令他们认为你是最合适的求职者，并决定录用你。在面试时，主试者专心考核你，观察你，判断你是否有能力和诚意担当应聘的职位。主考官往往偏重于个人主观印象，因此，事前准备及临场表现都要特别留意语言能力、应变能力、仪表仪态、个性特征这些因素。

在面试过程中，怎样掌握面试时的礼仪分寸呢。只要遵循下列规范，演好求职角色，一般不会有太大问题。

(一)准时赴约、不要迟到

面试时，一般提前 15 分钟到达，并用这段时间熟悉环境、稳定情绪，按时入场。提前半小时以上到达会被视为没有时间观念。但在面试时迟到或是匆匆忙忙赶到却是致命的，即使晚到了 1 分钟。不管什么理由都会被视为缺乏自我管理和约束能力，即缺乏职业能力。迟到会影响自身的形象，是对他人或面试官的不尊重。

第十章　求职礼仪

面试之前一定要知道面试的具体时间、地点，熟悉交通路线甚至要事先弄清楚洗手间的位置。了解路途所需要的时间，预计你要到达的时间，以便准时到达。招聘人员是允许迟到的，不要因为招聘人员的迟到影响你的情绪从而流于外表。面试也是一种人际综合能力的考查，得体大方的表现对面试是有利的。

(二) 举止文明、耐心等待

进入公司前台，要把访问的主题，访问者的名字和自己的名字报上，然后在等候室耐心等候，并保持安静及正确的坐姿。在等待的时候，热情有度地对待所遇到的每一个人。你不可能完全了解这些招待员和助手究竟有多大的影响力。如已准备了公司的介绍材料，则应仔细阅读了解情况，不要四处张望，不能吸烟或嚼口香糖。不要来回走动显得浮躁不安，也不要与别的面试者聊天，因为这可能是你未来的同事，你的谈话对周围人的影响是难以把握的，这也许会导致你应聘失败。

(三) 重视出场、礼仪规范

一位经验丰富的人事部经理在谈面试感受时说，他往往在见到应聘者最初的 30 秒内便能得出是否录用的结论。应聘者往往在最初的几秒钟，总是感到紧张，而主考官也往往会在你走进面试房间的一刹那，就根据印象得出大体结论。每个人的外表、气质都具有一定自我介绍的作用。如何在面试的前几秒内给人留下良好的印象呢？

面试者的着装修饰要尊重社会规范，符合社会大众的审美观。不要穿奇装异服，着装的关键是整洁、大方、得体。

不要擅自走进面试房间。即使前面一个人已经面试结束，如果没有人通知，应聘者也应该在门外耐心等待；当工作人员将应试者引入考场并介绍姓名后，然后请应试者入座，面试即开始。如果面试时间到了，在没有工作人员引见的情况下，应试者进入房间之前应先敲门，待得到考官应允后方可入室。入室后，背对考官，将房门轻轻关上，然后缓慢转向面对考官，有礼貌地同考官打招呼。考官叫你坐下时，应说声"谢谢！"坐下时要放松自己，但要坐得挺直，随身携带的皮包、物品等应拿在手中，或放在膝盖上面。整个面试过程要始终面带微笑，看着面试官的眼睛。神态要保持亲切自然，和颜悦色，不卑不亢。

面试时若与对方握手，要有"感染力"。面试前的握手是一个"重头戏"，因为不少企业把握手作为考察应聘者是否专业、自信的依据。如果先前没有太多和别人握手的经验，可以事先练习一下。握手不要有气无力，而要让对方感受到你的热情，要有感染力。

如果你同时被两个或两个以上的人面试，也不要感到意外。当面对一个面试组，要用目光与他们每一个人交流。切忌只把注意力集中到一个人身上。与其被多人面试组吓倒，不如看成是一个更深入了解公司的机会。对于提出的问题，你给予的答案越多越好。把注意力集中到面试者身上，让自己的个人魅力充分散发出来，要给对方一种这样的印象：你可以胜任这份工作，是一个自信的、有责任心的人。

(四) 面带微笑、言谈得体

开场问候很重要，它有可能决定整个面试的基调。进门应该面带微笑，但不要谄媚。

话不要多，称呼要恰当；声音要足够洪亮，底气要足，语速自然。总之，彬彬有礼而大方得体，不要过分殷勤，也不要拘谨。面试一开始就要留心自己的身体语言，特别是眼神，要始终聚焦在面试官身上，在不言之中，展现出自信及对对方的尊重。

面试交谈时要注视面试官的眼睛，神态自若，吐字清晰，说普通话，去外企面试要使用英语或对方要求的语言；注意使用礼貌用语：您好、请、谢谢、对不起、再见；有问必答，态度真诚，讲述真实；注意沟通方式，谦虚但积极。

如果是跳槽面试，对于离职理由要有所准备，回答时要诚恳可信。提前准备一些问题，面试时可择机发问。通过提问可以增加对公司的了解，也会在主考官心中留下积极主动的印象，如询问公司组织状况如何、公司文化等。

(五)认真倾听、从容应答

1. 认真倾听

倾听就是要对对方说的话表示出兴趣。好的交谈是建立在"倾听"基础上的。这是一种很重要的礼节，是面试成功的一个要诀。不会听，也就无法回答好面试官的问题。在面试过程中，面试官的每一句话都可以说是非常重要的。要集中精力，认真去听，记住说话人讲话的内容重点。倾听对方说话时，要注意记住每一个说话者的名字；身体微微倾向说话者，表示对他的重视；用目光注视说话者，保持微笑；适当地做出一些反应，如点头、会意地微笑。

2. 从容应答

面试过程中，面试官会就相关问题向应聘者发问，而应聘者的回答将成为面试官考虑是否录取的重要依据。考官可能会提出一些比较敏感、尖锐的问题，以便深入、彻底地了解应试者的情况，为录用抉择提供更加充足的信息支持。对应聘者而言，了解面试官提问背后的真正目的，回答才会有效。要应对这种局面，回答得体，就一定要掌握应答的基本要领。

(1) 确认提问内容，切忌答非所问。面试中，考官提出的问题过大，以致不知从何答起，或对问题的意思不明白时，一定要请求考官谅解并要求给予更加明确的提示，然后做出恰当的回答。对于考官来说，与其听你答非所问地叙述，不如等你将问题搞明白，再进行对话更轻松些。

(2) 实事求是，不牵强附会。在面试时，常会遇到一些自己不熟悉、曾经熟悉但却忘了或根本不懂的问题。面临这种情况，首先要保持镇静，不要表现得手足无措、过度紧张。考官不会要求应试者无所不知，所以应试者不必为自己的"无知"而懊恼，甚至感到无地自容。其次，坦率承认自己不懂，切忌不懂装懂，牵强附会。再次，不能回避问题，默不作声，因为这会使考官有一种被轻视的感觉，所以对没把握的问题可以略答或致歉不答，但绝不能置之不理。

(3) 沉着冷静，灵活应变。在面试中，主考官会有意识地逐步向应试者施加压力，以考查其能否适应工作压力。有的考官提出特别尖锐的问题或有意令应试者感到左右为难，以此考验应试者的应变能力，看他的胸襟是否广阔、立场是否坚定、是否有主见等。因此，应试者应对为难之问要有心理准备，切勿表现出不满、怀疑、愤怒，要保持冷静，表现出理智、容忍、大度，保持风度和礼貌，系统地与考官讨论问题的核心。此外，接到考官所提的问题后，要尽可能全面细致地回答，以防穷追不舍，同时注意不要自相矛盾，给人留下"尾巴"。

(4) 判断考官真实的意图，巧妙应答。首先，要注意识破考官的"声东击西"策略。当考官觉察到你不太愿意回答某个问题而又想有所了解时，可能采取声东击西的策略。例如，对于一些敏感性的问题，许多人不愿真实地表达自己的观点。考官为了打消你的顾虑，可能会这样问你："你周围的人对这个问题有些什么看法？"面对这种情况，你不要以为说的不是自己的意见，就可以信口开河。因为考官往往认为，你所说的很大部分都是自己的观点。另外，考官可能采用投射法测验你的真实想法。所谓投射就是以己度人的思想方法。例如，考官让你看一幅图画，然后让你根据画面编造一个故事。这种方法一方面是测验你的想象力，另一方面是测验你深度的心理意识。这时，你尽可以放开思维，大胆构思，最好能有一些新奇的想法，展示你的创造力、想象力，但首先不要忘记所编故事情节要健康、积极、向上。因为考官认为你是在以己度人，故事情节中融入了你的真实心理。其次，要分析判断考官是想测试你哪方面的素质和能力，进行有针对性的回答。

(六)礼貌提问、完美收场

在收尾阶段，考官的神情会更为自由放松，目光中"审视"的意味会明显减少，谈话语气会显得更加柔和。由于"近因效应"的影响，考官对于应试者最后给自己的感觉会记忆深刻。因此，应试者努力在最后阶段抓住时机，给考官留下良好的印象至关重要。此时面试者应把握好以下几个方面。

1. 重申自己的任职资格

在面试的收尾阶段，应试者最重要的任务之一就是创造时机、抓住时机，用概要、简洁、有力的语言重申一下自己的任职资格，突出你与众不同的个性和特长，给考官留下难忘的印象。用自信心来感染考官的情绪，使他更加相信你是一个优秀的人选。

2. 重申自己的求职意愿

有研究表明，求职意愿强的人员，在流动率方面低于求职意愿弱的人员，而在工作效率方面，高于求职意愿弱的人 30%左右。因此，凡是有经验的考官都很注重对应试者求职动机的考查，从而在面试收尾阶段，选择恰当的时机坚定恳切地重申自己的求职意愿十分必要。应试者向考官表达时，态度要明朗、坚定、诚恳，语言要有感染力，身体语言要协调配合，坚持以诚动人、以情感人。

3. 把握机会、礼貌提问

在面试即将结束时，通常主考官会说"我们的问题都问完了，请问你对我们有没有什么问题要问"这样的话。其实，用人单位此举一是给应聘者了解企业的机会，二是借此进一步考察应聘者。此时应聘者应抓住机会，通过向用人单位提问，获取自己所需的信息，你所提出的问题一定要与公司或工作有关系，而且还要反映你对面试者的尊敬和求职的严肃性。在提问时需注意以下几个方面。

(1) 视面试官的身份提问。面试前最好弄清面试官的职务,要视面试官的职务来提问题,以免问到一些让对方尴尬的问题。

(2) 注意提问的时间。有的问题可以在谈话一开始提出,有的可以在谈话进程中提出,有的则要放在快结束时再提。在面试前,可将要提问题——列出,把不同的问题安排在谈话进程的不同阶段。

(3) 注意提问的方式、语气。有些问题可以直截了当地提出,有些问题则要委婉。所以在询问时,一定要注意语气,要给人一种诚挚、谦逊的感觉。千万不可用质问的语气向对方提问,这样会引起反感。

(4) 不提模棱两可、似是而非的问题。从提问中可以看出提问者的知识水平、思维方式,特别与职业、专业有关的问题,一定要确切。

4. 真诚致谢、礼貌告辞

面试结束时,不论是被顺利录取,还只是得到一个模棱两可的答复,都应礼貌地向考官告辞,并表明感谢得到面试机会之类的话。例如,"非常感谢你们给了我这次难得的宝贵机会,我会为参加过贵单位的面试而自豪!真心地谢谢你们,再见!"对用人单位的人事主管抽出宝贵时间来与自己见面表示感谢,并且表示期待着有进一步与其面谈的机会。这样既保持了与相关单位主管的良好关系,又表现出人际交往能力。与人事经理最好以握手的方式道别,离开时,应该把刚才坐的椅子扶正到刚进门时的位置,整理好随身携带的物品,不要丢三落四、风风火火,而要从容稳重、有条不紊。再次致谢后出门,当推门或拉门时,要转身正面面对考官,倒退着出门,然后轻轻关上门。经过前台时,要主动与前台工作人员点头致意或说"谢谢你,再见"之类的话。

三、面试中常见的问题举例

对于用人单位来说,无非希望了解求职者的以下素质:表达能力,谈话是否前后连贯、主题突出、思路清晰,具有说服力;思考判断能力,能否准确理解对方的提问,迅速找到答案,回答和提问紧紧相扣;沟通能力,是否能够听取并尊重别人的意见,有不同意见的时候能否恰当地表达自己的意见;与他人相处的能力,是否具有合作精神;仪容仪表是否得体,回答问题是否认真、诚实,举止是否文雅、大方等。

下面列举了一些例子,以供参考。希望求职者从这些分析中"悟"出面试的规律及回答问题的思维方式,做到活学活用。

(一)请做一下自我介绍?

很多人回答这个问题过于平常,只说姓名、年龄、爱好、工作经验,而这些在简历上都有。其实,企业最希望知道的是求职者能否胜任工作。

问题剖析:自我介绍应包括姓名、专业、性格优势、专业技能优势、工作态度和有代表意义的实践经历等。回答此问题时,要突出与申请职位相关的性格优势和专业技能优势,说得合情合理才让人信服。

第十章　求职礼仪

(二)你为什么选择我们公司？

问题剖析：这类问题对看清自己，给自己一个清晰的定位很有帮助。作为招聘单位，既希望看到应聘者对公司和公司产品的认可，又希望看到应聘者对公司的发展有所贡献。因此回答这类问题时要注意体现求职动机、意愿及对该项工作的态度，并从行业、企业和岗位这三个角度来回答。如专业对口、公司有发展、工作环境好、公司的经营理念好等。

(三)"你的强项(优势)是什么？"

这个问题有两种方式回答：列出你所有的品质；用具体事例来证明自己的优点。后者最有可能给面试者留下深刻的印象，因为面试者一般更易于记住你的奇闻轶事，例如，主管生病的时候你是如何参与办公室工作的，这要比"需要我做什么工作时，我总会尽力承担责任"这种常规回答好得多。再如，你从小学就开始练习书法，直到现在还经常参加各种书法竞赛，主考官就会对你的毅力及书法艺术的修养表示尊重。有的人喜欢中长跑，而且成绩也比较好，就会让人认为你有毅力、耐力，竞争意识强，而且能够忍受长时间的工作。有的人喜欢下棋，经常看棋谱，说明爱动脑子、逻辑性强。

(四)你比较善于和哪些人相处？

主考官是出于某些职位、行业的特殊需要才提出这个问题的。通过提问，他可以了解求职者能不能和同事进行良好沟通，以营造良好的工作氛围，提高工作效率，对外能否打开工作局面，以便更好地完成工作任务。

所以求职者要以亲切、轻松的语气回答，以给人自信、通达、开朗、热情的印象。这种印象本身就说明你很好相处。如果你的态度拘谨、严肃，从侧面说明你这个人不善于与人相处。回答这个问题要站在工作的角度考虑，与领导同事等友好相处，善于换位思考，为他人着想，以处理好工作中的各种关系为重点。

(五)你是应届毕业生，缺乏经验，如何胜任这项工作？

问题剖析：如果用人单位向应届毕业生提出这个问题，就说明用人单位并不真正在乎"经验"。在回答时，毕业生应强调其谦虚诚恳、学习能力和创新意识强。

以下的回答可以参考：

"作为应届毕业生，我在工作经验方面的确有所欠缺，所以在上学期间一直利用各种机会在这个行业里做兼职。我发现，实际工作远比书本知识丰富、复杂。但我有较强的责任心、适应能力和学习能力，而且比较勤奋。所以，在兼职的时候都能圆满完成各项工作，从中获得的经验也让我受益匪浅。请贵公司放心，学校所学以及兼职的工作经验使我一定能够胜任这份工作。"

(六)谈谈你最大的缺点是什么？

这个问题被主考官问到的概率非常高，主考官通过这个问题，一是想洞察一下求职者在碰到难题时，能不能从容不迫地解决；二是想听听求职者能不能对自己做出正确的评价。

因为不能正确评价自己的人,往往也不会正确地评价自己的工作。

不要说自己没缺点,不要把明显的优点说成缺点,不要说出严重影响应聘工作的缺点,不要说出让人不放心、不舒服的缺点。可以说出一些对于所应聘的工作无关紧要的缺点,甚至是一些表面上看是缺点,从工作的角度看却是优点的缺点。事实上,表明自己的缺点并不完全是件坏事情,只要你能够提出改掉缺点的方法并付诸行动,反倒证明了是一个有能力战胜弱点的人。

通常考官不希望听到直接回答的缺点,如小心眼、爱嫉妒人、非常懒、脾气大、工作效率低等,这些缺点会影响到工作,主考官可能就会考虑不录用你。

(七)你认为自己适合干什么?

这个问题实际上是在考察求职者的自我认知能力。对求职者来说,要根据自己的理想、价值观、兴趣爱好、能力和性格等特点,正确认识自身的优劣势、与众不同之处和发展潜力,明确想法、期望、品德和行为等方面的特征。这个问题可以和自己的职业规划或者与现在谋求的职位相结合回答。

像下面这些说法:"我不知道自己适合干什么,只知道自己希望从事这份工作";"我选择这个工作,是因为我原来做过";"我干什么都行,对什么都感兴趣"等都不适合作为该问题的答案。因为这些回答很明显地给人以不着边际或没有独立主张甚至是混日子的不好印象。

(八)根据你的职业生涯规划,谈谈你未来3~5年的打算?

用人单位这样问是希望挖掘应聘者的深层次动机,看应聘者是否具有稳定性。建议回答不要过于具体,在不清楚对方职级和晋升条件的情况下过于具体回答是不明智的。对于这种问题,要根据每个公司的实际情况回答,并尽量从公司理念里找到人才的培养方向。突出职业规划和成长方向。

(九)谈谈你大学期间最成功或最遗憾的一件事是什么?

对于这类问题,要强调应聘者在事件中起到了什么作用,学到了什么道理。不论是成功还是失败的经历,都要告诉用人单位出现的问题是什么以及如何解决的问题。对于这类题目的回答,有一个基本思路,即"STAR"原则:S—Situation(情景),T—Target(目标或Task,指目标或任务),A—Action(行动),R—Result(结果)。如果是失败的事例,应聘者还需要分析失败的原因并总结得到的经验教训。

(十)你什么时候可以来上班?

对于新单位来说,当然希望新招的员工能够马上走马上任。但在现实中,并不是每个人都能如此,如有的人参加应聘的时候还没有在原单位办理辞职手续。如果说自己要办妥原单位的辞职手续以后才能来上班,新单位一般不会表示反对,因为这也是责任心的一种表现。

对于这个问题,要分情况回答:一是如果你能够立即上班,就可以马上直接回复,表

第十章 求职礼仪

现出你对这份工作的重视；二是如果你不能立即上班，应该把原因简要地说清楚，比如原单位要交接工作等这些可以接受的理由，这会充分体现出你的责任心；三是如果你不能在规定日期报到，应该和新单位协商好，看能否采取一种弹性的过渡方式来解决。

(十一)谈谈你的家庭？

不要以为主考官有什么闲情逸致，来调查求职者的家底、探究隐私，实际是主考官想要了解家庭背景对求职者的塑造和影响。所以，你要传递给主考官的一定是积极的一面。要强调温馨、关爱、和睦的家庭氛围，强调家庭成员的良好品质并对你的积极影响，强调家庭成员对自己工作的支持，强调自己对家庭的责任感。

以下回答可以参考：

"我很爱我的家庭！我的家庭一向和睦，虽然我的父亲和母亲都是普通人，但是从小我就看到我父亲起早贪黑，工作特别勤劳，他的行动无形中培养了我认真负责的态度和勤劳的品质。我母亲为人善良，对人热情，乐于助人，所以在单位人缘很好，她的一言一行也一直在教导我做人的道理。"

(十二)你和其他求职者有什么不同？

回答这个问题时，可以先说自己对于所求职位的优势，然后再与所有面试者进行比较，最后再表示、列举出自己对于所有求职者所特有的优势就行了。

以下的回答可以参考：

"对于这一点，可能要因具体情况而论，比如贵公司现在所需要的是行政管理方面的人才，虽然前来应聘的都是这方面的人才，但我深信我在大学期间当学生干部和主持社团工作的经历已经为我打下了扎实的基础，这也是我自认为比较突出的一点。"

(十三)简单介绍一下你通常的娱乐和消遣方式(包括运动和兴趣)？

用人单位问这类问题是因为其想要了解一个"有血有肉"的应聘者。介绍兴趣爱好要突出重点，并说明原因。主要介绍那些与申请职位相关的兴趣以及需要团队协作的爱好，也可突出有个性的爱好，以给用人单位留下深刻印象。

(十四)你希望的薪酬是多少？

这是所有求职者最希望听到的问题，也是最怕的问题。这样问并非意味着你已经得到了这份工作，但最起码一个好兆头。回答这个问题的时候要小心，不要让主考官觉得你脑子中只想着钱，但也不要装出一副完全不计较金钱的样子，因为薪酬也是衡量一个人社会价值的重要标准。如果仓促回答，随便说一个数目，可能会不妥。数目太高，会让主考官觉得你不认真或者不了解行情，太脱离现实；数目太低，有可能让求职者失去争取较高薪酬的机会。

应该预先了解这个职位的市场情况，也就是说要熟悉这类工作"行情"，这也是求职前的准备工作。

一般而言，正规公司都有自己的薪酬体系，不会因为求职者要求低就给低工资，或者求职者要求高就给高工资。所以，求职者可以这样回答："我想请教一个问题，以我现在的经历、学历和您对我面试的了解，在贵公司的薪酬体系中大约能达到什么样的水平？"或"我愿意接受贵公司的薪酬标准，不知按规定这个岗位的薪酬标准是多少？"或者说："自己最看重的是职业发展空间，希望薪酬能符合贵公司标准和自己的付出相平衡即可。"

此外，面试者问到你对工资的要求时，你也可以选择以提问的方式回答："您能给我一个选择范围吗？"一旦你确定了自己的市场价和这家公司所能提供的待遇之后，就可以提出一个可以协商的范围。

(十五)你为什么经常换工作或你为什么离开原来的公司？

主考官提出这个问题的目的有两个：一是想深入了解你申请新工作的内在动因，是嫌过去的工资低？还是本人能力差、表现不好而让人辞退？还是生性好动，总是这山望着那山高？这些情况是任何单位都忌讳的。二是考察求职者的工作态度和应变能力，所以求职者听到这样的问题之后，即使觉得不好回答，也一定要保持轻松、自如的心态。可以说的理由是：原单位倒闭、不能实现原有的抱负、没有发展机会；专业不对口、结婚、生病、休假；欣闻贵公司要扩展业务，想施展个人的才能等。不宜说的理由是：收入太低、人际关系复杂、领导有问题或与领导不和、工作压力太大等。

【案例10-3】

小侯为什么失败

小侯毕业后，投了几十份简历，才获得面试机会，这家公司是人力资源咨询公司，面试方法也与众不同，除了回答问题还在电脑上做了大约3个小时的测评题，面试结束后，让他们在两天之内等通知。小侯因为以前有过一年多的人力资源工作经验，所以主管将他的名字列在录取名单中，等待与老板研究后再确定。第二天下午，心情急切的小侯打电话给公司说："公司录不录取我们没关系，能否把测评结果给我们？"接电话的主管愣了一下，和蔼地告诉他："测评结果只是公司用来选拔人才用，不给个人。"小侯接着又补充一句："录不录取我没有关系，我只想要测评结果，因为我测评了三个多小时呢！"放下电话，主管立即将录取名单取出，划掉了小侯的名字。

(资料来源：本书作者整理编写.)

四、面试后的礼仪

(一)写感谢信或打感谢电话向招聘单位致谢

许多求职者只留意应聘面试时的礼仪，而忽略了应聘后的善后工作，面试后的礼仪同样重要，如果做得好的话，还可以加深你在面试官心目中的好印象。

面试后的24小时内，求职者最好给招聘人员写信表示感谢。感谢招聘单位给自己面试的机会，以及在面试过程中给自己的教诲。这一举动，一方面能体现求职者良好的个人修养，另一方面也可以加深招聘单位对应聘者的良好印象，增加求职成功的可能性。感谢电话要简短，控制在三四分钟之内。感谢信要简洁，最好不超过一页纸。在感谢电话或感谢信中应提及自己的姓名及简单情况，也可以再次强调对招聘单位浓厚的兴趣。

感谢信的开头应提及姓名、面试时间、地点、应聘的职位，让对方一看到信马上能够想起你。中间部分应重申对应聘公司、应聘职位的兴趣，尽量修正在面试中可能留给招聘人员的不良印象，也可稍微赞美一下主考官。最后可表示热切希望得到这个职位。

例　　文

尊敬的王经理：

　　您好！

　　我是×××，于×年×月×日参加了贵公司组织的招聘面试，我应聘的是市场营销部经理这个职位。

　　感谢您为我面试花费的时间和精力。您的谈吐幽默风趣，让人觉得很愉快。和您交谈让我了解到许多关于贵公司的情况，包括公司的历史、管理、经营、宗旨等。

　　正像我已经谈到过的，我的专业知识、经验和成绩对贵公司是很有用的，尤其是吃苦钻研能力。我还在公司、您本人和我三者之间发现了思想方法和管理方法上的许多共同点。我对贵公司的前途十分有信心，希望有机会与你们共同工作，为公司的发展共同努力。

　　再一次感谢您。我在等待您的回音，希望有机会与您再谈。

　　此致

敬礼！

×××

××××年××月××日

(二)等待面试结果

等待面试结果是求职过程中最让人紧张的时刻。一般情况下，面试结束后，用人单位要经过研究、讨论，最后确定录用人员。这一过程短则一个星期，长则半个月至一个月。求职者在这段时间内，不要急于打电话询问聘用结果，一定要耐心等待消息，以免给人以急躁的不良印象。如果总是频繁地打电话或上门询问聘用结果，只会招致用人单位的厌烦。如在面试两周以后，或招聘单位许诺的时间已过，还没有收到对方的答复，可以打电话询问。

(三)回应对方提供的工作机会

如果你获得了这一工作机会，无论你对此多么兴奋，一定要抑制住情绪，不要立即做出回应，而是要对对方说："谢谢你们提供的这次机会，这真让人兴奋。但是我想再考虑一下，你们能不能再给我一两天的考虑时间？"

如果你在这家公司有熟人的话，一定要跟他谈一下，多了解一点公司的文化、你的直属上司以及同你一起工作的同事。同时还要利用这段时间仔细考虑一下你的工资水平和福利。

在告诉对方你的决定之前，一定要知道这是你可以提出最高要求的时间，因此一定要保证在接受这份工作之前明确所有关于工资和福利的细节问题。同时这也是询问未来的升迁和在公司中成长等问题的时间。如果你现在正受雇于其他公司，一定要征得未来老板的同意，接受新工作之后，留出至少两周的时间让你来处理与原单位的相关事宜。如果你对一切都很满意的话，就可以热情地接受这份工作了。

(四)调整心态、为下一个目标做好准备

面试只是完成了求职这个阶段的工作。求职是一个双向选择的过程,单位可以选择应聘者,求职者也可以选择单位。一般来说,求职者会同时向多家招聘单位求职,所以在一次面试之后,就应该马上调整心态,振作精神,全身心投入应对第二家面试的准备之中。因为在没有收到录用通知之前,还不算求职成功,不应放弃其他机会。求职中不可能个个都是成功者,万一在竞争中失败了,也不要气馁,关键是必须总结经验教训,找出失败的原因,并针对不足,重新进行准备。

第四节 求职过程中的一些注意事项

一、常见的就业陷阱

由于缺乏社会经验,大学生在求职过程中难免遇到问题。这里简要列举几个就业陷阱,请大学生朋友们谨慎提防。

(一)切勿轻信中介机构

现今的就业中介多是鱼龙混杂,中介机构的市场管理还不成熟,市场制度也不健全,也存在一些"黑中介"。他们多是利用学生求职的迫切心理,宣传高薪、低限制的就业岗位,当求职者交纳数目不菲的中介费后,中介方就会列出种种理由来搪塞以骗取中介费。毕业生们在求职中切忌贪图一时的便捷而耽误求职时机。

(二)擦亮眼睛参加招聘会

毕业将近,各种招聘会更是纷纷而来,招聘会多称拥有许多职位,实际上,有的却是在唱着空城计。毕业生在参加招聘会时,一定要加以判断:一是要认准举办方和组织者,按照国家有关规定,只有专门的主管部门才能组织或批准不以营利为目的的毕业生就业招聘活动,毕业生在参加招聘会时尽量选择政府、权威机构等组织举办的招聘会;二是看票价,根据规定,面向毕业生的就业专场要么免费,要么票价很低。

(三)签订合同要谨慎

一旦经单位聘用即与单位产生劳务关系,要与单位签订合同。在签订合同时要注意:一是合同中的陷阱,有的单位设置一些模棱两可或带有诱惑性的条件,毕业生首先要慎重,要注意保护自己的合法权益,必要时咨询老师或法律专家的意见;二是要在合同中明确到岗后的职位以及待遇问题,以免口说无凭。试用期一般是3~6个月,为防用人单位在这期间少付工资或试用期满后蓄意辞退,最好也签订合同以保障自己的利益;三是警惕单位在合同中埋伏的地点陷阱,很多大企业在全国各地设有分部,而参加招聘会的往往是总部的人力资源部,因此毕业生在应聘时容易产生错觉,以为工作地点也在总部,为防事与愿违,毕业生应在面谈时咨询清楚,必要时在合同中写明。

二、女性求职的注意事项

在激烈的求职竞争中，女性如何才能取得成功呢？良好的素质是求职竞争的前提，成绩优秀、能力强的女性在任何时候都能受到用人单位的欢迎。如懂得计算机操作、中英文打字等现代办公技巧的女性尤受欢迎。

第一，要有自信心。受生理特点和社会偏见等因素的影响，女性比较容易产生自卑感，这是求职之大敌。其实，女性除有生理上的一些弱点外，还有男性所缺乏的许多长处。女性在语言表达能力、刻苦精神和忍耐力、记忆力、认真细致程度等方面，一般都比男性强。因此，在择业过程中，女性要敢于在用人单位面前表现自己的自信心，尽量发挥和运用自己的优势。

第二，要善于展示自己的魅力。在求职过程中，女性适度展示自己的魅力，所产生的效果是男性望尘莫及的。首先在打扮上要注意大方得体，发式力求自然，着装切忌奢华，化妆不可浓艳，举止应端庄大方、彬彬有礼，谈吐要有条不紊、不卑不亢，善于听对方谈话，并能简洁地陈述自己的观点。

第三，要敢于接受挫折。求职遇挫是很平常的事，应坦然面对。那么，女性应如何正视挫折呢？首先及时总结经验教训，调整择业期望值；其次勇敢地接受用人单位挑选。如果走不出挫折的阴影，那就可能失去不少宝贵的机会。

三、求职禁忌

- 不要开口就问"公司给我多少上升空间"，会给对方留下自我意识太强的印象。
- 不要主动打听薪酬福利，用人单位如果对你感兴趣，会主动告诉你。
- 不要以名牌大学学生自居，现在的用人单位不再认为名校出来的都是优秀生。
- 不要只说优点，缺点一字不谈，这会给人不真实的感觉。
- 不要对用人单位招聘人员"拍马屁"，过分套近乎。
- 不要胆怯，有求职恐惧。要充满自信，认真准备。
- 不能缺乏主见，没有个性。
- 不要因用人单位拒绝而无礼貌地愤然离开。

拓展阅读 一封失败的求职信

本 章 小 结

求职前要做好相关信息的搜集整理、自我介绍、心理建设等方面的准备工作。知己知彼，百战不殆。面对求职，我们应慎重对待，精心准备，让它完美一些。

面试中一般都会要求求职者先做简单的自我介绍，自我介绍的时间一般为2~3分钟。

简历、自荐信的内容应侧重于工作经历、个人能力的阐述，避免空洞和简单罗列，最好要用有人情味的字眼、故事体现做事态度、敬业精神以及品德修养。

求职信，实际上就是申请某个雇用岗位的信件，它的目标就是成功地获得与对方会面的机会。求职信是求职者向用人单位举荐自己的信件，是在用人单位和求职者之间搭起的一座桥梁,是用人单位了解求职者的第一步,也是关键的一步。

面试是和会见者建立良好关系的开始。并非所有面试问题都能预料到。保持冷静的最好方法是事前意识到哪些内容是能掌握和准备的。可以做一些调查研究和自我判断来增加自己的优势。

求职者的外表形象直接影响应聘效果。许多用人单位的负责人认为,应聘时起决定作用的因素 70%源于"第一印象",即应聘者的精神面貌与衣着打扮。所以,应聘者必须注意自己在应聘、面试时的形象。

面试是如愿走上心仪工作岗位的必经环节。面试时,除努力展示自身的能力、素质外,得体的穿着、不俗的谈吐、大方的举止也是很重要的。用人单位除了考查你是否具备相关专业知识和潜力外,还要观察你的言行举止、修养如何。一个有良好品德修养的人,才是积极向上、具有团队合作精神、开拓创新精神的现代企业所需要的人才。

面试的目标是在规定的时间内,说服主试者,令他们认为你是最合适的求职者,并决定录用你。在面试时,主试者专心考核你,判断你是否有能力和诚意担当应聘的职位。

面试结束后,可以写感谢信或打感谢电话向招聘单位致谢。为了加深印象,增加求职成功的可能性,面试后的 24 小时内,求职者最好给招聘人员写信表示感谢。感谢招聘单位给自己面试的机会,感谢他们在面试过程中给自己的教诲。

复习思考题

1. 简述求职前应做好哪些准备工作?
2. 简述书写求职信的注意事项。
3. 简述求职前的心理准备包括哪些方面?
4. 简述制作简历应该做到的要点有哪些?
5. 在面试过程中,应聘者应遵循哪些礼仪规范?
6. 简述面试后的礼仪包括哪些内容?

参 考 文 献

[1] 龚荒. 商务礼仪理论、案例与实训[M]. 北京：人民邮电出版社，2023
[2] 王忠伟等. 商务礼仪[M]. 4版. 北京：东北财经大学出版社，2022.
[3] 李逾男，董娇娜. 商务礼仪 [M]. 北京：高等教育出版社，2022
[4] 王玉苓. 商务礼仪案例与实践[M]. 北京：人民邮电出版社，2021.
[5] 黄琳. 商务礼仪[M]. 北京：机械工业出版社，2019.
[6] 金正昆. 商务礼仪教程[M]. 6版. 北京：中国人民大学出版社，2019.
[7] 张鹏. 商务礼仪与职业形象[M]. 北京：清华大学出版社，2019.
[8] 汤秀莲，宋京津. 商务礼仪[M]. 2版. 北京：清华大学出版社，2018.
[9] 张燕华. 新商务礼仪[M]. 北京：中国财富出版社，2017.
[10] 彭林. 礼乐文明与中国文化精神. 北京：中国人民大学出版社，2016.
[11] 杨秀丽. 商务礼仪[M]. 上海：上海财经大学出版社，2015.
[12] 茱莉亚. 有礼行天下·茱莉亚的职场礼仪精华课[M]. 北京：中国青年出版社，2015.
[13] 张建国. 中国礼宾与公务接待[M]. 北京：中国人民大学出版社，2015.
[14] 刘丽娜. 哈佛商务课[M]. 北京：中国法制出版社，2014.
[15] 张晓梅. 晓梅说商务礼仪[M]. 北京：中国青年出版社，2014.
[16] 曹艺，张沧丽. 商务礼仪[M]. 北京：高等教育出版社，2014.
[17] 吕艳芝，纪亚飞. 银行服务礼仪标准培训[M]. 北京：中国纺织出版社，2014.
[18] 唐蜀湘，陈宁. 商务礼仪(第2版)[M]. 北京：北京师范大学出版社，2020.
[19] 张岩松，李桂英. 现代商务礼仪[M]. 北京：清华大学出版社，2013.
[20] 金正昆. 政务礼仪教程[M]. 4版. 北京：中国人民大学出版社，2013.
[21] 张晋. 商务礼仪[M]. 2版. 北京：化学工业出版社，2012.
[22] 罗树宁. 商务礼仪与实训[M]. 3版. 北京：化学工业出版社，2012.
[23] 卢如华，韩开徘. 社交礼仪[M]. 3版. 大连：大连理工大学出版社，2012.
[24] 李嘉珊. 国际商务礼仪[M]. 2版. 北京：电子工业出版社，2011.
[25] 刘俊. 银行服务礼仪[M]. 北京：中国金融出版社，2011.
[26] 张莹，张晓艳. 商务礼仪[M]. 北京：北京航空航天大学出版社，2011.
[27] 杨丽. 商务礼仪与职业形象[M]. 大连：大连理工大学出版社，2011.
[28] 吕彦云. 国际商务礼仪[M]. 北京：清华大学出版社，2011.
[29] 王旭. 金融服务礼仪[M]. 北京：北京师范大学出版社，2011.
[30] [美]佩吉·波斯特，彼得·波斯特. 商务礼仪指南(珍藏版)[M]. 2版. 李琳娜，刘霞，译. 北京：电子工业出版社，2010.
[31] 杜汉明，刘巧兰. 商务礼仪：理论、实务、案例、实训(第三版)[M]. 北京：高等教育出版社，2019.
[32] 周思敏. 你的礼仪价值百万[M]. 北京：中国纺织出版社，2010.
[33] 甘露，郭晓丽，杨国荣. 商务礼仪[M]. 北京：北京理工大学出版社，2010.
[34] 吕建文. 中国古代宴饮礼仪[M]. 北京：北京理工大学出版社，2007.
[35] 彭林. 中华传统礼仪概要[M]. 北京：高等教育出版社，2006.
[36] 张鹏. 商务礼仪与职业形象[M]. 北京：清华大学出版社，2019.